ミセスのスタイルブック編集部編

ソーイングで困ったときの
メーキングナビ
Q&A

451
の困った！を解決

JN093191

—— 本書の中にあるマークの見方 ——

**上達の
コツ**

きれいな仕上りのための
秘訣&テクニック

ヒント！

レベルアップのための
情報やアドバイス

注意

その作業に欠かせない
ポイント&注意点

**こんな
方法も**

知識を広げる、
別の方法を
レクチャー

これは便利！

作業を
スムーズにする、
ソーインググッズ

CONTENTS

裁断で困った!?   7

Q-1 布地はすぐに裁断してもいい?   8

2 地づめの方法は?   8

3 地の目直しの方法は?   8

4 布地の表裏の見分け方は?   9

5 布地に縦横はある?   9

6 布地に上下はある?   9

7 毛並みのある布地の上下の見分け方は?   10

8 方向性のある柄の上下の見分け方は?   10

9 ニット素材の上下の見分け方は?   10

10 光沢のある布地の上下の見分け方は?   10

11 「方向性のある柄」とは?   11

12 上下のある布地とない布地、裁ち方の違いは?   11

13 パターンを一方方向に配置するのはなぜ?   11

14 裁断のしかたは?   12

15 布地を二つ折りにする時に表はどちらにする?   12

Q-16 耳側の布目がすごくゆがんでいる時は?   13

17 布地のカットのしかたは?   14

18 動きやすい薄手の布地の裁断は?   15

19 アシンメトリーなデザインの裁断は?   15

20 ニット素材がずれて裁断しにくい   15

21 薄く、透けて動きやすい布地の裁断は?   16

22 毛足の長い布地の裁断は?   16

23 柄合せが必要な布地は?   17

24 柄合せの基本は?   17

25 柄合せのポイントになる位置は?   18

26 ポケットなど上にのせるパーツの柄合せは?   19

27 大きい柄の柄合せは?   19

28 バイアス裁ちのスカートの柄合せは?   20

印つけで困った!?   21

Q-1 縫い代つきパターンで裁断した場合に必要な印は?   22

2 縫い代なしパターンで裁断した場合に必要な印は?   23

3 縫い代つきパターンで裁断した場合の縫い代に入れる合い印のつけ方は?   24

4 縫い代つきパターンで裁断した場合のダーツやタックの印つけは?   25

5 「ポケットつけ位置」など、パターンの内側にあるポイントの印のつけ方は?   26

6 縫い代なしパターンで裁断した場合の印のつけ方は?   28

Q-7 いちばん早い印つけの方法は?   29

8 毛足の長い布地の印つけは?   29

9 薄くて透ける布地の印つけは?   29

10 切りじつけの間隔は?   30

11 切りじつけを手早くするには?   30

12 布地を中表にしてチョークペーパーで印をつけたい   30

13 接着芯をはったら、印が見えなくなった   30

縫い方で困った!? 31

Q-1 ミシンの針目が汚い 32
2 針目の大きさはどのくらいがいい? 32
3 試し縫いって、何をするの? 33
4 ミシンのかけ方は? 33
5 でき上り線に印をつけずに縫うには? 33
6 まち針でとめていてもずれてしまう 34
7 縫いずれやよれを防ぐには? 34
8 縫始め、縫終りがほつれてくる 34
9 しつけはどんな時にするの? 35
10 しつけに使う糸は? 35
11 フレアスカートの脇線が
伸びてしまう時は? 35
12 しつけのしかたは? 35
13 縫い代始末の方法は? 36
14 折り代のミシン始末の方法は? 37
15 折り代の手縫い始末の方法は? 37
16 裁ち端の処理の方法は? 38
17 条件の違う2枚の布地を
縫い合わせる時どちらを上にして縫う? 38
18 縫い代の倒し方に決りはある? 39
19 袖つけの縫い代、どちら側に倒す? 39
20 布地の裁ち端がすぐにほつれる 40
21 縫い目が伸びてしまう 40
22 角のミシンのかけ方は? 41
23 衿先を目打ちで整える時
縫い代が飛び出す 41
24 衿先や角の縫い代がごろごろする 41
25 前端や衿ぐりなどの縁を
きれいに仕上げるには? 42
26 ステッチをきれいにかけるには? 42
27 細い幅のステッチを
スムーズにかけるには? 42
28 ステッチに斜めじわが出る 42
29 カーブをきれいに縫うには? 42

Q-30 パネルラインなど、
逆カーブの縫合せが難しい 43
31 厚地をきれいに縫うには? 44
32 厚地の縫始めでミシンが進まない 44
33 厚地のダーツがごろごろする 44
34 段差や厚みのある部分で
ミシンが進まなくなる 44
35 縫い代の厚みを少なくするには? 45
36 厚地で、前端や衿ぐりなどの縁を
きれいに仕上げるには? 45
37 薄地をきれいに縫うには? 46
38 薄くて透ける布地を
きれいに三つ折りにするには? 46
39 ギャザーの流れる方向は
どうしたら変わる? 46
40 ギャザーのきれいな寄せ方は? 47
41 ゴムシャーリングの方法は? 48
42 ピンタックの縫い方は? 49
43 フレアスカートの裾を
きれいに折り上げるには? 50
44 カーブの強い折り代を
きれいに仕上げるには? 50
45 細い三つ折りをきれいに縫うには? 51
46 手縫いの時、糸がよれて縫いにくい 52
47 手縫いの縫始めと縫終りはどうする? 52
48 ボタン穴の大きさの決め方は? 53
49 くるみボタンはどうやって作るの? 53
50 ボタン穴の位置の決め方は? 53
51 ボタンのつけ方は? 54
52 ボタン穴を手でかがる方法は? 55
53 くるみスナップの作り方は? 56
54 ホックの種類とつけ位置は? 56
55 ホックのつけ方は? 57
56 星どめの縫い方は? 57
57 ベルト通しの作り方、つけ方は? 57
58 糸ループの作り方は? 58

Q-59 布ベルトの作り方は? ……… 59

60 布ループの作り方は? ……… 59

61 バイアステープの作り方は? ……… 60

62 バイアステープのはぎ方は? ……… 60

63 バイアステープを長く作るには? ……… 60

64 縁とりや見返しに必要な ……… 61
バイアステープ幅はどう決めるの?

65 バイアステープを使いやすくするには? ……… 61

66 縁とりの縫い方は? ……… 62

67 バイアス見返しの縫い方は? ……… 63

68 厚地の縁とりをすっきり ……… 63
仕上げる方法は?

69 カーブ部分の縁とりがうまく縫えない ……… 64

70 縁とりのはぎ目の処理方法は? ……… 65

71 コンシールファスナーの ……… 66
テープが表から見えてしまう

72 コンシールファスナーの ……… 66
あき止りのつながりが悪い

73 ファスナーが表から見えないように ……… 67
つけるには?

74 パンツの前あきで、 ……… 67
務歯やスライダーが見えてしまう

75 パンツの前あきで、 ……… 68
スライダーが動きづらい

76 パンツの前あきで、 ……… 68
右前のファスナーつけミシンが見えてしまう

77 短冊あきのあき止りの ……… 69
ステッチはどうかける?

78 箱ポケットの箱布の横に ……… 69
切込みが見えてしまう

79 箱ポケットの箱布の横にしわが出る ……… 70

80 箱布のステッチのかけ方は? ……… 70

81 箱布のステッチの糸処理は? ……… 70

82 ポケットの2枚の袋布がずれた ……… 71

83 脇縫い目利用のポケットの ……… 71
ポケット口が開いてしまう

Q-84 脇縫い目利用のポケットの ……… 71
ポケット口がめくれる

85 シャツスリーブの袖ぐり下がつれる ……… 72

86 シャツスリーブの ……… 72
袖ぐりステッチがつれる

87 カフスの内側が余って ……… 72
しわっぽくなってしまう

88 切込みを入れる ……… 73
袖口あき(スラッシュあき)の作り方は?

89 見返しがつれる ……… 74

90 スリット部分の裾線がへこんでしまう ……… 75

91 スリットの角をすっきり仕上げるには? ……… 75

92 ダーツ止りがへこんでしまう ……… 76

93 スカートのダーツを ……… 76
より体にフィットさせるには?

アイロンで困った!? 77

Q-1 基本的なアイロンの使い方を知りたい ……78
2 素材によって、かけ方は違うの? ……78
3 当て布には何を使う? ……79
4 アイロンをかけるタイミングは? ……79
5 縫い代のアイロンのかけ方は? ……79
6 縫い代が浮いてくる ……80
7 ダーツがきれいに割れない ……80
8 折り代が一定の幅に折れない ……80
9 縫い代やダーツの跡が表に出てしまう ……81
10 接着テープをカーブにきれいにはるには? ……81
11 接着芯のはり方は? ……82
12 接着芯をはったら表布が縮んだ ……82
13 接着芯の能率的なはり方は? ……83
14 しわ加工の布地に接着芯をはってもいい? ……83

Q-15 接着芯ははり直せるの? ……84
16 洗濯をしたら、接着芯をはったところが浮いてきた ……84
17 アイロン台が汚れてしまった ……84
18 アイロンの底が汚れてしまった ……85
19 接着芯をはる時にアイロンが汚れる ……85
20 裾をふんわり仕上げるには ……85
21 毛足のある布地のアイロンかけは? ……86
22 くせとりをする箇所は? ……86
23 くせとりの方法は? ……87
24 菱形のダーツがうまく片返しにできない ……87
25 立体的な部分のアイロンかけは? ……88
26 袖山のいせを整える時は? ……88
27 筒状のものにアイロンをきれいにかけるには? ……88

実物大パターンで困った!? 89

Q-1 実物大パターンはそのまま使えるの? ……90
2 サイズはどのように選ぶ? ……90
3 パターンはどんな紙に写す? ……91
4 パターンの写し方は? ……91
5 パターンを写す時の注意点は? ……92
6 パターンには、縫い代をつける?つけない? ……93
7 縫い代つきパターンの作り方は? ……94
8 縫い代幅の決め方は? ……95
9 折伏せ縫いにする場合の縫い代のつけ方は? ……95
10 ジャケットの着丈を変えたい ……96
11 袖丈を変えたい ……96
12 スカートやパンツの丈を変えたい ……97

Q-13 パンツの股上丈を変えたい ……97
14 バストとヒップ寸法がサイズ表と合わない ……98
15 ブラウスやシャツを1サイズ小さくしたい ……99
16 ブラウスやシャツを1サイズ大きくしたい ……100
17 ボトムのウエストとヒップの寸法がサイズ表と合わない ……101
18 パンツのサイズを1サイズ小さく（または大きく）したい ……102
19 肩幅が広すぎる ……103
20 肩幅が狭すぎる ……104

とにかく困った!? 　　　105

Q-1	服を仕上げるまでの手順がわからない	106
2	布地は何m買えばいい?	107
3	手作りの服を洗濯したら形がくずれた&縮んだ	107
4	仕上りがパリッとしない	107
5	針と糸の選び方は?	108
6	布地の種類が知りたい	110
7	どこから縫っていいのかわからない	112
8	ニット素材を購入する時の注意点は?	116
9	ニット素材の裁断、その前にすることは?	116
10	ニット素材の裁断は?	116
11	ニット素材の印つけは?	116
12	ニット素材をきれいに縫うには?	117
13	ニット素材の折り代をとめるステッチは?	117
14	ニット素材の裁ち端の始末は?	118
15	ニット素材の裾始末をロックミシンでするには?	118
16	白い布地を扱う時の注意点は?	118
17	白い布地の裏布は?	118
18	白い布地のアイロンは?	118
19	白い布地の印つけは?	119
20	白い布地の接着芯は?	119
21	白い布地のミシンかけは?	119
22	接着テープの種類は?	120
23	接着芯の種類は?	120
24	接着芯の選び方は?	120
25	接着芯が合わない時は?	120
Q-26	縫い代が足りなくなった	121
27	ボートネックの前衿ぐりが浮く（または後ろへ抜ける）	122
28	衿がきれいに折り返らない	123
29	裏布をつける理由は?	124
30	裏布は表布の裾からどのくらい短くする?	124
31	スカートの裏布は表をどっち向きにつける?	124
32	スカートの腰の脇に棚じわが出る	124
33	スカートの前裾が上がる	125
34	スカートの後ろ裾が上がる	125
35	スカートの大腿部のあたりにつれじわが出る	126
36	スカートのヒップの上に横じわが出る	126
37	バイアス裁ちのスカート丈が伸びてしまう	127
38	数年間動かしていないミシンはすぐに使ってもいい?	128
39	ロックミシンの糸は何本必要?	128
40	たくさんあるボビンを整理したい	128
41	洋裁用具を整理したい	128

洋裁用語で困った!? 　　　129

裁断で困った!?

ソーイングのスタートは裁断から。
きれいな仕上りのためにもポイントを知って、正確な裁断を心がけましょう。

Q-1 | 布地はすぐに裁断してもいい?

A 裁断の前に地づめと地の目直しをする

布地は仕立てる過程や、完成後の洗濯による水分や熱で縮むことがあります。これを防ぐために、あらかじめ縮めておく「地づめ」は大切な作業です。また、買ってきたばかりの布地は、布目がゆがんでいる場合があります。そのまま服を作ってしまうと、洗濯後に衣服の形くずれが起きることがあるので、裁断の前に布目を整える「地の目直し」が必要です。

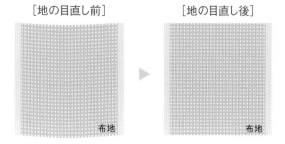

[地の目直し前]　布地　▶　[地の目直し後]　布地

Q-2 | 地づめの方法は?

A 基本は水通し

方法は、素材や加工法によって変わります。水洗いOKの布地は水通しがおすすめ。下の表を参考にしてください。

布地別地づめの方法

布地	方法
綿、麻など 水につけると縮みやすい布地	水通しをする ①布地を折りたたんで、1〜2時間水に浸しておく（なるべく大きな容器、浴槽などに） ②バスタオルなどではさみ、押さえて水気を取る ③布目を整えて広げ、竿にかけて半乾きになるまで陰干しする ④この後、地の目直しをする
化学繊維、絹など 水を与えると風合いの変わる布地	折りじわを直す程度に裏からドライアイロン
表面効果のある布地 刺繍が施されていたり、ラメなど	折りじわを直す程度に裏から当て布をしてドライアイロン
ウール	裏から霧吹きで湿気を与えてドライアイロンまたはスチームアイロン

Q-3 | 地の目直しの方法は?

A 縦横の布目を整えてアイロンで固定する

地の目直しとは、裁断前に縦横の布目を水平垂直に整えること。布地は作る過程で布目にゆがみが生じることがあり、そのまま服を仕立てると、布目が水平垂直に戻ろうとして形くずれして、着心地が悪くなります。地の目直しは、そうならないための必須作業です。

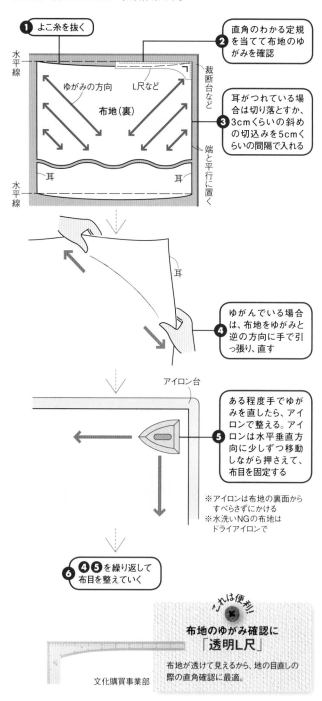

❶ よこ糸を抜く

❷ 直角のわかる定規を当てて布地のゆがみを確認

❸ 耳がつれている場合は切り落とすか、3cmくらいの斜めの切込みを5cmくらいの間隔で入れる

水平線　水平線　ゆがみの方向　L尺など　布地(裏)　裁断台など　端と平行に置く　耳　耳

❹ ゆがんでいる場合は、布地をゆがみと逆の方向に手で引っ張り、直す

アイロン台

❺ ある程度手でゆがみを直したら、アイロンで整える。アイロンは水平垂直方向に少しずつ移動しながら押さえて、布目を固定する

※アイロンは布地の裏面からすべらさずにかける
※水洗いNGの布地はドライアイロンで

❻ ❹❺を繰り返して布目を整えていく

これは便利!

布地のゆがみ確認に「透明L尺」

布地が透けて見えるから、地の目直しの際の直角確認に最適。

文化購買事業部

Q-4 布地の表裏の見分け方は?

A 基本は、きれいなほうが表

どちらが表?裏? 一生懸命に見てもわからなくて悩むことがあります。そんな時は下のStepを参考にしてください。必ず表を使わなければならないといった決りはありませんので「好きなほうを表にする」という考え方でいいでしょう。表が決まったら、忘れずに目印を!

斜文織り P.144

耳 P.162

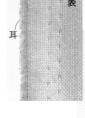

表
耳
裏

Step.1
一般的に、なめらかできれいなほうが表です。布地の両方の面を並べて、少し離れて見るとわかります。

Step.2
わかりにくい場合は、布地の耳の部分を見ます。織りむらが少なく、きれいなほうが表です。

ヒント!

斜文織りの布地は、カタカナの「ノ」の字に見えるほうが表
デニムやギャバジンなどの斜文織りの布地は、「ノ」の字が一般的に表。表裏の判断に役立てよう。

Step.3
判断がつかない場合は、広げた時の印象で好きなほうを表にします。

Q-5 布地に縦横はある?

A 耳に平行が縦、直角が横

布地の縦横は、耳を基準に決めています。耳に対して平行なのが縦方向で縦地、直角になるのが横方向で横地です。パターンの布目線は縦方向を示します。

縦地 P.149

横地 P.163

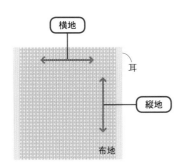

横地
耳
縦地
布地

Q-6 布地に上下はある?

A ある布地とない布地がある

「上下のある布地」とは、上下を逆にすると手触りや見え方が変わる布地のこと。毛並みの有無や柄のデザインなどにより、上下があるものとないものに分かれます。裁断時のパターン配置にかかわるので、必ず確認しておきましょう。上下がある布地は裁断前に、上下を逆にして両方の見え方を比べ、どちらを上にするかを決めます。

毛並み P.141

差込み P.143

上下のある布地 パターンの配置は一方方向

[毛並みのある布地] 布地の断面 [方向性のある柄の布地] [ニット素材]

毛並みの方向

ウール地全般、ファー、別珍、コーデュロイなど

上下に方向性のある柄

編み地全般

[方向性のある柄の布地]
**チェックやストライプも、柄の方向性に要注意!
必ず大きく広げて確認を!**

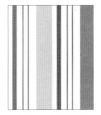

左右に方向性がある
上下に方向性がある
上下左右に方向性がある

※他に光沢のある布地も上下の見え方が変わるものがある

上下のない布地 パターンの配置は差込みOK

[毛並みのない無地] [毛並みがなく、方向性のない柄の布地]

Q-7 | 毛並みのある布地の上下の見分け方は?

A 毛並みの方向で確認

毛並みのある布地は、手のひらで触ったり、図のようにハンガーにかけて少し離れて見て確認します。毛並みにそう方向がなで毛で、毛並みに逆らう方向が逆毛になります。裁断の時は、パターンを必ず一方方向に配置します。

逆毛 P.143
なで毛 P.152

逆毛　〈別珍〉　なで毛

布地別上下の決め方

別珍、コーデュロイ、ベルベットなどは少し離れて見ると、白っぽく見える方向(なで毛)と、深い色合いに見える方向(逆毛)がある。逆毛に使うのが一般的だが、スカートなど摩擦の多い服に使う場合は、なで毛にすることも。

シャギーのような毛足の長い素材は、着用中になで下げる動作が多くなるので、普通はなで毛に使う。

フラノやギャバジンなど、一見フラットに見えるものでも、ウール地には毛並みがあるので基本はなで毛。

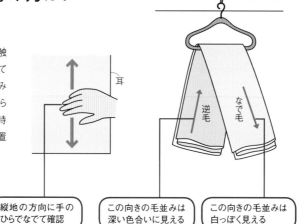

縦地の方向に手のひらでなでて確認

この向きの毛並みは深い色合いに見える

この向きの毛並みは白っぽく見える

Q-8 | 方向性のある柄の上下の見分け方は?

A 柄の形状や耳のブランド名で確認

わかりやすい柄は見た目で判断します。また、耳にブランド名が印字されている布地は、その文字の並びで確認します。判断ができないものは布地を上下逆にして見比べ、どちらか好きな方向に決めましょう。裁断の時は、パターンを必ず一方方向に配置します。

[わかりやすい柄]　　[わかりにくい柄]

見た目のままを上下にする

ブランド名がある場合はその先頭の文字の方向が上

[わかりにくい柄]

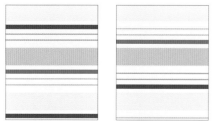

上下を決める手段のない柄は、上下を逆にして見比べ、服のでき上りをイメージして好きな方向に決める

Q-9 | ニット素材の上下の見分け方は?

A 編み目の形状で確認

編み地特有のループ状の編み目の形状で確認します。輪になっているほうが上ですが、密に編まれたニット素材はわかりにくいものもあります。その場合はどちらか好きな方向を上に決めましょう。裁断の時は、パターンを必ず一方方向に配置します。

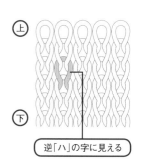

上
下
逆「ハ」の字に見える

Q-10 | 光沢のある布地の上下の見分け方は?

A 見た目で確認

光沢のある布地にも、上下を逆にした時に見え方が変わるものがあります。布地を大きく広げたり、ハンガーにかけて少し離れて見たりして見え方が変わるかを確認し、どちらか好きな方向に決めましょう。裁断の時は、パターンを必ず一方方向に配置します。

光沢の違いや色の濃さなど、上下を逆にした時の見え方の違いを比べて決める

Q-11 | 「方向性のある柄」とは?

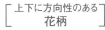 **上下を逆にした時に見え方の変わる柄のこと**

花柄などのわかりやすい柄だけでなく、グラデーションや一方方向のチェックやストライプなど、布地の上下を逆にした時に見え方の変わる柄も含まれます。わかりにくい柄もあるので、布地は一度大きく広げて確認しましょう。

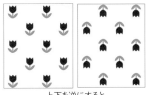

［上下に方向性のある］
花柄

上下を逆にすると
花が下向きになる

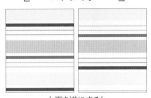

［上下に方向性のある］
ストライプ

上下を逆にすると
ストライプの並び方が変わる

［左右に方向性のある］
ストライプ

上下を逆にすると
ストライプの並び方が変わる

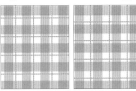

［上下左右に方向性のある］
チェック

上下を逆にすると
チェックの位置関係が変わる

Q-12 | 上下のある布地とない布地、裁ち方の違いは?

パターンの配置

上下のある布地はパターンを一方方向に配置します。上下のない布地は、パターンの差込みが可能です。布地によって使用量に差が出ますので、購入の際に考慮しましょう。

差込み P.143

布地の上下
について
P.9 Q6

［上下のある布地］

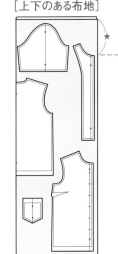

［上下のない布地］

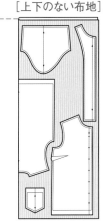

右の場合より★分、
布地が多く必要

効率よくパターンが配置できる。
最小限度の使用量でOK

Q-13 | パターンを一方方向に配置するのはなぜ?

 **1着の服の中に
見え方の違うパーツが
混在しないようにするため**

方向性のある柄や毛並みのある布地などを使用する場合、パターンを差し込んで裁つと、見え方の違うパーツが混ざった服になり、裁断の間違いと受け取られるでしょう。そうならないために、必ず一方方向に配置します。

差込み P.143

［上下に方向性のある］
ストライプ

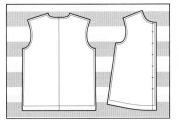

一方方向に裁断すると
柄の流れが一方方向にそろう

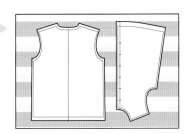

差し込んで裁断すると
柄の流れが上下逆方向になる

Q-14 | 裁断のしかたは？

A 基本は布地を二つ折りにする

普通は布地の幅を二つ折りにしてパターンを配置します。そうすると左右のパーツを2枚同時に裁てるので効率的です。バイアス裁ちや左右がアシンメトリーなデザインなどで、二つ折りでは裁てない場合や、不経済になる場合は、部分的に二つ折りにしたり布地を1枚にして裁ちます。また、方向性のある柄や大きな柄、柄合せが必要な場合なども布地を広げて1枚で裁ちます。

アシンメトリー P.130　　バイアス P.155

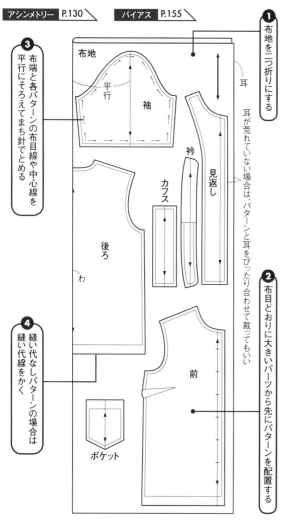

① 布地を二つ折りにする

耳が荒れていない場合は、パターンと耳をぴったり合わせて裁ってもいい

② 布目どおりに大きいパーツから先にパターンを配置する

③ 布端と各パターンの布目線や中心線を平行にそろえてまち針でとめる

④ 縫い代なしパターンの場合は縫い代線をかく

裁断時の布地の折り方例

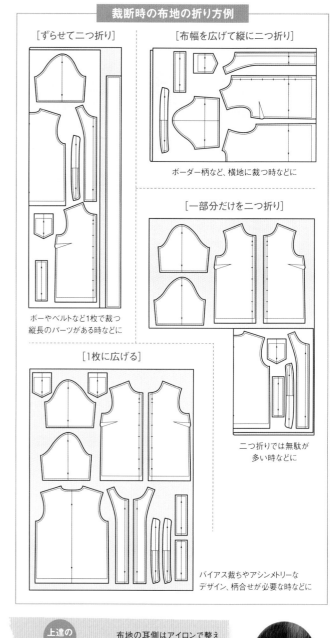

［ずらせて二つ折り］

［布幅を広げて縦に二つ折り］

ボーダー柄など、横地に裁つ時などに

［一部分だけを二つ折り］

ボーやベルトなど1枚で裁つ縦長のパーツがある時などに

［1枚に広げる］

二つ折りでは無駄が多い時などに

バイアス裁ちやアシンメトリーなデザイン、柄合せが必要な時などに

上達のコツ
より丁寧な裁断は
（P.13 Q16）

布地の耳側はアイロンで整えてもゆがんでいることがあるので、着た時に目立つ主要パーツの中心側を、布幅の中央部に配置すると安心。

方向性のある柄とは
P.11 Q11

Q-15 | 布地を二つ折りにする時に表はどちらにする？

A 基本は中表

汚れを防ぐためにも、布地は中表に二つ折りにするのが基本です。ただし布地の間にチョークペーパーをはさんで印をつける場合（P.25 Q4、P.28 Q6）には、外表にします。また、柄合せをする場合には、表が見えるように布地を広げてパターンを配置します。

外表 P.148　　中表 P.152

Q-16 | 耳側の布目がすごくゆがんでいる時は?

A 布地の中央部に主要パーツの中心側を配置する

布地の耳側は、地の目直しなどをしてアイロンで整えてもゆがみが直らない場合があります。また、もともとのゆがみが大きい場合もあります。そんな時はできる限り布幅の中心部に、主要パーツの中心がくるようにパターンを配置しましょう。

主要パーツとは?
着た時に、よく見えるパーツ。前身頃や後ろ身頃、袖(2枚袖の場合は外袖)など。布目がゆがんでいると目立つ。

パターンの配置例

耳から10cmくらいまでが特にゆがみが強いことが多いので、その範囲を避けるように配置するといい。
P.12 Q14の裁合せ図と同じパターンを配置しているので比較するとわかりやすい

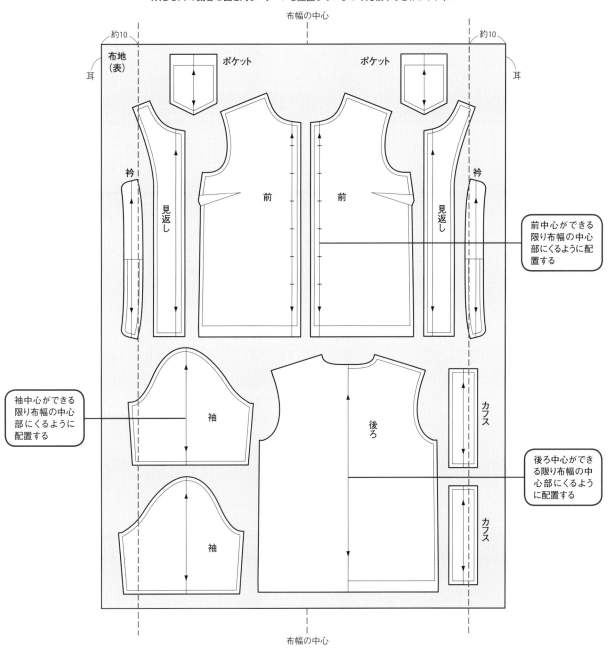

前中心ができる限り布幅の中心部にくるように配置する

袖中心ができる限り布幅の中心部にくるように配置する

後ろ中心ができる限り布幅の中心部にくるように配置する

Q-17 | 布地のカットのしかたは?

A 各パーツごとに粗く切り離してから正確にカットする

大きな布地の状態のまま端からカットしようとすると、作業しにくく、不正確になりやすいです。そして裁つ時は、よく切れる裁ちばさみを使うこと。下側の刃をできるだけ浮かせないようにして切りましょう。縫い代端をより正確に切るには、ロータリーカッターを使うと、すっぱりとスピーディに裁つことができます。厚手の布地は、ずれやすいので1枚ずつ切りましょう。

ヒント!

全面に接着芯をはるパーツが近くにある場合は、一緒に粗裁ち
(P.83 Q13)

全面に接着芯をはるパーツは、粗裁ちの状態で先に接着芯をはってからパターンを置き直し、正確にカットする。この例の場合は、カフスと衿と見返し。

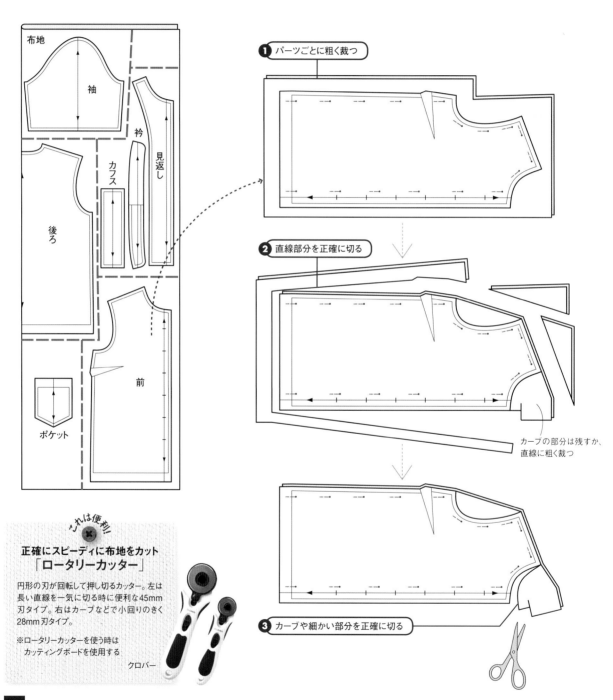

布地

袖

衿

見返し

カフス

後ろ

前

ポケット

1 パーツごとに粗く裁つ

2 直線部分を正確に切る

カーブの部分は残すか、直線に粗く裁つ

3 カーブや細かい部分を正確に切る

これは便利!!

正確にスピーディに布地をカット「ロータリーカッター」

円形の刃が回転して押し切るカッター。左は長い直線を一気に切る時に便利な45mm刃タイプ。右はカーブなどで小回りのきく28mm刃タイプ。

※ロータリーカッターを使う時はカッティングボードを使用する

クロバー

Q-18 | 動きやすい薄手の布地の裁断は?

A 耳どうしをまち針でとめて固定する

化学繊維や絹などの薄くて動きやすい布地は、布目が安定しにくいものです。二つ折りにしたら耳を2枚一緒にまち針でとめて整えます。その後でパターンを配置して裁断します。

耳 P.162

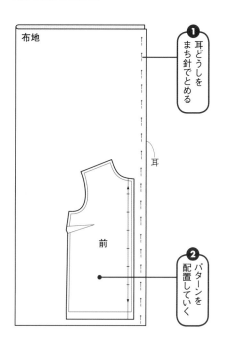

① 耳どうしをまち針でとめる

布地

前

耳

② パターンを配置していく

Q-19 | アシンメトリーなデザインの裁断は?

A 布地を1枚に広げて裁つ

アシンメトリーなデザインは、左右開いたパターンを作ります。布地を表面が見えるように1枚に広げて裁断します。左右対称のパーツが含まれている場合は、右半身だけのパターンを作っているので、パターンを裏返しにして左半身分も忘れずに裁ちましょう。

アシンメトリー P.130

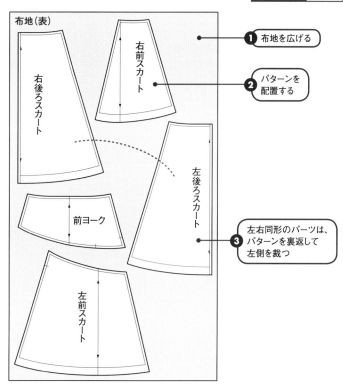

布地(表)

右後ろスカート

右前スカート

左後ろスカート

前ヨーク

左前スカート

① 布地を広げる

② パターンを配置する

③ 左右同形のパーツは、パターンを裏返して左側を裁つ

Q-20 | ニット素材がずれて裁断しにくい

A 布地を1枚に広げロータリーカッターでカットする

すべったり垂れたりして動きやすいニット素材は、布地を1枚に広げてパターンを配置しましょう。裁断はロータリーカッターを使うと、より正確にできます。ずれにくいニット素材なら、普通に裁断ばさみでカットしてOK。

ヒント!

中心がわのパーツは左右両身のパターンを作る

前身頃や後ろ身頃などの中心がわのパーツは、半身のパターンで裁断するとゆがみが大きくなるので、左右両身のパターンを作る。

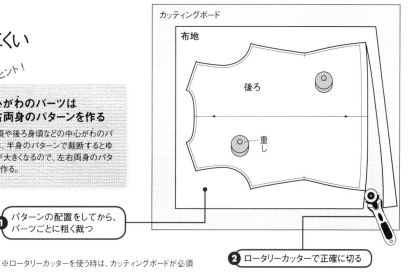

カッティングボード

布地

後ろ

重し

① パターンの配置をしてから、パーツごとに粗く裁つ

② ロータリーカッターで正確に切る

※ロータリーカッターを使う時は、カッティングボードが必須

Q-21 薄く、透けて動きやすい布地の裁断は?

A パターンを写した敷紙に重ねて布地を置き、一緒にカットする

オーガンディ、シフォン、ジョーゼットなど、パターンの線が透けて見える極薄素材の裁断方法です。紙と一緒にカットすることで、動きやすい布地でも正確に裁断できます。敷紙はハトロン紙などを使用。長さや幅が足りない場合は、貼り足します。

パターン P.156

印のつけ方 P.29 Q9

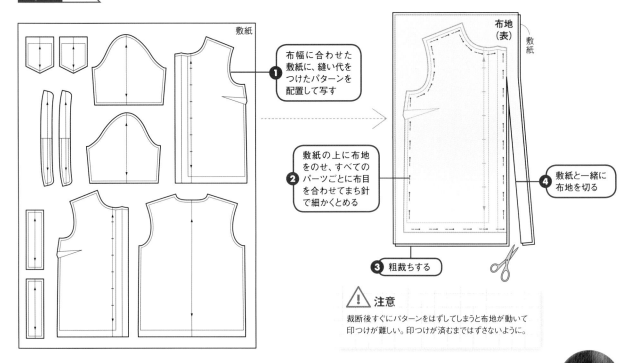

1 布幅に合わせた敷紙に、縫い代をつけたパターンを配置して写す

2 敷紙の上に布地をのせ、すべてのパーツごとに布目を合わせてまち針で細かくとめる

3 粗裁ちする

4 敷紙と一緒に布地を切る

⚠ 注意

裁断後すぐにパターンをはずしてしまうと布地が動いて印つけが難しい。印つけが済むまではずさないように。

Q-22 毛足の長い布地の裁断は?

A 縫い代なしパターンを使用し、1枚ずつ裏面から裁断する

毛足の長い布地は、表面から裁断すると不正確になりやすく、毛足も一緒に切れて散らばってしまうので、裁断ばさみの刃を少し浮かせて裏面からカットします。縫い印で印をつけるため、縫い代なしパターンを使用。

毛足 P.141

印のつけ方 P.29 Q8

1 パターンを配置しまち針でとめる

2 チョークやチョークペンで縫い代線をかく

3 縫い代線どおりに切る

布地（裏）

パターン

💡 ヒント!

基布のみをカットするイメージで

毛足が特に長い布地は、毛足を切ってしまうと裁断後の掃除が大変。基布のみを切るイメージで、毛足をできるだけ切らないように注意しよう。

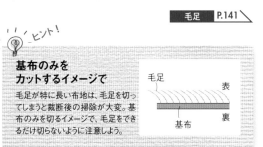

毛足
表
裏
基布

Q-23 | 柄合せが必要な布地は?

Ⓐ 大きい柄の布地

必ずしなければならないということはありませんが、大柄はずれが目立ちやすく、後で気になる場合もあります。柄合せに少し気を配ると、服がランクアップして見えます。柄合せをする場合は使用量を多く見積もって布地を購入しましょう。

Q-24 | 柄合せの基本は?

Ⓐ 前の見え方をどうしたいか 中心や裾など、目立つ箇所の柄を決めて合わせる

ポイントになる位置は、アイテムによってだいたい決まっています。合わせる柄を決めたら、ポイントになる位置に柄を合わせてパターンを配置しましょう。

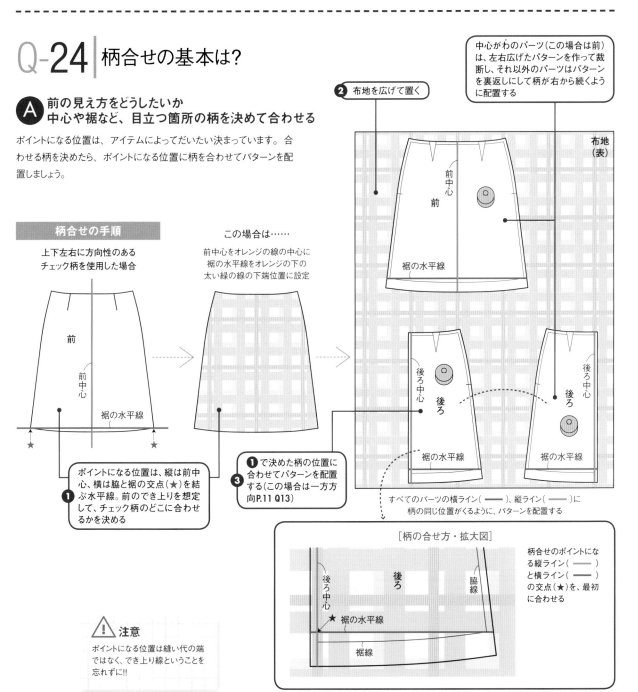

柄合せの手順

上下左右に方向性のある
チェック柄を使用した場合

この場合は……

前中心をオレンジの線の中心に
裾の水平線をオレンジの下の
太い緑の線の下端位置に設定

❶ ポイントになる位置は、縦は前中心、横は脇と裾の交点(★)を結ぶ水平線。前のでき上りを想定して、チェック柄のどこに合わせるかを決める

❸ ❶で決めた柄の位置に合わせてパターンを配置する(この場合は一方方向P.11 Q13)

❷ 布地を広げて置く

中心がわのパーツ(この場合は前)は、左右広げたパターンを作って裁断し、それ以外のパーツはパターンを裏返しにして柄が右から続くように配置する

布地(表)

前中心
前
裾の水平線

後ろ中心
後ろ
裾の水平線

後ろ中心
後ろ
裾の水平線

すべてのパーツの横ライン(──)、縦ライン(──)に
柄の同じ位置がくるように、パターンを配置する

[柄の合せ方・拡大図]

後ろ中心
後ろ
脇線
★ 裾の水平線
裾線

柄合せのポイントになる縦ライン(──)と横ライン(──)の交点(★)を、最初に合わせる

⚠ **注意**
ポイントになる位置は縫い代の端ではなく、でき上り線ということを忘れずに!!

Q-25 | 柄合せのポイントになる位置は?

A 縦は中心線、横は袖ぐり底点、袖底点、裾の水平線

柄合せは、各パーツの縦のラインと横のラインを合わせます。縦のラインは中心線がポイント。
横のラインはデザインによって袖ぐり底点や袖底点、裾の水平線をポイントにして合わせます。

袖ぐり底点 **P.147**
袖底点 **P.147**

横ライン

［脇線にダーツがない場合］

身頃と袖の袖ぐり底点、袖底点を通る水平線で合わせる

❷ 後ろの袖ぐり底点と
袖底点を合わせる

❶ 前の袖ぐり底点と
袖底点を合わせる

後ろ　　袖　　前

※前後脇線の傾斜角度が違うと裾
に向かって少しずつずれる。それ
が気になる場合は下図のように
裾の水平線を始めに合わせる

［脇線にダーツがある場合］

上図のように合わせると、ダーツから下で脇線の柄がずれる。
合わない部分が長くなり目立つので、始めに裾線で合わせる

❷ 前の袖ぐり底点と
袖底点を合わせる

後ろ　　袖　　前

❶ 前後裾の水平線を
合わせる

※この場合、後ろ袖ぐり底点と袖底
点の柄は合わないが、目立つ前の
柄合せを優先する

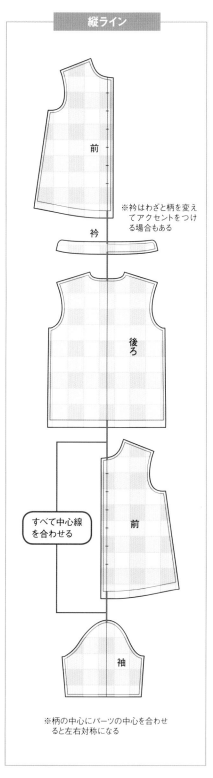

縦ライン

前

※衿はわざと柄を変え
てアクセントをつけ
る場合もある

衿

後ろ

すべて中心線
を合わせる

前

袖

※柄の中心にパーツの中心を合わせ
ると左右対称になる

Q-26 | ポケットなど上にのせる パーツの柄合せは?

A 土台になるパーツと 同じ柄に合わせる場合と 合わせない場合がある

パッチポケットなど上にのせるパーツは、土台と同じ柄位置にしてなじませる方法と、わざとずらせてアクセントにする方法があります。でき上りをイメージして、好みで決めましょう。

身頃と同じに

柄をバイアスに

Q-27 | 大きい柄の柄合せは?

A 前後中心で柄が続くように 裁ち合わせるのがベスト

大きな柄はそのずれが目立ちます。前あきなどはボタンをとめた時に柄が続くように、また前後中心が縫い目の場合は、縫い合わせた時に左右の柄が続くように合わせます。

❶ 布地を広げて置く

❹ 後ろ中心がわの場合は、前中心と同位置に配置する

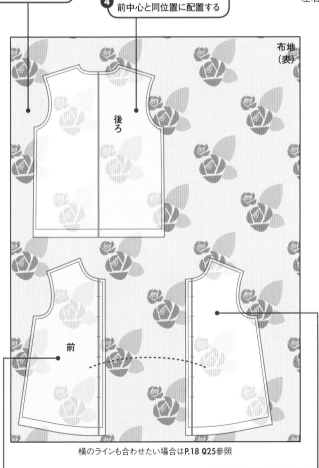

布地（表）

後ろ

前

横のラインも合わせたい場合は P.18 Q25参照

❷ 前の柄の見え方を決め 右前身頃のパターンを配置する

❸ 前中心で柄が続くように 左前身頃のパターンを配置する

前

前

前中心で柄が続くように裁断すると
でき上がって重ねた時にきれいにそろう

※図をわかりやすくするため、縫い代を省略

Q-28 バイアス裁ちのスカートの柄合せは?

A 布目線を目安に合わせる

ストライプなどでラインの目立つ柄の場合、バイアスの方向や角度によって仕上がった時の柄の見え方が変わります。布目線を長くかいておき、その線を目安に左右の柄を合わせます。仕上がった時に、どの柄をどの位置に出したいかなどを想定して、好みで決めましょう。布地は広げて置きます。左右対称に布目線をかいたパターンを用意して、前後の柄が対称になるように配置すると、より正確に裁断できます。

布目 P.154

中心をV字にする場合

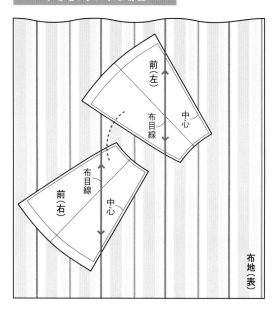

中心を逆V字にする場合

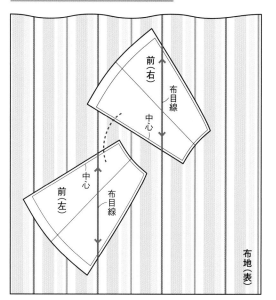

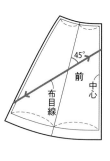

印つけで困った！？

合い印やポイントなど、様々な印は
正確な縫合せのためには欠かせない、重要なツール。
的確な印つけのノーハウをマスターしましょう。

Q-1 | 縫い代つきパターンで裁断した場合に必要な印は?

A 必要最小限の合い印とポイントだけにつける

縫い代つきパターンは、最小の縫い代幅で正確に縫うことを前提にした、手早く仕立てるためのパターンです。縫い代が正確についているので、でき上り線に印をつける必要はありません。必要な印は、縫い代に入れる合い印(中心、縫止りなど)と、パターンの内側にあるポイント(ダーツ、タック、ポケット位置など)だけでOK。印つけの手間が、大幅に簡略化されます。

合い印の
つけ方
P.24 Q3

ダーツや
タックの印つけ
P.25 Q4

ポケットつけ
位置などの
印つけ
P.26 Q5

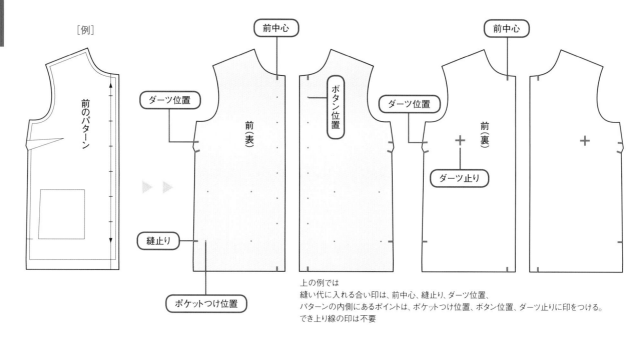

[例]

前のパターン

ダーツ位置 / 前中心 / 前(表) / ボタン位置 / ダーツ位置 / 前中心 / ダーツ止り / 前(裏)

縫止り

ポケットつけ位置

上の例では
縫い代に入れる合い印は、前中心、縫止り、ダーツ位置、
パターンの内側にあるポイントは、ポケットつけ位置、ボタン位置、ダーツ止りに印をつける。
でき上り線の印は不要

[印をつける箇所と方法]

	縫い代に入れる合い印	パターンの内側にあるポイント	
箇所	前後中心、WL、衿のSNP、袖山点、2枚袖の袖底点、ギャザー止り、あき止り、縫止り、衿つけ止り、ダーツ位置、タック位置、縫い目利用のポケット位置、長い距離の中間に入れる合い印、いせ止りに入れる合い印 など	ダーツ止り、タックの縫止り	ポケット、ボタンのつけ位置 など
方法 フラットな薄地〜普通地	ノッチ、チョークペン、ルレット	チョークペーパー チョークペン	チョークペン
ウール地 織り目の粗い布地	ノッチ、チョークペン、切りじつけ、縫い印	切りじつけ	切りじつけ

合い印 P.130
いせ P.131
WL(ウエストライン) P.133
SNP(サイドネックポイント) P.143
袖底点 P.147
袖山点 P.147
でき上り線 P.151

Q-2 | 縫い代なしパターンで裁断した場合に必要な印は?

A 合い印やポイントに加え、すべてのでき上り線につける

縫い代なしパターンは、パターン作りは楽ですが、印つけには手間がかかります。仮縫い後の訂正を想定していたり、縫い代は大まかにつけて、縫った後で整理することが多いため、でき上り線を合わせて、その印どおりに縫い合わせます。必要な印は、合い印やポイントの他、外周とパターンの内側にあるでき上り線が加わります。

合い印の
つけ方
P.28 Q6

ダーツや
タックの印つけ
P.28 Q6

ポケットつけ
位置などの
印つけ
P.26 Q5

[例]

上の例では
縫い代に入れる合い印は、前中心と縫止り、
パターンの内側にあるポイントは、ポケットつけ位置、ボタン位置に印をつける。
さらに、外周にあるすべてのでき上り線とダーツに印をつける

[印をつける箇所と方法]

	縫い代に入れる合い印	パターンの内側にあるポイント	すべてのでき上り線
箇所	前後中心、WL、衿のSNP、袖山点、2枚袖の袖底点、ギャザー止り、あき止り、縫止り、衿つけ止り、縫い目利用のポケット位置、長い距離の中間に入れる合い印、いせ止りに入れる合い印 など	ポケット、ボタンのつけ位置 など	前端線、衿ぐり線、肩線、袖ぐり線、脇線、裾線、ダーツ、タック など
方法 フラットな薄地〜普通地	チョークペーパー	チョークペン	チョークペーパー
ウール地 織り目の粗い布地	切りじつけ	切りじつけ	切りじつけ

合い印	P.130
いせ	P.131
WL(ウエストライン)	P.133
SNP(サイドネックポイント)	P.143
袖底点	P.147
袖山点	P.147
でき上り線	P.151

Q-3 縫い代つきパターンで裁断した場合の縫い代に入れる合い印のつけ方は?

A 布地によって ノッチ、チョークペン、縫い印など

「合い印」とは2枚の布地を縫い合わせる時の目印のことで、服を組み立てていく上で欠かせない印です。つけ方は、布地の裁ち端のほつれぐあいや針跡の残りぐあいによって選びましょう。

合い印 P.130　　裁ち端 P.149

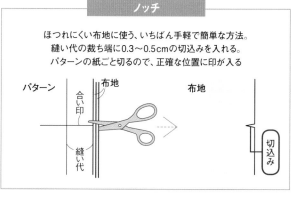

ノッチ

ほつれにくい布地に使う、いちばん手軽で簡単な方法。
縫い代の裁ち端に0.3〜0.5cmの切込みを入れる。
パターンの紙ごと切るので、正確な位置に印が入る

チョークペン

ノッチが向かないほつれやすい布地に。
縫い代の布端に、水性チョークペンなどで印をつける。
布地が2枚の場合は、2枚とも印をつける

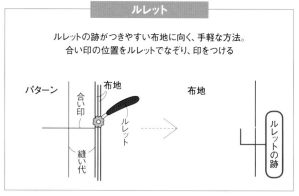

ルレット

ルレットの跡がつきやすい布地に向く、手軽な方法。
合い印の位置をルレットでなぞり、印をつける

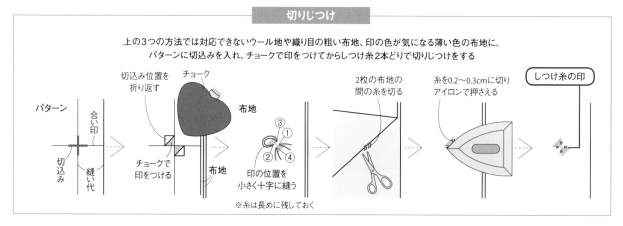

切りじつけ

上の3つの方法では対応できないウール地や織り目の粗い布地、印の色が気になる薄い色の布地に。
パターンに切込みを入れ、チョークで印をつけてからしつけ糸2本どりで切りじつけをする

切込み位置を折り返す／チョーク／チョークで印をつける／印の位置を小さく十字に縫う／※糸は長めに残しておく／2枚の布地の間の糸を切る／糸を0.2〜0.3cmに切りアイロンで押さえる／しつけ糸の印

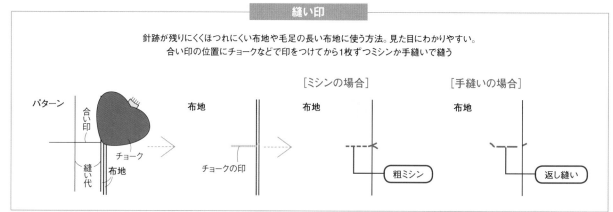

縫い印

針跡が残りにくくほつれにくい布地や毛足の長い布地に使う方法。見た目にわかりやすい。
合い印の位置にチョークなどで印をつけてから1枚ずつミシンか手縫いで縫う

［ミシンの場合］　チョークの印　粗ミシン
［手縫いの場合］　返し縫い

Q-4 縫い代つきパターンで裁断した場合の ダーツやタックの印つけは?

外表	P.148
ダーツ止り	P.149
中表	P.152
縫止り	P.154

A 布地によってチョークペーパー、チョークペン、切りじつけ

ダーツやタックの印は、縫う時に見えるように裏面に印をつけます。ダーツ止りや縫止りなどのポイントだけに印をつけて、なるべく布地を汚さないようにします。

チョークペーパー

フラットな布地に向く、手軽にできる方法。2枚同時に印がつく。
布地は外表に裁断し、チョークペーパーをはさんで裏面のみに印をつける。
下にカッティングボードやボール紙を敷いておく。
縫う直前にチョークなどで合い印とポイントを結ぶ

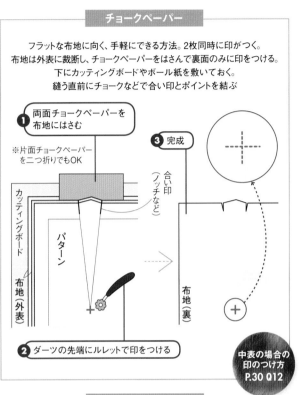

① 両面チョークペーパーを布地にはさむ

※片面チョークペーパーを二つ折りでもOK

③ 完成

合い印（ノッチなど）

カッティングボード

パターン

布地（外表）

布地（裏）

② ダーツの先端にルレットで印をつける

中表の場合の印のつけ方 P.30 Q12

チョークペン

フラットな布地に向く方法。
パターンの印をつけたいポイントに切込みを入れて折り、
布地に重ねて1枚ずつ印をつける。
縫う直前にチョークなどで合い印とポイントを結ぶ

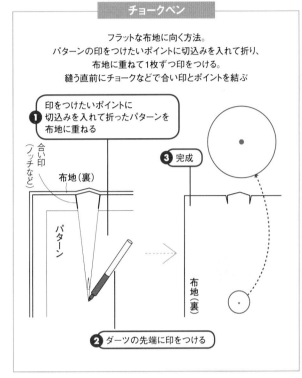

① 印をつけたいポイントに切込みを入れて折ったパターンを布地に重ねる

合い印（ノッチなど）

布地（裏）

③ 完成

パターン

布地（裏）

② ダーツの先端に印をつける

切りじつけ

フラットでないウール地や織り目の粗い布地、
印の色が気になる薄い色の布地に。布地は中表。2枚同時に印がつく。
縫う直前にチョークなどで合い印とポイントを結ぶ

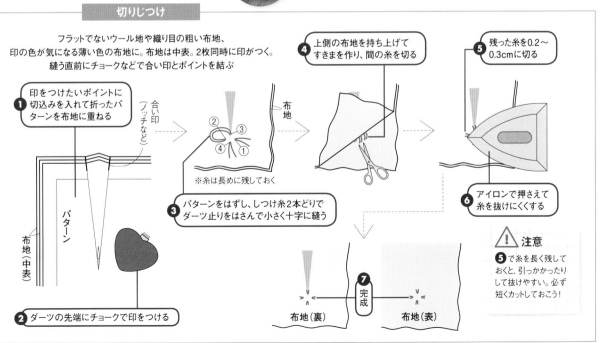

① 印をつけたいポイントに切込みを入れて折ったパターンを布地に重ねる

合い印（ノッチなど）

布地

※糸は長めに残しておく

パターン

布地（中表）

② ダーツの先端にチョークで印をつける

④ 上側の布地を持ち上げてすきまを作り、間の糸を切る

③ パターンをはずし、しつけ糸2本どりでダーツ止りをはさんで小さく十字に縫う

⑤ 残った糸を0.2〜0.3cmに切る

⑥ アイロンで押さえて糸を抜けにくくする

⚠️ **注意**
⑤で糸を長く残しておくと、引っかかったりして抜けやすい。必ず短くカットしておこう!

⑦ 完成

布地（裏）　　布地（表）

Q-5 | 「ポケットつけ位置」など、パターンの内側にある ポイントの印のつけ方は?

A 布地によって チョークペン、切りじつけ

ポケットやボタン、ボタン穴位置などは、布地の表面に印が必要です。手軽に印がつけられるチョークペンがおすすめですが、印が見えにくい布地のみ、切りじつけをするといいでしょう。

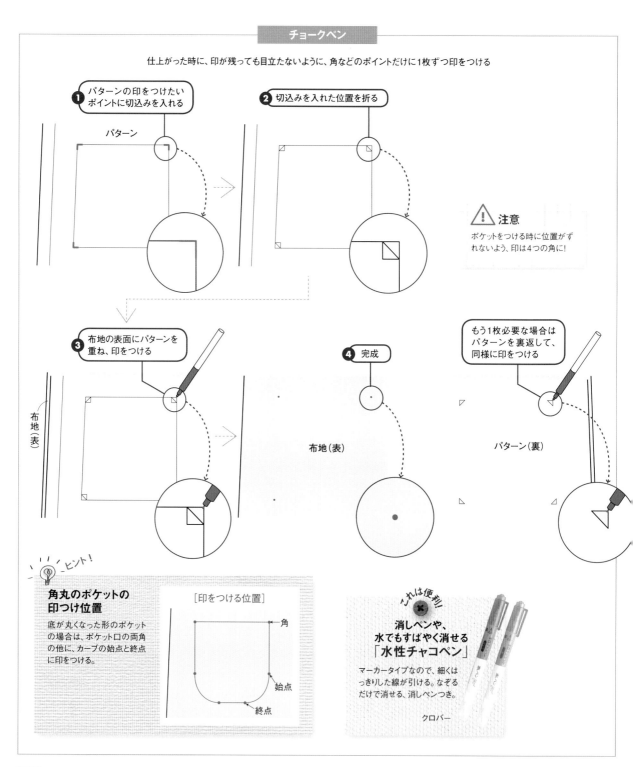

チョークペン

仕上がった時に、印が残っても目立たないように、角などのポイントだけに1枚ずつ印をつける

❶ パターンの印をつけたいポイントに切込みを入れる

パターン

❷ 切込みを入れた位置を折る

⚠️ **注意**
ポケットをつける時に位置がずれないよう、印は4つの角に!

❸ 布地の表面にパターンを重ね、印をつける

布地(表)

❹ 完成

布地(表)

もう1枚必要な場合はパターンを裏返して、同様に印をつける

パターン(裏)

💡 ヒント!

角丸のポケットの 印つけ位置
底が丸くなった形のポケットの場合は、ポケット口の両角の他に、カーブの始点と終点に印をつける。

[印をつける位置]

角
始点
終点

これは便利!!
消しペンや、水でもすばやく消せる「水性チャコペン」
マーカータイプなので、細くはっきりした線が引ける。なぞるだけで消せる、消しペンつき。

クロバー

左右を2枚一緒に裁断した布地に、いっぺんに印をつけることができる。
ウール地や織り目の粗い布地はチョークペンでは印が見えにくいので、切りじつけが正確で便利

中表　P.152

印つけで困った!?

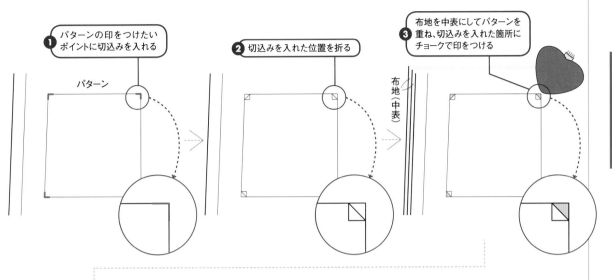

❶ パターンの印をつけたい
ポイントに切込みを入れる

パターン

❷ 切込みを入れた位置を折る

❸ 布地を中表にしてパターンを
重ね、切込みを入れた箇所に
チョークで印をつける

布地（中表）

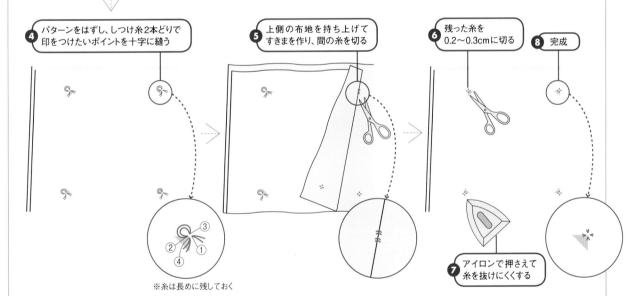

❹ パターンをはずし、しつけ糸2本どりで
印をつけたいポイントを十字に縫う

❺ 上側の布地を持ち上げて
すきまを作り、間の糸を切る

❻ 残った糸を
0.2～0.3cmに切る

❽ 完成

③
②　①
④

※糸は長めに残しておく

❼ アイロンで押さえて
糸を抜けにくくする

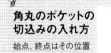

**角丸のポケットの
切込みの入れ方**

始点、終点はその位置
を中心に十字に切込み
を入れる。印は切込み
位置を対角に折り返し
てつける。

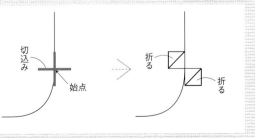

切込み

始点

折る

折る

 これは便利!!

**粉末チョークで手軽に使える
「チャコナー」**

歯車の回転によってケースに
入った粉末が出て、常に細い
線がかける。手を汚さず、削る
手間が不要の人気アイテム。
黄、白、青、赤の4色。

文化購買事業部

Q-6 縫い代なしパターンで裁断した場合の印のつけ方は?

A 布地によってチョークペーパー、切りじつけ

| 外表 | P.148 |
| 中表 | P.152 |

ポケットつけ
位置などの
印つけ
P.26 Q5

縫い代なしパターンで裁断した場合は、合い印とでき上り線にすべて
同じ方法で印をつけます。チョークペーパーか切りじつけを布地によっ
て選びましょう。どちらも2枚いっぺんに印がつく方法です。

チョークペーパー

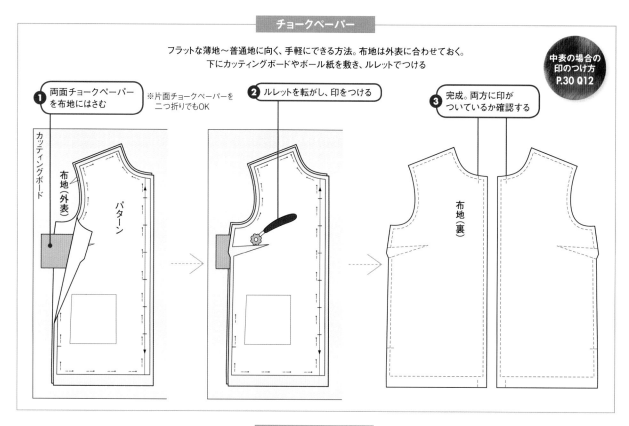

フラットな薄地～普通地に向く、手軽にできる方法。布地は外表に合わせておく。
下にカッティングボードやボール紙を敷き、ルレットでつける

中表の場合の
印のつけ方
P.30 Q12

❶ 両面チョークペーパー
を布地にはさむ
※片面チョークペーパーを
二つ折りでもOK

❷ ルレットを転がし、印をつける

❸ 完成。両方に印が
ついているか確認する

カッティングボード
布地（外表）
パターン

布地（裏）

切りじつけ

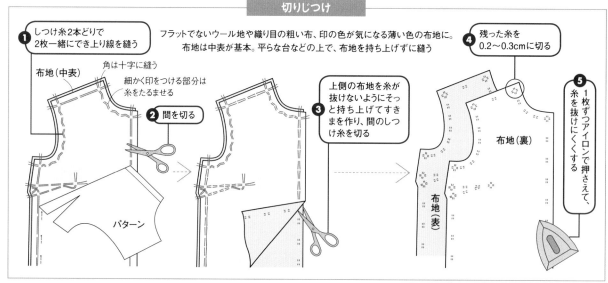

フラットでないウール地や織り目の粗い布、印の色が気になる薄い色の布地に。
布地は中表が基本。平らな台などの上で、布地を持ち上げずに縫う

❶ しつけ糸2本どりで
2枚一緒にでき上り線を縫う

布地（中表）
角は十字に縫う
細かく印をつける部分は
糸をたるませる

❷ 間を切る

パターン

❸ 上側の布地を糸が
抜けないようにそっ
と持ち上げてすき
まを作り、間のしつ
け糸を切る

布地（表）

❹ 残った糸を
0.2～0.3cmに切る

布地（裏）

❺ 1枚ずつアイロンで押さえて、
糸を抜けにくくする

Q-7 | いちばん早い印つけの方法は?

A 縫い代つきパターンを使用し、合い印とポイントのみに印つけ

最も手早くできる印つけは、距離が長くて時間のかかるでき上り線の印つけを省き、縫合せに必要な合い印と、ダーツ止りやポケットつけ位置などのポイントだけに印をつける方法です。そのためには縫い代つきパターンを使用し、正確に裁断することが必須。印つけにはいろいろな方法がありますが、合い印をノッチ、ポイントをチョークペンでつけるのが最速です。

合い印	P.130
ダーツ止り	P.149
でき上り線	P.151

合い印の
つけ方
ノッチ
P.24 Q3

ポイントの
印のつけ方
チョークペン
P.25 Q4

印つけで困った!?

Q-8 | 毛足の長い布地の印つけは?

A 縫い代なしパターンを使用し、裏面から縫い印

毛足の長い布地の場合は切りじつけなどの印が見えにくいため、裁断（P.16 Q22）後、裏面から縫い印をします。縫始めと縫終りは1針返し縫いをします。角や合い印はその位置が明確にわかるように、糸を十字に渡して縫いましょう（下図参照）。糸は絹しつけ糸、ミシン糸、ロックミシン糸などを使います。

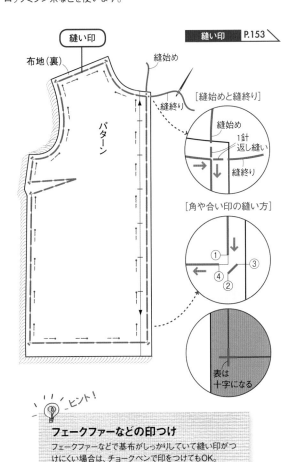

縫い印 | P.153

布地(裏)
パターン
縫始め
縫終り

[縫始めと縫終り]
縫始め
1針
返し縫い
縫終り

[角や合い印の縫い方]
①
③
④
②
表は
十字になる

ヒント!

フェークファーなどの印つけ
フェークファーなどで基布がしっかりしていて縫い印がつけにくい場合は、チョークペンで印をつけてもOK。

Q-9 | 薄くて透ける布地の印つけは?

A 縫い代つきパターンを使用し、表面から縫い印

薄くて透ける布地の場合は下に敷いたパターンのでき上り線や合い印が見えるので、裁断（P.16 Q21）後、パターンにとめた状態で、パターンの線どおりに布地だけに縫い印をします。前端など、三つ折りにする直線の箇所は、パターンまですくって縫い印をし、アイロンで折り目をつけてから縫い印をほどいて縫うと楽にきれいに仕立てられます。縫い方と使用する糸は左記Q8と同様。

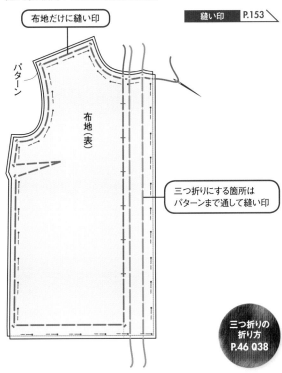

布地だけに縫い印 | 縫い印 | P.153

パターン
布地(表)

三つ折りにする箇所は
パターンまで通して縫い印

三つ折りの
折り方
P.46 Q38

Q-10 切りじつけの間隔は?

Ⓐ 直線は5cm、カーブは2.5cmくらいが目安

でき上り線につける印、切りじつけは、ラインの形がわかることが基本です。長い直線は5cm、カーブや短い直線は2.5cm間隔が目安ですが、素材やパターンの形によって加減しましょう。布地をすくう針目は0.3cmくらいを目安に。

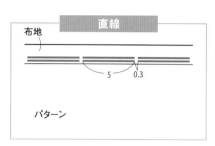

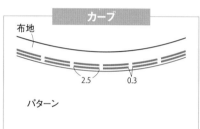

Q-11 切りじつけを手早くするには?

Ⓐ 角などのポイントを十字に続けて縫う

肩先や裾などの角や合い印、ダーツ止りなどのポイントは、その位置をはさんで糸が十字になるように縫います。

※糸を切ってからパターンをはずす

Q-12 布地を中表にしてチョークペーパーで印をつけたい

Ⓐ 片面チョークペーパーではさんでつける

チョークペーパーでの印つけは、外表に裁断した布地の間にはさんで印をつけることが多いですが、中表でも可能です。この場合は片面チョークペーパー2枚で、布地の裏面をはさみましょう。

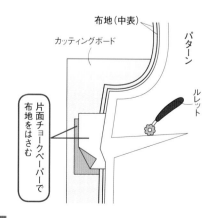

Q-13 接着芯をはったら、印が見えなくなった

Ⓐ 接着芯をはってから印をつける

ノッチやチョークペーパーなどでつけた印は、接着芯をはってしまうとわかりにくくなります。また、切りじつけなどの糸印はとりにくくなります。せっかくの手間が無駄にならないよう、接着芯をはるパーツは順番を間違えないように注意しましょう。

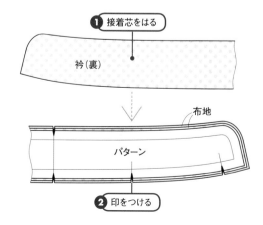

ソーイングの
疑問？困った！
に答えます

縫い方で困った!?

縫い方は、その工程も目的も多種多様。
基本やコツをマスターしておけば、どんな場面にも対応でき
ソーイングのスピードアップと楽しさも倍増します。

Q-1 ミシンの針目が汚い

A 試し縫いをして針目を調整

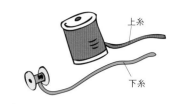

上糸と下糸がバランスのいい縫い目になっているかを見て、糸調子を調節します。その際、上糸、下糸の両方が弱いと、縫い目を割った時に布地の間にすきまができて縫い目が弱くなります。逆に両方が強いと、縫い目がつれてしわが寄るので注意しましょう。

針目 P.156

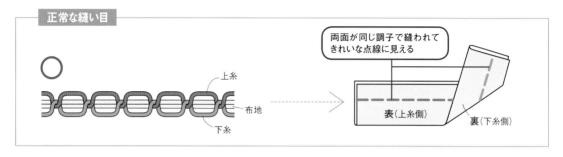

正常な縫い目

○

上糸
布地
下糸

両面が同じ調子で縫われてきれいな点線に見える

表(上糸側)　裏(下糸側)

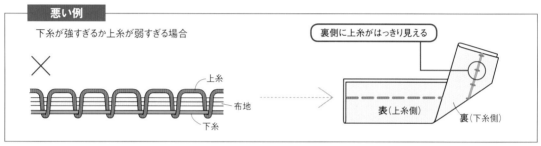

悪い例

下糸が強すぎるか上糸が弱すぎる場合

×

上糸
布地
下糸

裏側に上糸がはっきり見える

表(上糸側)　裏(下糸側)

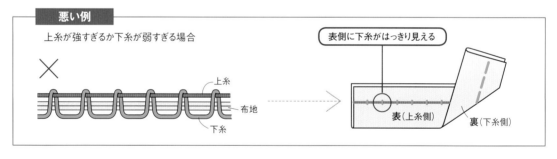

悪い例

上糸が強すぎるか下糸が弱すぎる場合

×

上糸
布地
下糸

表側に下糸がはっきり見える

表(上糸側)　裏(下糸側)

Q-2 針目の大きさはどのくらいがいい?

A 3cm間に12針が標準

これは一応の目安です。針目は布地が厚くなるほど粗めにし、布地が薄くなるほど細かくします。残布で試し縫いをして2枚の布を引っ張り、強度を確認し、きれいに見える針目の大きさを決めましょう。

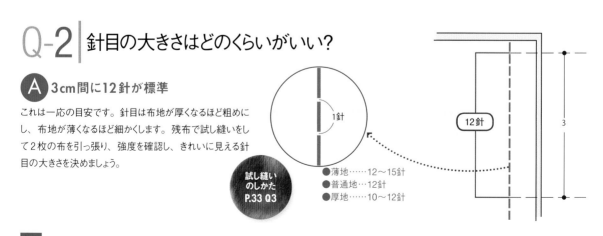

1針

12針

3

試し縫いのしかた
P.33 Q3

●薄地……12〜15針
●普通地…12針
●厚地……10〜12針

Q-3 試し縫いって、何をするの?

A 実際に使用する布地で縫い、針目や強度などを確認する

きれいな縫い目のためには、試し縫いが必須。いきなり実物を縫い始めずに、使用する布地の残布で試します。2枚合わせていろいろな方向に縫い、きれいに縫えているか、また布地を開いて縫い目の強度を確認します。不具合がある場合には、針目の調整を。

針目の調整
P.32 Q1

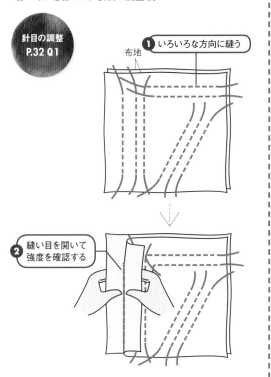

布地
❶ いろいろな方向に縫う

❷ 縫い目を開いて強度を確認する

Q-4 ミシンのかけ方は?

A まち針でとめて、縫い代幅を目安にして縫う

しつけをすれば縫いずれは少なくなりますが、手間がかかります。手軽に楽しむためにも、しつけなしで縫うことに慣れましょう。まち針はミシンをかける時に抜きやすい方向に、布地を小さくすくって刺します。正確に縫い代をつけたパターンで裁断しておけば、でき上り線の印をつけずに(P.22 Q1)に縫い代幅を目安にして縫うことができます。ミシンにステッチ定規をとりつけ、定規のへりに裁ち端を合わせて縫います。また、縫い合わせる時に、どちらの布地を上にすると縫いやすいかを考える(P.38 Q17)ことも大切です。

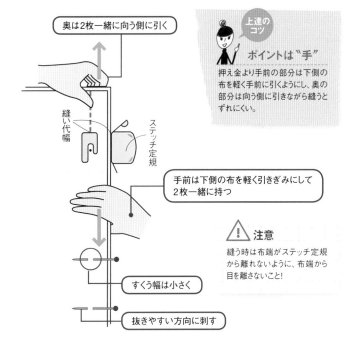

奥は2枚一緒に向う側に引く

縫い代幅

ステッチ定規

手前は下側の布を軽く引きぎみにして2枚一緒に持つ

すくう幅は小さく

抜きやすい方向に刺す

上達のコツ
ポイントは"手"
押え金より手前の部分は下側の布を軽く手前に引くようにし、奥の部分は向う側に引きながら縫うとずれにくい。

⚠ 注意
縫う時は布端がステッチ定規から離れないように、布端から目を離さないこと!

縫い方で困った!?

Q-5 でき上り線に印をつけずに縫うには?

A ステッチ定規を利用

でき上り線の印をつけない場合は、縫い代を目安にして縫います。ミシンにステッチ定規をとりつけると、一定の幅に縫うことができます。

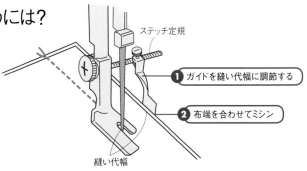

ステッチ定規

❶ ガイドを縫い代幅に調節する

❷ 布端を合わせてミシン

縫い代幅

これは便利!
ミシンかけをサポートする「ステッチ定規」
一定の幅で縫うために欠かせない「ステッチ定規」。ねじ式はガイド部分が小さいのでカーブも縫いやすい。磁石式は針板が鉄製のミシンに対応可能。

ねじ式

磁石式

共につよせ

⚠ 注意
縫い代を正確につけて裁断しておくこと!

Q-6 まち針でとめていても ずれてしまう

A まち針は布地に垂直に刺し、向きは布端と直角

布地をすくう時、斜めに刺していませんか？　まち針は布地に垂直に刺しましょう。針の向きは、布端に対して直角になるようにします。

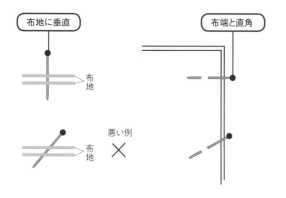

布地に垂直
布地

布端と直角

悪い例 ×
布地

これは便利!!
まち針の代りに「仮止めクリップ」

ソーイング途中の様々な仮どめシーンに活躍。縫い代幅の目安になる目盛りつき。

クロバー

3cmまではさめる
ロングタイプ

1cmタイプ
30個入り

Q-7 縫いずれやよれを防ぐには?

A 厚紙を活用

ミシンは押え金で上から布地を押さえ、送り歯で布地を向う側に送り出して縫うという構造です。このため2枚重ねた布地を縫うと、下側の布地がより多く送られ、上側の布地は手前に押されて上下の布地がずれてしまいます。それを軽減するために、手近にある厚紙（ストッキングの台紙など）を利用します。

押え金　P.135

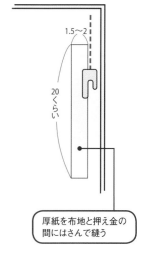

1.5〜2
20くらい

厚紙を布地と押え金の間にはさんで縫う

これは便利!!
目の細かい「サンドペーパー」

サンド面を布地側に当て、厚紙と同様に布地と押え金の間にはさんで縫うと、ずれが防げる。ステッチをかける時のよれ防止にも効果的。

文化購買事業部

Q-8 縫始め、縫終りがほつれてくる

A 返し縫いで、ほつれ防止

ほつれないように返し縫いをします。縫始めは布端より少し手前に針を下ろし、2〜3針縫ったらその縫い目の上を戻ります。3〜5針戻ったら、再び前進して縫い進めます。縫終りも同様に。

返し縫い　P.136

ほつれ　P.160

縫始め

約0.5

縫始めは糸端を向う側に引き出して押え金を下ろし、糸を押さえて縫うと糸が引き込まれない

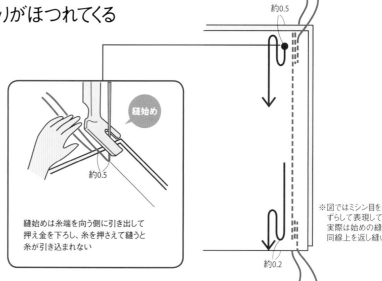

約0.5

約0.5

約0.2

※図ではミシン目をずらして表現しているが、実際は始めの縫い目と同線上に返し縫いする

縫い方で困った!?

Q-9 | しつけはどんな時にするの?

A ミシン縫いで布地がずれてしまう時

まち針をとめただけで縫うことに慣れていないかたや、不安な時、また布地がずれてしまって縫いにくい場合は、しつけをしましょう。

Q-10 | しつけに使う糸は?

A 専用のしつけ糸

しつけ糸は仮に縫うために使う糸なので、手で簡単に切ることができます。綿しつけ糸は生成りと、赤、青、緑などの色糸があるので、布地によって選びます。かせになったものが一般的ですが、巻きタイプもあります。絹しつけ糸(ぞべ糸)は、デリケートなシルク地などのしつけに使います。

これは便利!

巻きタイプの「しつけ糸」

布地がずれるのを防ぎ、ミシンで縫いやすくするためのしつけや、仮縫い、タックなどを仮どめするための糸。巻きタイプのしつけ糸は、好みの長さに切って使えるので便利。

つよせ

Q-11 | フレアスカートの脇線が伸びてしまう時は?

A 裾からウエストへ向かってミシンをかける

フレアスカートなどで、脇線の傾斜が強く縫い目がバイアスになる場合は、裾からウエストに向かってミシンをかけると縫い目が伸びにくい。アイロンかけも同様に。

バイアス P.155

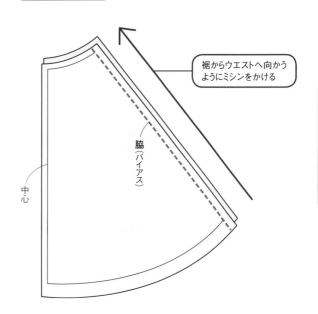

裾からウエストへ向かうようにミシンをかける

中心

脇(バイアス)

Q-12 | しつけのしかたは?

返し縫い P.136
片返し P.137
でき上り線 P.151

A でき上り線の際を縫う

しつけは後でほどきやすいように、でき上り線からわずかに縫い代側にします。

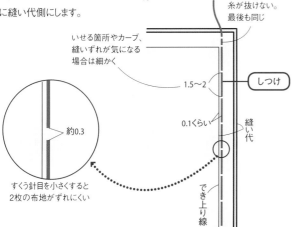

いせる箇所やカーブ、縫いずれが気になる場合は細かく

始めは返し縫いをする。玉結びを作らなくても糸が抜けない。最後も同じ

1.5～2

しつけ

0.1くらい

縫い代

約0.3

すくう針目を小さくすると2枚の布地がずれにくい

でき上り線

こんな方法も

しつけ代りに熱接着両面テープを使う

剥離紙のついた、くもの巣状の接着テープ。片返しにする縫い代や折り代の仮どめに使うと、しつけをする手間が省け、しかもしっかり固定されて手早く縫える。

クロバー

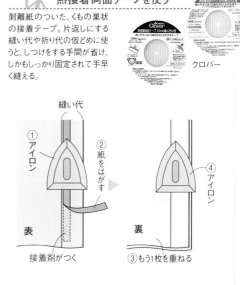

縫い代

①アイロン

②紙をはがす

④アイロン

表

裏

接着剤がつく

③もう1枚を重ねる

Q-13 | 縫い代始末の方法は?

A 方法は5種類。デザインや仕様によって使い分ける

外表	P.148	裁ち端	P.149
でき上り線	P.151	中表	P.152
縫い代	P.153		

縫い方で困った!?

1. 縫い割る

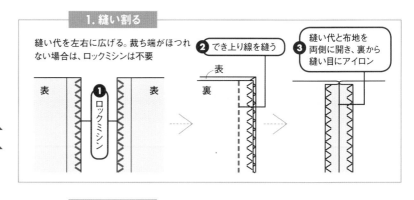

縫い代を左右に広げる。裁ち端がほつれない場合は、ロックミシンは不要

❶ ロックミシン
❷ でき上り線を縫う
❸ 縫い代と布地を両側に開き、裏から縫い目にアイロン

表　裏　表

2. 片返し

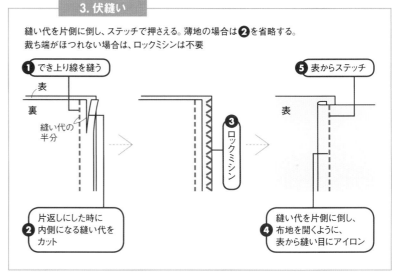

縫い代を片側に倒す。裁ち端がほつれない場合は、ロックミシンは不要

❷ 2枚一緒にロックミシン
表(A)　裏(B)　A　B　表

❶ でき上り線を縫う
❸ 縫い代を片側に倒し、布地を開くように、表から縫い目にアイロン

※ロックミシンは縫い代を倒した時に見えるほうからかけると仕上りがきれい

3. 伏縫い

縫い代を片側に倒し、ステッチで押さえる。薄地の場合は❷を省略する。裁ち端がほつれない場合は、ロックミシンは不要

❶ でき上り線を縫う
表　裏　縫い代の半分
❷ 片返しにした時に内側になる縫い代をカット
❸ ロックミシン
❺ 表からステッチ
表
❹ 縫い代を片側に倒し、布地を開くように、表から縫い目にアイロン

4. 袋縫い

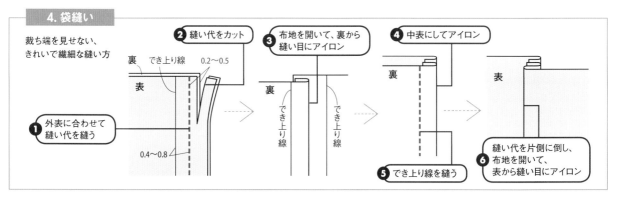

裁ち端を見せない、きれいで繊細な縫い方

❷ 縫い代をカット
裏　でき上り線　0.2～0.5
表
❶ 外表に合わせて縫い代を縫う
0.4～0.8

❸ 布地を開いて、裏から縫い目にアイロン
裏　でき上り線　でき上り線
❺ でき上り線を縫う

❹ 中表にしてアイロン
裏
表
❻ 縫い代を片側に倒し、布地を開いて、表から縫い目にアイロン

5. 折伏せ縫い

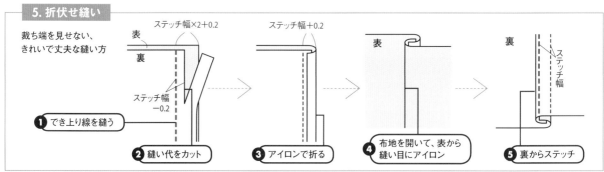

裁ち端を見せない、きれいで丈夫な縫い方

ステッチ幅×2+0.2
表　裏
ステッチ幅−0.2
❶ でき上り線を縫う
❷ 縫い代をカット

ステッチ幅+0.2
❸ アイロンで折る

表
❹ 布地を開いて、表から縫い目にアイロン

裏　ステッチ幅
❺ 裏からステッチ

Q-14 | 折り代のミシン始末 の方法は?

A 布地や仕様によって様々

裾や袖口などの折り代始末には、様々な方法があります。布地やデザイン、裏布の有無によって、臨機応変に使い分けましょう。

折り代 P.135 ／ 裁ち端 P.149 ／
一重仕立て P.157 ／ 三つ折り P.162 ／

2. 三つ折りミシン

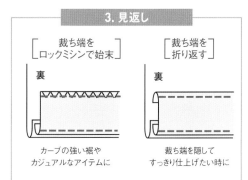

[折り返し分が少し]
裏

裁ち端を隠して
すっきり仕上げたい時に

[完全三つ折り]
裏

重なる部分の段差が
気になる、透ける素材に

[細い三つ折り]
裏
0.5〜0.7

シャツやフレアスカートなどの
軽やかな仕上げに

1. ロックミシン+ステッチ

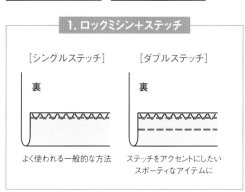

[シングルステッチ]
裏

よく使われる一般的な方法

[ダブルステッチ]
裏

ステッチをアクセントにしたい
スポーティなアイテムに

3. 見返し

[裁ち端を
ロックミシンで始末]
裏

カーブの強い裾や
カジュアルなアイテムに

[裁ち端を
折り返す]
裏

裁ち端を隠して
すっきり仕上げたい時に

4. 縁とり

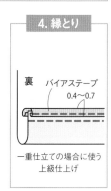

裏　バイアステープ
0.4〜0.7

一重仕立ての場合に使う
上級仕上げ

縫い方で困った!?

Q-15 | 折り代の手縫い始末の方法は?

奥まつり P.134 ／ 折り山 P.135 ／
折り代 P.135 ／ まつり P.161 ／
返し縫い P.136 ／

A 布地や仕様によって様々

1. 普通まつり

前端を三つ折りにする時や、ファスナーあき部分の裏布つけなど、動かないようにしっかりとめつける方法。折り山に針を出し、その上の位置で表布の織り糸1〜2本をすくっていく。厚地の場合は、布地の厚みの半分をすくう

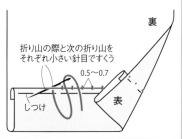

裏
折り山の際と次の折り山を
それぞれ小さい針目ですくう
0.5〜0.7
しつけ
表

2. 流しまつり

絹のように柔らかい布地や裏布、またまつり目に動きを持たせてとめつけたい時に使う。まつりの糸が斜めにかかるように、折り山の際の表布の織り糸1〜2本をすくう。厚地の場合は、布地の厚みの半分をすくう

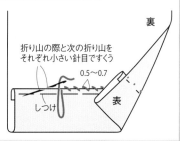

裏
折り山の際と次の折り山を
それぞれ小さい針目ですくう
0.5〜0.7
しつけ
表

3. 奥をまつる

折り代の布端をほつれないように始末して折り上げ、しつけまたはピンでとめる。折り代をめくって0.5cmくらい奥を流しまつりの要領でまつる。厚地の場合は、布地の厚みの半分をすくう

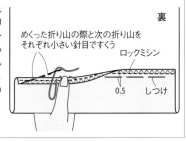

裏
めくった折り山の際と次の折り山を
それぞれ小さい針目ですくう
ロックミシン
0.5　しつけ

4. 逆からの返し縫い

ジャケットの裾や袖口の折上げなどで、裏布で隠れる箇所に使う。表に針目を目立たせないように、表布の織り糸1〜2本をすくう。糸はゆるめに引き、表にひびかないようにする。厚地の場合は、布地の厚みの半分をすくう

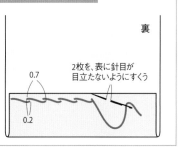

裏
2枚を、表に針目が
目立たないようにすくう
0.7
0.2

Q-16 | 裁ち端の処理の方法は?

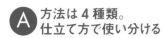

裁切り	P.148
裁ち端	P.149
バイアステープ	P.155
一重仕立て	P.157
ロックミシン	P.164

⚠ 注意
ロックミシンの目にも表裏があるので、布地の表面を見ながらかけるのが鉄則。

A 方法は4種類。仕立て方で使い分ける

縫い方で困った!?

1. そのまま（裁切り）
裏布で隠れる場合や、バイアス裁ちでほつれにくい場合などに

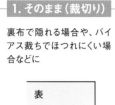

2. ロックミシン
一重仕立ての場合に、いちばん多く使われる手軽な方法。ジグザグミシンでも代用可

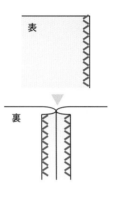

3. 端ミシン
一重仕立てで縫い代を割る場合や、フリルの裁ち端などの始末に使う

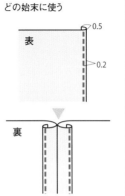

4. 縁とり
一重仕立ての場合に使う、完成度の高い、美しさにこだわる上級テクニック

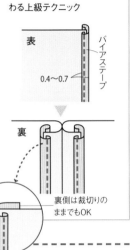

バイアステープ

裏側は裁切りのままでもOK

Q-17 | 条件の違う2枚の布地を縫い合わせる時どちらを上にして縫う?

A 2枚の条件によって変わるので、いちばん合う方法を選ぶ

ここでいう上とはミシンの押え金が当たる側、下は送り歯が当たる側を指します。同じ条件なら、どちらを上にしてもかまいません。布目が異なる2枚の布地の縫合せや片方にいせが入る場合には、どちらを上にするかで、縫いやすさや効果が変わります。下図の例を参考にして決めましょう。

2枚の布が同じ条件ならどちらが上でもOK

いせ	P.131
ギャザー	P.139
バイアス	P.155

1. 片方をいせる場合
いせたいほうを下に

ミシンは下側の布地が多く送り込まれる構造のため、いせたいほうを下にして縫うと、いせがきれいに入る

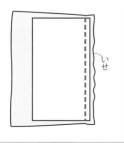

2. 片方がバイアスの場合
バイアスのほうを上に

伸びやすいバイアスは、送り歯側にすると多く進んでしまうため、上にする。ただしそのまま縫うと伸びるので、厚紙をはさんで（P.34 Q7）縫う

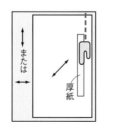

3. 片方がギャザーの場合
ギャザーのほうを上に

ギャザーのほうを上にして、目打ちなどでギャザーを整えながら縫う

4. 袖山をいせる場合
袖を上に

いせ分量の多い袖山はカーブのために布目が変わっていき、いせ分量が不安定になるので、袖を上にして、いせがきちんと入っているか確認しながら縫う

Q-18 | 縫い代の倒し方に決りはある?

A 基本的な方向はあるがデザインによって自由で OK

図の例は、裏側から見た片返しにする場合の基本的な方向です。迷った時の参考にしてください。ステッチをかける場合は、ステッチが乗るパーツのほうに倒します。

片返し	P.137	切替え	P.140
ダーツ	P.149	縫い代	P.153

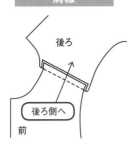
肩線

アームホールダーツ

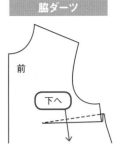
脇ダーツ

身頃の縫い代

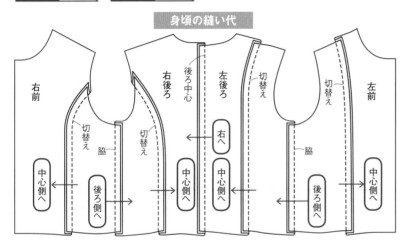

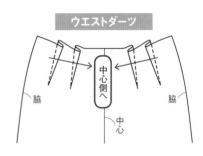
ウエストダーツ

Q-19 | 袖つけの縫い代、どちら側に倒す?

A 袖山の形状によって決まる

袖つけ縫い代を倒す方向は、デザインによって変わります。基本的には、袖山をいせてつける場合や、袖山にギャザーやタックを入れた袖は袖側に倒します。袖山にいせやギャザーがない袖は、身頃側に倒します。ただし、ギャザーを入れたパフスリーブでも袖山のふくらみを抑えたい場合には身頃側に倒すこともあります。

いせ	P.131	パフスリーブ	P.156

ヒント!

縫い代を倒す方向で袖山の表情が変わる
袖側に倒すとふくらみは大きく、身頃側に倒すとふくらみは控えめに。

袖側に片返し

身頃側に片返し

いせを入れる2枚袖
袖側に倒す

ギャザーのあるパフスリーブ
袖側に倒す

いせのないシャツスリーブ
身頃側に倒す / 身頃側に倒す
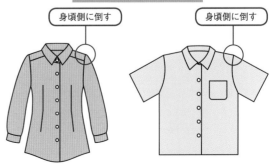

Q-20 布地の裁ち端がすぐにほつれる

滑脱 P.137
捨てミシン P.145

A 対処法は4種類。用途や目的に合わせて使い分ける

あらかじめ縫い代を多めにつけておいたり、裁断後すぐに裁ち端にロックミシンや捨てミシンをかける方法が手軽でおすすめ。ほつれや風合いを生かすというデザインもあるので、使用する素材やでき上がりのイメージ、用途や目的に合わせて使い分けましょう。

ヒント！

片面接着テープは伸止め用テープを利用

裁ち端のほつれ防止（4）には、伸止め用のテープを使用。また縫い目の滑脱を防ぐには、滑脱防止テープを使用する。

後ろ（裏）

滑脱防止テープはでき上り線にはる

1. 縫い代を多めにつける	2. ロックミシン、または捨てミシン	3. 全面に接着芯をはる	4. 縫い代に片面接着テープをはる
裏布をつける場合に	一重仕立ての場合に。裁断後すぐに裁ち端を始末する。特にほつれやすい布地は、裏布つきの場合にも。ジグザグミシンでも代用可能	裏布の有無にかかわらず使用可。粗裁ちして接着芯をはってから裁ち直す。一重仕立ての場合は 2 も併用	裏布の有無にかかわらず使用可。一重仕立ての場合は 2 も併用

後ろ（裏）

後ろ（裏）

後ろ（裏）

後ろ（裏）

Q-21 縫い目が伸びてしまう

A 片面接着テープで補強

肩線や袖ぐりなど、布目がバイアスになるところは、縫い目が伸びやすくなります。ミシンかけの前に伸止め用の片面接着テープをはって、補強しておきましょう。

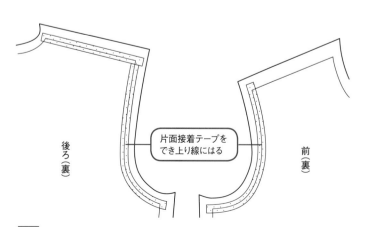
後ろ（裏）　片面接着テープをでき上り線にはる　前（裏）

これは便利！

伸止めに「ハーフバイアステープ」

文化購買事業部

平織りの接着芯を12°くらいのバイアスにカットした、片面接着テープ。完全なバイアスではないので伸びすぎたり硬くなりすぎず、カーブにも対応。素材によってはジャケットの前端の伸止めにも使用可。

⚠ 注意
表にテープのあたりが出る場合は縫い代にはる。

あたり P.130
でき上り線 P.151
バイアス P.155

Q-22 | 角のミシンのかけ方は?

A 針を刺したまま、布地を回転

角まで縫ったらミシンを止めて、針を刺したまま押え金を上げ、布地を回転して次に進む方向に合わせてから押え金を下ろし、縫い進めます。

押え金 P.135

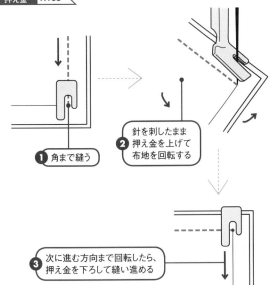

❶ 角まで縫う

❷ 針を刺したまま押え金を上げて布地を回転する

❸ 次に進む方向まで回転したら、押え金を下ろして縫い進める

Q-23 | 衿先を目打ちで整える時縫い代が飛び出す

A 衿先を細かい針目で縫う

右上(Q24)のように、鋭角な衿先を目打ちで整える時に起こりやすい失敗です。ほつれやすい布地の場合は特に、でき上り線を縫う時に先端部分(1〜1.5cm)を細かい針目で縫っておきましょう。縫い代の飛び出しを防ぐことができます。

針目 P.156

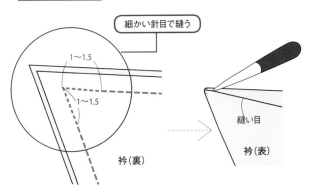

細かい針目で縫う

1〜1.5

1〜1.5

縫い目

衿(裏)

衿(表)

Q-24 | 衿先や角の縫い代がごろごろする

A 余分な縫い代をカットし、きちんとアイロンで折る

角をでき上りの状態に折った時に縫い代が重ならないように、余分をカットします。縫い代をアイロンで固定し、角を指で押さえながら表に返します。最後に目打ちで整えます。

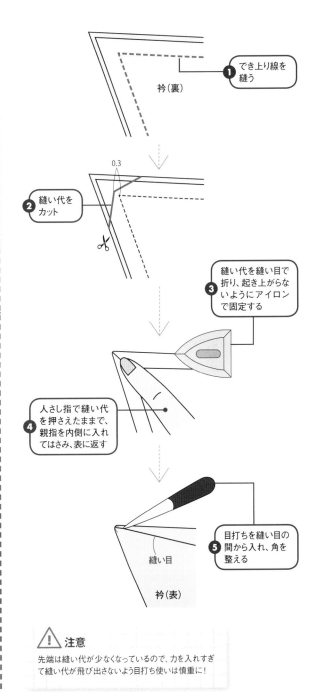

❶ でき上り線を縫う

0.3

❷ 縫い代をカット

❸ 縫い代を縫い目で折り、起き上がらないようにアイロンで固定する

❹ 人さし指で縫い代を押さえたままで、親指を内側に入れてはさみ、表に返す

縫い目

❺ 目打ちを縫い目の間から入れ、角を整える

縫い目

衿(表)

⚠ 注意

先端は縫い代が少なくなっているので、力を入れすぎて縫い代が飛び出さないよう目打ち使いは慎重に!

縫い方で困った!?

Q-25 前端や衿ぐりなどの縁をきれいに仕上げるには?

A 縫い代を一度割ってから、表に返す

前端やノーカラーの衿ぐりなどの縁になる縫い目は、一度アイロンで割ってから表に返すと、きれいに整います。また、カーブ部分の縫い代に切込みを入れておくことも大事なポイントです。衿の外回りやノースリーブの袖ぐりも同様。厚地の場合は、さらに縫い代に段差をつける（P.45 Q36）と、よりすっきり仕上がります。

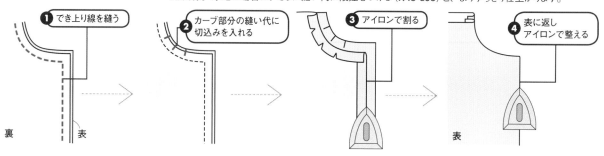

❶ でき上がり線を縫う

❷ カーブ部分の縫い代に切込みを入れる

❸ アイロンで割る

❹ 表に返しアイロンで整える

裏　　表　　　　　　　　　　　　　　　　　　　　　　　　表

Q-26 ステッチをきれいにかけるには?

A ステッチ定規を活用する

ステッチ定規（P.33 Q5）を使うと印つけがいらないので布地が汚れず、一定の幅にすっきりとステッチをかけることができます。

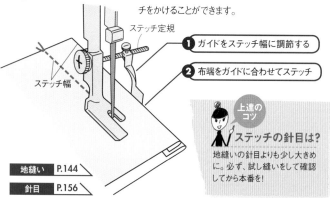

ステッチ定規

ステッチ幅

❶ ガイドをステッチ幅に調節する

❷ 布端をガイドに合わせてステッチ

上達のコツ

ステッチの針目は?
地縫いの針目よりも少し大きめに。必ず、試し縫いをして確認してから本番を！

| 地縫い | P.144 |
| 針目 | P.156 |

Q-27 細い幅のステッチをスムーズにかけるには?

A 押え金を目安にする

肩線、袖ぐり、切替え線など、縫い目の際にかけるステッチは、ミシンの押え金を目安にすると幅がそろってきれいに縫えます。

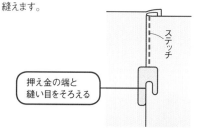

ステッチ

押え金の端と縫い目をそろえる

Q-28 ステッチに斜めじわが出る

A 厚紙をはさんでかける

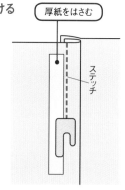

厚紙をはさむ

ステッチ

布地が重なったところにステッチをかけると、ミシンの構造上どうしても上側の布地がよじれやすくなります（P.34 Q7）。厚紙（ストッキングの台紙など）を押え金の下にはさんで、布地と一緒に送るようにかけましょう。

| 押え金 | P.135 |

Q-29 カーブをきれいに縫うには?

A こまめな方向転換で、少しずつかける

曲線を縫う時は、無理やり布地をまっすぐにしようとしてはいけません。こまめに押え金を上げて布地の方向を変え、カーブの形を保ちながら、短い距離を少しずつ縫い進めましょう。

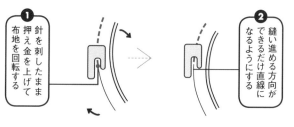

❶ 針を刺したまま押え金を上げて布地を回転する

❷ 縫い進める方向ができるだけ直線になるようにする

Q-30 パネルラインなど、逆カーブの縫合せが難しい

A カーブの強い部分に細かく合い印をつけて合わせ、しっかりしつけをする

丸みの強いパネルラインのようなカーブは、逆カーブどうしを縫い合わせることになります。そのまま縫うと布地を伸ばしてしまったり、余ったり、とても縫いにくいものです。パターンのカーブの強い部分に細かく合い印をつけ、その印を布地にしるして合わせると、格段に縫いやすくなります。ポイントは合い印を正確につけることです。

合い印	P.130
WL（ウエストライン）	P.133
切替え	P.140
しつけ	P.143
でき上り線	P.151
中表	P.152
BL（バストライン）	P.155
パネルライン	P.156
プレスボール	P.159

縫い方で困った!?

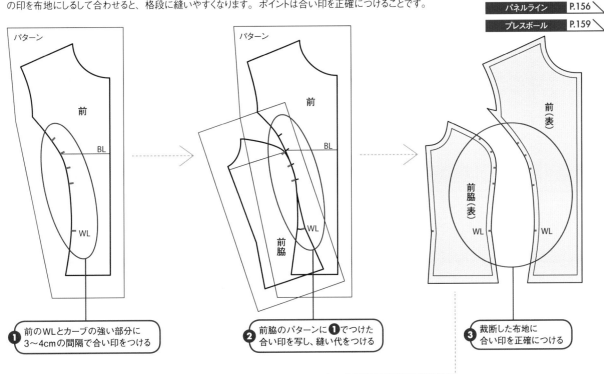

① 前のWLとカーブの強い部分に3〜4cmの間隔で合い印をつける

② 前脇のパターンに①でつけた合い印を写し、縫い代をつける

③ 裁断した布地に合い印を正確につける

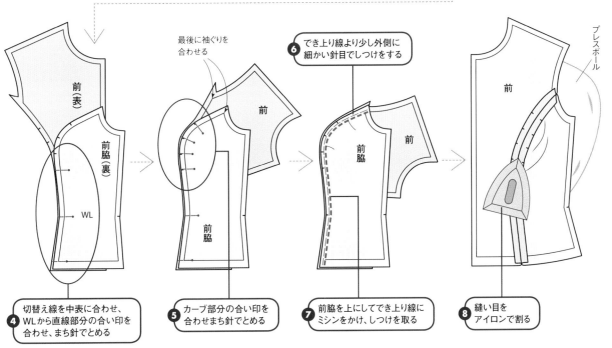

最後に袖ぐりを合わせる

④ 切替え線を中表に合わせ、WLから直線部分の合い印を合わせ、まち針でとめる

⑤ カーブ部分の合い印を合わせまち針でとめる

⑥ でき上り線より少し外側に細かい針目でしつけをする

⑦ 前脇を上にしてでき上り線にミシンをかけ、しつけを取る

⑧ 縫い目をアイロンで割る

プレスボール

Q-31 厚地を きれいに縫うには?

A 針目を大きく、糸調子はゆるく

冬素材などの厚みのある布を縫う時は、その厚みに合わせた縫い目調節が大切です。ミシン針を太いものに替え、針目はやや大きく（3cmに10〜12針）、糸調子はややゆるめ、押え金の圧力は強めにして縫います。

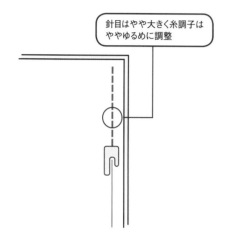

針目はやや大きく糸調子は ややゆるめに調整

Q-32 厚地の縫始めで ミシンが進まない

A 押え金が浮いている部分に共布をはさむ

厚い布地の縫始めや縫い代が厚くなった部分にステッチをかける時など、送り歯がきかなくなってミシンが進まなくなったり縫い目が曲がったりします。そんな時は、共布の残布を利用します。P.34 Q7 で紹介した、目の細かいサンドペーパーを使うとさらにスムーズに縫えます。

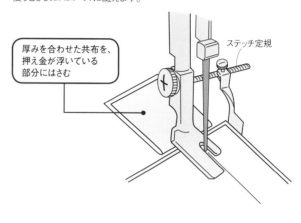

厚みを合わせた共布を、押え金が浮いている部分にはさむ

ステッチ定規

Q-33 厚地のダーツが ごろごろする

A 片返しにせず、縫い代を割る

厚い布地の三角ダーツは、ダーツ止りに向かってはさみの入るところまで切り開き、アイロンで割ります。アイロンをかけにくいダーツ止りのあたりは、目打ちの先をダーツ止りまで差し込んでアイロンをかけると、平らに割ることができます。

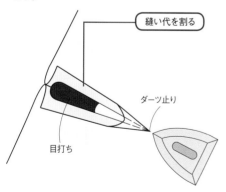

縫い代を割る

ダーツ止り

目打ち

Q-34 段差や厚みのある部分で ミシンが進まなくなる

A 厚紙やサンドペーパーを活用

ファスナーつけなどで、縫い目の左右に段差があったり、縫い代が重なって厚くなった部分にステッチをかける時、また薄い部分から厚い部分へと縫い進める場合なども、押え金がきかなくなって縫い目が曲がったりミシンが進まなくなったりします。そんな時は、厚紙や目の細かいサンドペーパーを使います。細長く切って押え金の下に当てると、布地がしっかり押さえられるのでスムーズに縫えます。

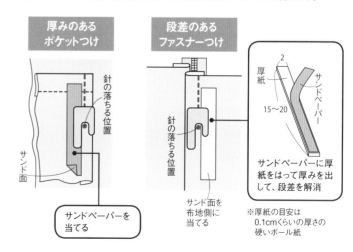

厚みのある ポケットつけ

針の落ちる位置

サンド面

サンドペーパーを当てる

段差のある ファスナーつけ

針の落ちる位置

サンド面を布地側に当てる

厚紙

サンドペーパー

2

15〜20

サンドペーパーに厚紙をはって厚みを出して、段差を解消

※厚紙の目安は0.1cmくらいの厚さの硬いボール紙

Q-35 縫い代の厚みを少なくするには?

A 方法は2種類。厚みを減らしたい場所によって選ぶ

1. 縫い代に段差をつける

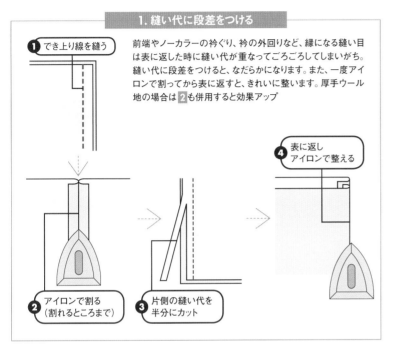

❶ でき上り線を縫う

前端やノーカラーの衿ぐり、衿の外回りなど、縁になる縫い目は表に返した時に縫い代が重なってごろごろしてしまいがち。縫い代に段差をつけると、なだらかになります。また、一度アイロンで割ってから表に返すと、きれいに整います。厚手ウール地の場合は 2 も併用すると効果アップ

❷ アイロンで割る（割れるところまで）

❸ 片側の縫い代を半分にカット

❹ 表に返しアイロンで整える

2. アイロンで縫い代の厚みをつぶす

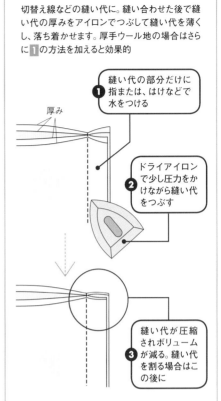

切替え線などの縫い代に。縫い合わせた後で縫い代の厚みをアイロンでつぶして縫い代を薄くし、落ち着かせます。厚手ウール地の場合はさらに 1 の方法を加えると効果的

❶ 縫い代の部分だけに指または、はけなどで水をつける

厚み

❷ ドライアイロンで少し圧力をかけながら縫い代をつぶす

❸ 縫い代が圧縮されボリュームが減る。縫い代を割る場合はこの後に

Q-36 厚地で、前端や衿ぐりなどの縁をきれいに仕上げるには?

A 縫い代を一度割り、段差をつけてから表に返す

前端やノーカラーの衿ぐりなど、縁になる縫い目は、表に返した時に縫い代がつれたり重なってごろごろしてしまいがち。縫い代に切込みを入れたり、一度アイロンで割ってから表に返すと、きれいに整います。さらに、厚地の場合は角の縫い代を整理したり、段差をつける一手間を加えることが大事なポイントです。衿の外回りやノースリーブの袖ぐりも同様です。

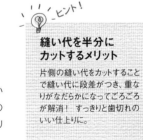

縫い代を半分にカットするメリット

片側の縫い代をカットすることで縫い代に段差がつき、重なりがなだらかになってごろごろが解消! すっきりと歯切れのいい仕上りに。

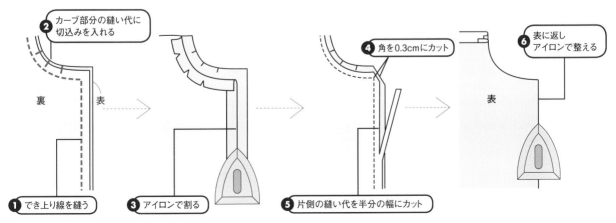

❷ カーブ部分の縫い代に切込みを入れる

❹ 角を0.3cmにカット

❻ 表に返しアイロンで整える

裏　表

表

❶ でき上り線を縫う

❸ アイロンで割る

❺ 片側の縫い代を半分の幅にカット

Q-37 薄地をきれいに縫うには?

A ハトロン紙を使用

シルクやポリエステルなどの薄くてすべりやすい布地は縫いにくいものです。製図をした残りのハトロン紙を細長く切っておき、布地の下に敷いて一緒に縫うとすべりにくくなり、縫いつれも防ぐことができます。

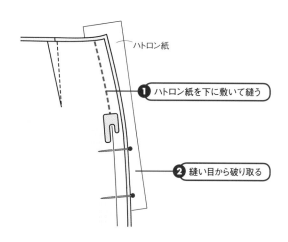

ハトロン紙

❶ ハトロン紙を下に敷いて縫う

❷ 縫い目から破り取る

Q-38 薄くて透ける布地をきれいに三つ折りにするには?

薄地の印つけ P.29 Q9

A パターンと一緒に折って、きちんと折り目をつける

薄くて透ける布地は、動いてとても扱いにくいもの。布地だけを折るのは難しいので、パターンを活用します。パターンに布地を重ねて縫い印をする時に、この部分のみパターンまで通して縫っておき、一緒にアイロンで三つ折りにします。こうすることでその後縫い印をはずしても形が固定され、きれいな三つ折りに仕上がります。

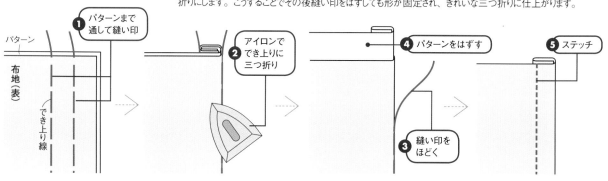

パターン

布地（表）

でき上り線

❶ パターンまで通して縫い印

❷ アイロンででき上りに三つ折り

❸ 縫い印をほどく

❹ パターンをはずす

❺ ステッチ

Q-39 ギャザーの流れる方向はどうしたら変わる?

A 縫い縮める方向で流れが決まる

前肩ヨーク切替えなど、斜めのでき上り線上にギャザーを入れる時は、ぐし縫いや粗ミシンの方向によってギャザーの流れが変わります。デザインに合わせて、好みのほうを選びましょう。

粗ミシン P.131

ギャザー P.139

ぐし縫い P.141

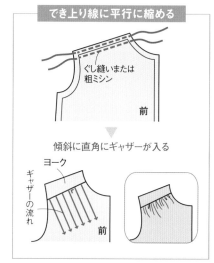

でき上り線に平行に縮める

ぐし縫いまたは粗ミシン

前

傾斜に直角にギャザーが入る

ヨーク

ギャザーの流れ

前

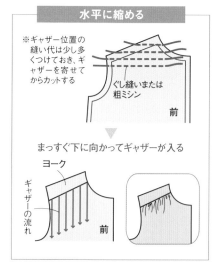

水平に縮める

※ギャザー位置の縫い代は少し多くつけておき、ギャザーを寄せてからカットする

ぐし縫いまたは粗ミシン

前

まっすぐ下に向かってギャザーが入る

ヨーク

ギャザーの流れ

前

Q-40 | ギャザーのきれいな寄せ方は?

A ぐし縫いや粗ミシンを利用

短い距離ならぐし縫いでもOK。長い距離にギャザーを寄せるには、粗ミシンが早くて便利です。でき上り線をはさんで2本かけるのがポイント。ギャザーが落ち着き、縫合せが楽になります。縫った後、その糸を引いてつけ寸法に縮めます。

合い印	P.130
粗ミシン	P.131
ギャザー	P.139
ぐし縫い	P.141
でき上り線	P.151

ギャザーの縫合せ P.38 Q17

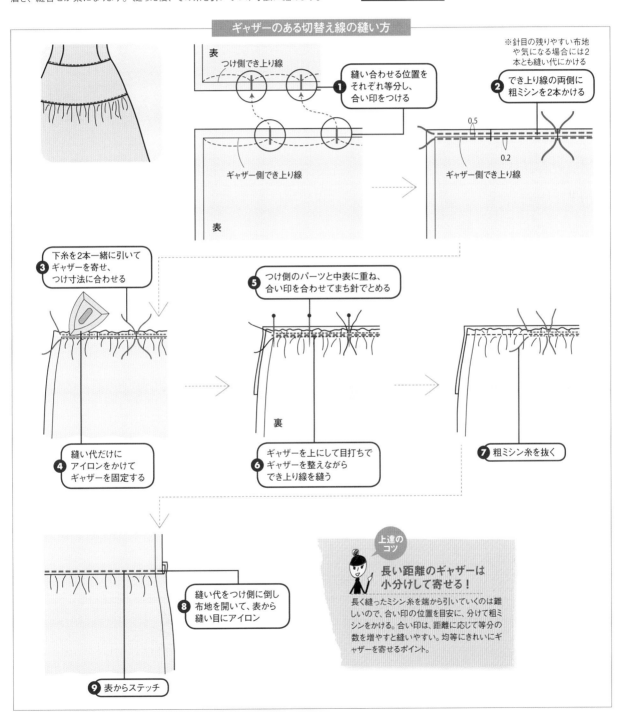

ギャザーのある切替え線の縫い方

1 縫い合わせる位置をそれぞれ等分し、合い印をつける

※針目の残りやすい布地や気になる場合には2本とも縫い代にかける

2 でき上り線の両側に粗ミシンを2本かける

3 下糸を2本一緒に引いてギャザーを寄せ、つけ寸法に合わせる

4 縫い代だけにアイロンをかけてギャザーを固定する

5 つけ側のパーツと中表に重ね、合い印を合わせてまち針でとめる

6 ギャザーを上にして目打ちでギャザーを整えながらでき上り線を縫う

7 粗ミシン糸を抜く

8 縫い代をつけ側に倒し布地を開いて、表から縫い目にアイロン

9 表からステッチ

上達のコツ

長い距離のギャザーは小分けして寄せる!
長く縫ったミシン糸を端から引いていくのは難しいので、合い印の位置を目安に、分けて粗ミシンをかける。合い印は、距離に応じて等分の数を増やすと縫いやすい。均等にきれいにギャザーを寄せるポイント。

縫い方で困った!?

Q-41 ゴムシャーリングの方法は?

A シャーリングテープや ゴムミシン糸を利用

シャーリングテープは、布地の裏面にのせて伸ばしながらミシンをかけるだけの手軽な方法。ただし、シャーリング部分は硬くなります。他に、ゴムミシン糸を使う方法もあります。デザインに合わせて使い分けましょう。

合い印 P.130　シャーリング P.144

縫い方で困った!?

シャーリングテープの場合

布地の裏面にのせて、テープを伸ばしながらミシンをかける

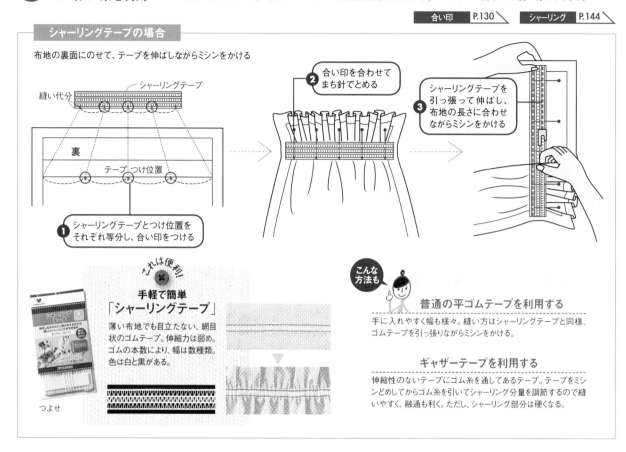

① シャーリングテープとつけ位置をそれぞれ等分し、合い印をつける

縫い代分
シャーリングテープ
裏
テープつけ位置

② 合い印を合わせてまち針でとめる

③ シャーリングテープを引っ張って伸ばし、布地の長さに合わせながらミシンをかける

これは便利!!
手軽で簡単「シャーリングテープ」
薄い布地でも目立たない、網目状のゴムテープ。伸縮力は弱め。ゴムの本数により、幅は数種類。色は白と黒がある。

つよせ

こんな方法も

普通の平ゴムテープを利用する
手に入れやすく幅も様々。縫い方はシャーリングテープと同様、ゴムテープを引っ張りながらミシンをかける。

ギャザーテープを利用する
伸縮性のないテープにゴム糸を通してあるテープ。テープをミシンどめしてからゴム糸を引いてシャーリング分量を調節するので縫いやすく、融通も利く。ただし、シャーリング部分は硬くなる。

ゴムミシン糸の場合

下糸として使い、布地を引っ張りながらミシンをかける

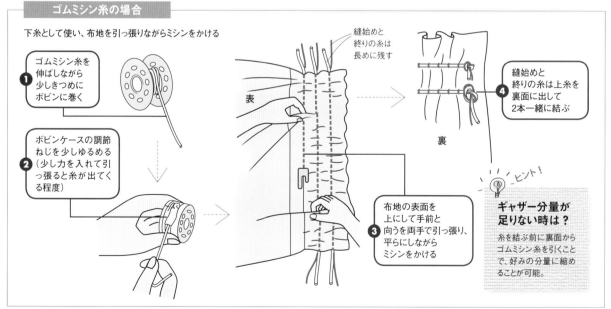

① ゴムミシン糸を伸ばしながら少しきつめにボビンに巻く

② ボビンケースの調節ねじを少しゆるめる（少し力を入れて引っ張ると糸が出てくる程度）

表

縫始めと終りの糸は長めに残す

③ 布地の表面を上にして手前と向うを両手で引っ張り、平らにしながらミシンをかける

④ 縫始めと終りの糸は上糸を裏面に出して2本一緒に結ぶ

裏

ヒント!
ギャザー分量が足りない時は?
糸を結ぶ前に裏面からゴムミシン糸を引くことで、好みの分量に縮めることが可能。

Q-42 | ピンタックの縫い方は？

A 布地を粗裁ちして、ピンタックを縫い その後で正確に裁ち直す

まず、ピンタックを作るパーツ用の布地を粗裁ちします。次にピンタックを縫い、アイロンで整えます。この後、パターンを重ねて正確に裁ち直します。

| 粗裁ち | **P.131** |
| 折り山 | **P.135** |

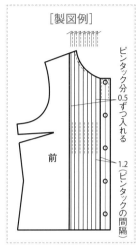

[製図例]

ピンタック分0.5ずつ入れる

1.2（ピンタックの間隔）

前

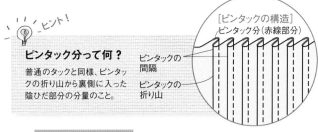

ヒント！

ピンタック分って何？

普通のタックと同様、ピンタックの折り山から裏側に入った陰ひだ部分の分量のこと。

[ピンタックの構造]
ピンタック分（赤線部分）
ピンタックの間隔
ピンタックの折り山

裁断

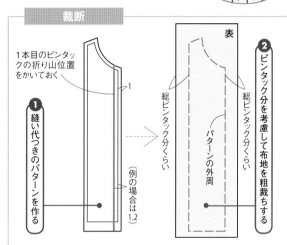

1本目のピンタックの折り山位置をかいておく

1 縫い代つきのパターンを作る

（例の場合は1.2）

2 ピンタック分を考慮して布地を粗裁ちする

総ピンタック分くらい

パターンの外周

総ピンタック分くらい

表

縫い方で困った!?

縫い方

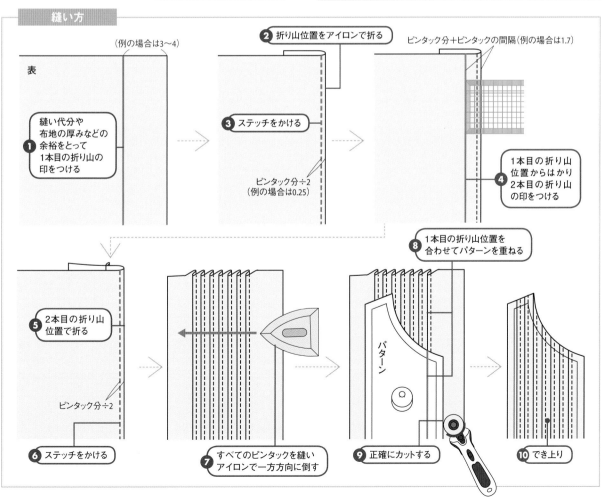

（例の場合は3〜4）

表

1 縫い代分や布地の厚みなどの余裕をとって1本目の折り山の印をつける

2 折り山位置をアイロンで折る

3 ステッチをかける

ピンタック分÷2（例の場合は0.25）

ピンタック分＋ピンタックの間隔（例の場合は1.7）

4 1本目の折り山位置からはかり2本目の折り山の印をつける

5 2本目の折り山位置で折る

ピンタック分÷2

6 ステッチをかける

7 すべてのピンタックを縫いアイロンで一方方向に倒す

8 1本目の折り山位置を合わせてパターンを重ねる

パターン

9 正確にカットする

10 でき上り

Q-43 フレアスカートの裾をきれいに折り上げるには?

A 裁ち端を縮め、折り代を落ち着かせる

カーブの強いフレアスカートなどの場合、裾の折り代幅が広いほど、折り上げた時に余って浮きが出ます。これは、でき上り線より裁ち端の距離が長くなるため。粗ミシンをかけて縮めることで、きれいに仕上がります。裾上げの方法を、裾をまつる場合で解説します。

奥をまつる方法 P.37 Q15

粗ミシン P.131
折り代 P.135
裁ち端 P.149

❶ カーブの部分に粗ミシンをかける

裏
でき上り線
2〜3
0.5

❺ 縮めた部分を伸ばさないようにしながら、ロックミシンをかける

❻ 脇を縫う

❷ でき上りに折る
❸ ミシンの糸を引いて縮め、裁ち端の浮きを落ち着かせる
❹ アイロンで固定する
❼ 奥をまつる

Q-44 カーブの強い折り代をきれいに仕上げるには?

A 厚紙のカーブ型を使う

パッチポケットの丸みやシャツの裾など、カーブをフリーハンドできれいに折るのは難しいものです。パターンのカーブに合わせて厚紙でカーブ型を作り、定規代りにして作業をすると、すっきり仕上がります。

これは便利!!
ポケットなどの丸み作りに「ポケットメーカー」

2つの金具で布地をはさみ込んで使うタイプ。4種類の丸みに対応。

クロバー

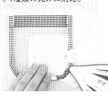

❶ 折り代に粗ミシンをかける

裏
1(折り代)
厚紙で作ったカーブ型
0.3〜0.5
でき上り線

❷ カーブ型をでき上り線に合わせて置く
❸ 粗ミシンを縮めてアイロンででき上りに折る
でき上り線
❹ カーブ型をはずし、アイロンで整える
でき上り線
❺ つけ位置にとめつける
表

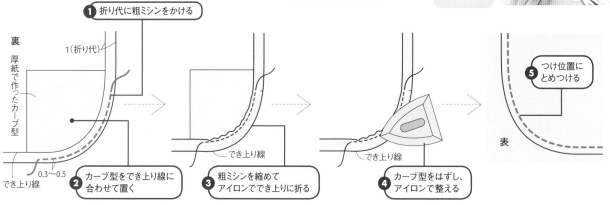

Q-45 | 細い三つ折りをきれいに縫うには?

A 便利な用具やロックミシンを活用する

長い距離を細く三つ折りにする時は、へらやロックミシンを
活用すると、手早くきれいに仕上がります。

でき上り線　P.151

でき上り線　P.151

これは便利!!
布地の折り目つけに 「へらルレット」

なめらかに正確にラインが引ける、回転
式のへら。持ちやすい柄で、安定感も抜
群。印つけにも便利。

クロバー

へらを活用

折りぐせをつけることで、折上げ作業が楽に!

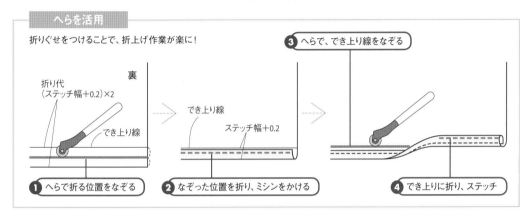

折り代
(ステッチ幅+0.2)×2

でき上り線

裏

① へらで折る位置をなぞる

でき上り線

ステッチ幅+0.2

② なぞった位置を折り、ミシンをかける

③ へらで、でき上り線をなぞる

④ でき上りに折り、ステッチ

ロックミシンを活用

ロックミシンの幅と硬さを利用して折り上げると、手早く簡単!

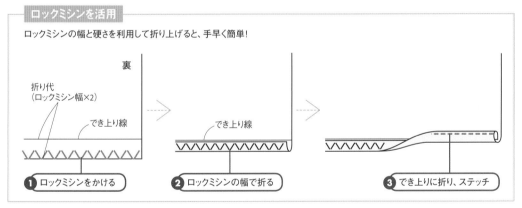

折り代
(ロックミシン幅×2)

でき上り線

裏

① ロックミシンをかける

でき上り線

② ロックミシンの幅で折る

③ でき上りに折り、ステッチ

こんな
方法も

折り代を多めにつけて後からカットする

細い幅で折るのはなかなか
難しいもの。折り代を多め
につけて折り、一度ミシン
をかけて固定してから余分を
カット。残った折り代は少し
安定してくるので、これを目
安にでき上りに折るときれ
いに仕上がる。

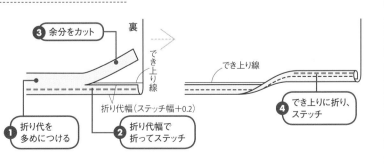

③ 余分をカット

裏

でき上り線

でき上り線

① 折り代を
多めにつける

② 折り代幅で
折ってステッチ

折り代幅(ステッチ幅+0.2)

④ でき上りに折り、
ステッチ

縫い方で困った!?

Q-46 | 手縫いの時、糸がよれて縫いにくい

A 糸を「ろう引き」する

まつり糸やボタンつけ糸は、巻きぐせがついていたり作業中によりが戻ってしまったりと、そのままでは縫いにくい場合があります。始めに「ろう引き」をしておくと格段に使いやすくなり、作業も手早く進みます。ただし、カタン糸のように糸の繊維を固めてある糸には必要ありません。

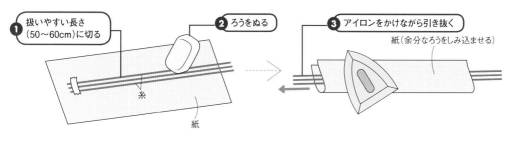

1 扱いやすい長さ（50～60cm）に切る

糸

紙

2 ろうをぬる

3 アイロンをかけながら引き抜く

紙（余分なろうをしみ込ませる）

Q-47 | 手縫いの縫始めと縫終りはどうする?

A 縫始めは玉結び、縫終りは玉止めをする

縫始めは糸端に玉結びを作り、布地の裏から表に針を出して進みます。逆に縫終りは布地の裏に針を出して玉止めを作り、糸を切ります。

縫終り

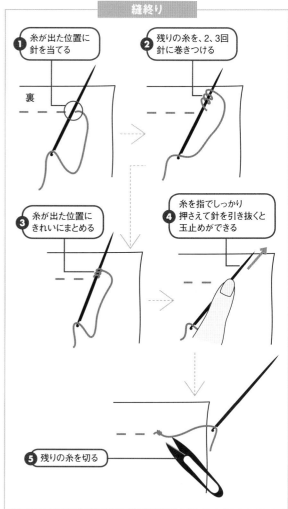

1 糸が出た位置に針を当てる

裏

2 残りの糸を、2、3回針に巻きつける

3 糸が出た位置にきれいにまとめる

4 糸を指でしっかり押さえて針を引き抜くと玉止めができる

5 残りの糸を切る

縫始め

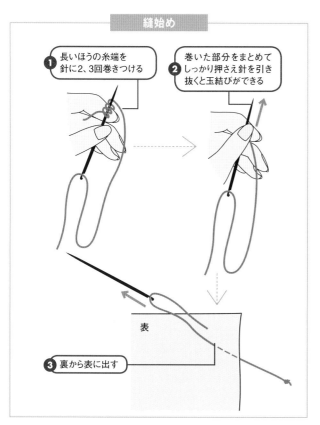

1 長いほうの糸端を針に2、3回巻きつける

2 巻いた部分をまとめてしっかり押さえ針を引き抜くと玉結びができる

表

3 裏から表に出す

Q-48 | ボタン穴の大きさの決め方は?

A 直径と厚みをはかって決める

ボタン穴の大きさは「直径＋厚み」が基本です。ただし右図のように半球状の足つきボタンの場合は、AとBをはかって足した寸法にします。穴は大きすぎるとはずれやすいので気をつけましょう。残布に予定の大きさの穴をあけ、ボタンを通して確認すると安心です。

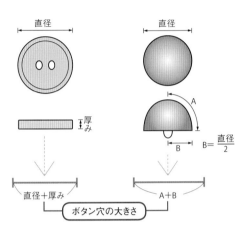

直径

直径

厚み

$B = \dfrac{直径}{2}$

直径＋厚み

A＋B

ボタン穴の大きさ

Q-49 | くるみボタンはどうやって作るの?

A キットを使う

服作りの中で、ボタン選びも楽しさの一つです。既製のボタンもいいけれど、布地を使って作るくるみボタンは、よりオリジナル感が増す魅力的なアイテム。市販のキットを使うと簡単に作ることができます。

これは便利!!

オリジナルのボタン作りに
「くるみボタンキット」

わかりやすい作り方解説つきで、手軽にかわいらしいくるみボタンが作れるキット。大きさも様々あり、用途に合わせてチョイスが可能。

つやせ

縫い方で困った!?

Q-50 | ボタン穴の位置の決め方は?

A 基本は横穴。前立てや短冊あきの場合は縦穴にする

横の動きで力がかかることが多いので、ボタン穴は横の引っ張りに対応できる横穴が一般的に多く使われます。前立てや短冊あきの場合は、幅の問題とデザイン的な理由から縦穴にします。

糸足とは
P.54 Q51

横穴の場合

ボタンつけの糸足の太さ分を中心から出してあげると、ボタンをとめた時ちょうど中心におさまる

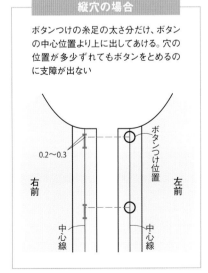

0.2〜0.3

ボタンつけ位置

右前

左前

中心線

中心線

縦穴の場合

ボタンつけの糸足の太さ分だけ、ボタンの中心位置より上に出してあげる。穴の位置が多少ずれてもボタンをとめるのに支障が出ない

0.2〜0.3

ボタンつけ位置

右前

左前

中心線

中心線

スタンドカラーの場合

衿に横穴、前立てに縦穴を作る。台衿つきシャツカラーの場合も同様

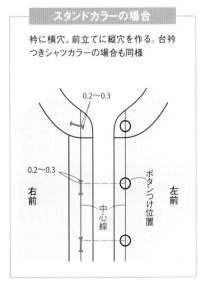

0.2〜0.3

0.2〜0.3

ボタンつけ位置

右前

左前

中心線

Q-51 ボタンのつけ方は?

A ボタンをとめる布地の厚みに合わせて、糸足をつける

裏がフラットなボタンは、糸足をつけてとめます。とめる布地に厚みがある時は、糸足を長めにします。足つきボタンの場合は、そのままきっちりとめます。糸はボタンつけ糸(**P.108 Q5**)を40〜50cmくらいに切って、巻きぐせをアイロンで伸ばして使うと作業しやすいです。

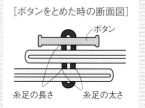

"糸足"とは?

ボタンをつける時、とめる部分の布地の厚み分だけ浮かせておくことが必要。その分を糸で作ったものを"糸足"と呼ぶ。糸足をつけないと、とめた時にボタン穴が開いてしまったりする不具合が出る。

[ボタンをとめた時の断面図]

| 玉結び P.150 | 玉止め P.150 |

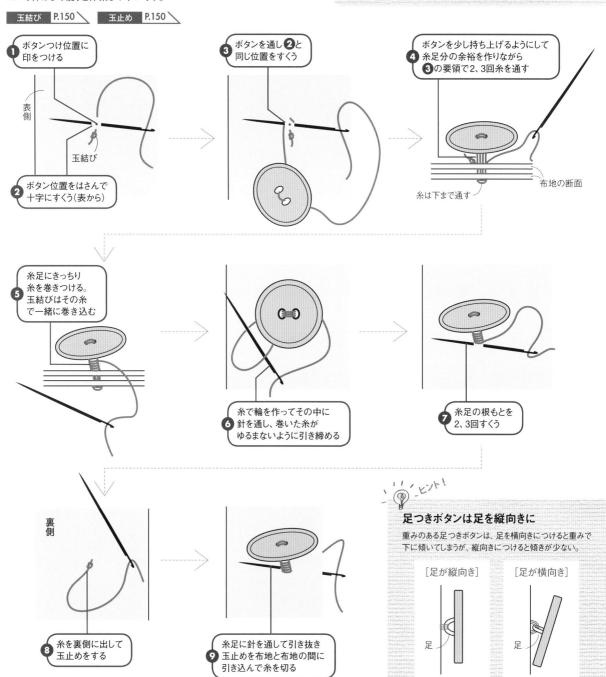

① ボタンつけ位置に印をつける

表側
玉結び

② ボタン位置をはさんで十字にすくう(表から)

③ ボタンを通し②と同じ位置をすくう

④ ボタンを少し持ち上げるようにして糸足分の余裕を作りながら③の要領で2、3回糸を通す

糸は下まで通す
布地の断面

⑤ 糸足にきっちり糸を巻きつける。玉結びはその糸で一緒に巻き込む

⑥ 糸で輪を作ってその中に針を通し、巻いた糸がゆるまないように引き締める

⑦ 糸足の根もとを2、3回すくう

裏側

⑧ 糸を裏側に出して玉止めをする

⑨ 糸足に針を通して引き抜き玉止めを布地と布地の間に引き込んで糸を切る

※玉止めが通らない場合はそのまま残す

足つきボタンは足を縦向きに

重みのある足つきボタンは、足を横向きにつけると重みで下に傾いてしまうが、縦向きにつけると傾きが少ない。

[足が縦向き] 足
[足が横向き] 足

縫い方で困った!?

Q-52 ボタン穴を手でかがる方法は?

ろう引きの方法 P.52 Q46
ボタン穴の大きさの決め方 P.53 Q48
ボタン穴の位置の決め方 P.53 Q50

A 絹穴糸やボタンつけ糸（P.108 Q5）を使って作る

家庭用ミシンで作る穴かがりはジャケットやコートなどのボタン穴としてはボリュームが不足という場合があります。手でかがるのは少し手間がかかりますが、完成度の高い仕上りになります。

穴かがり P.131
玉結び P.150

❶ 細かい針目でミシン

0.3〜0.4
ボタン穴の大きさ

● ほつれやすい布地は内側もミシンで埋める

❷ 切込みを入れる

ボタンの糸足がおさまる側は丸くカット（片止め穴かがりの場合）

❸ ボタン穴の周囲に糸を渡す（芯糸になる）

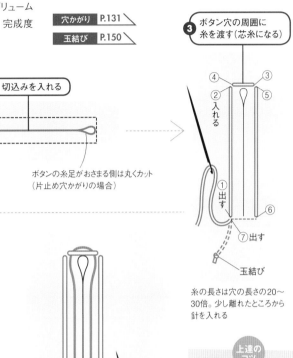

④ ③ ② ⑤ ① 入れる ⑥ ⑦出す 出す 玉結び

糸の長さは穴の長さの20〜30倍。少し離れたところから針を入れる

縫い方で困った!?

❹ 周囲をかがる

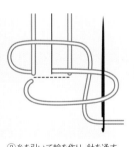
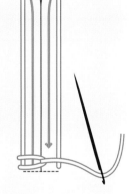

①針を切込みから入れて芯糸の際に出す

②糸を引いて輪を作り、針を通す

③できたこぶを立てるように糸を引く。①〜③を繰り返して、1周かがる

上達のコツ

きれいに作るには？

かがる針目の間隔や長さをそろえて作るときれいに見える。糸にろう引きをして張りと光沢を保つのもポイント。

❺ かがり終りの始末をする

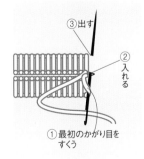
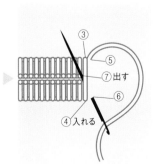
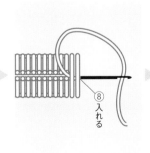
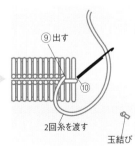

③出す ②入れる ①最初のかがり目をすくう

③ ⑤ ⑦出す ⑥ ④入れる

⑧入れる

⑨出す ⑩ 2回糸を渡す 玉結び

最後はほつれてこないように裏のかがり目に糸を2、3回通して切る。始めに作った玉結びも切る

Q-53 | くるみスナップの作り方は?

A 裏布でスナップをくるむ

コートやジャケットの前あきなどに大きめのスナップを使う場合、金属のままではデザイン的になじまないという時には、くるみスナップを作るという方法があります。スナップの凸と凹は大きさが違うので、くるむ布地の裁断には注意が必要。それぞれの直径をはかって正確に裁ちましょう。

| 玉止め | P.150 | | 玉結び | P.150 |

断ち方

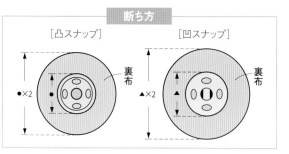

[凸スナップ] 裏布 ●×2
[凹スナップ] 裏布 ▲×2

縫い方

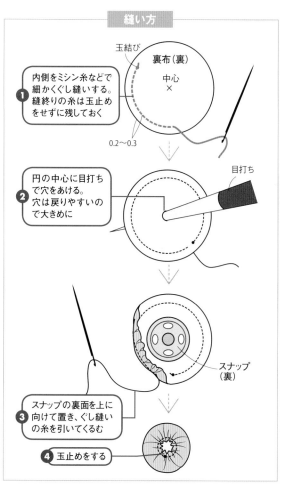

❶ 内側をミシン糸などで細かくぐし縫いする。縫終りの糸は玉止めをせずに残しておく

玉結び 裏布(裏) 中心× 0.2〜0.3

❷ 円の中心に目打ちで穴をあける。穴は戻りやすいので大きめに

目打ち

❸ スナップの裏面を上に向けて置き、ぐし縫いの糸を引いてくるむ

スナップ(裏)

❹ 玉止めをする

Q-54 | ホックの種類とつけ位置は?

糸ループの作り方 P.58 Q58

A 基本は3パターンあり、表から見えないようにする

ホックはかぎ形になったとめ具で、ジャケットの前端やワンピースのファスナーの上端などに使います。小さなスプリングホックや板金製の丈夫なタイプなどの種類があり、受け側が表に出る場合などは、金具は使わずに糸ループにすることもあります。いずれも、表から見てきれいに突合せになるようにつけ位置を決めます。

| 糸ループ | P.132 |

スプリングホックの場合

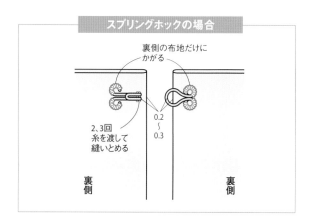

裏側の布地だけにかがる
2、3回糸を渡して縫いとめる
0.2〜0.3
裏側 裏側

受け側を糸ループにする場合

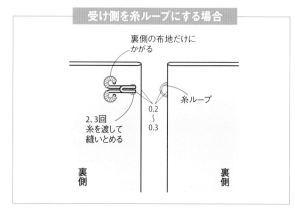

裏側の布地だけにかがる
2、3回糸を渡して縫いとめる
糸ループ
0.2〜0.3
裏側 裏側

板金製のホックの場合

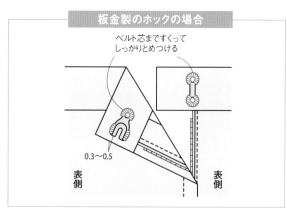

ベルト芯まですくってしっかりとめつける
0.3〜0.5
表側 表側

縫い方で困った!?

Q-55 | ホックの つけ方は?

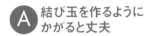

A 結び玉を作るように かがると丈夫

ボタン穴を手で穴かがりする時の手法でつけると丈夫です。動きやすくてつけにくい場合は、始めにところどころ縫ってとめておくと、かがりやすくなります。

穴かがり P.131

1 表側に糸が出ないように裏側の布地だけを1針すくいホックの輪に通す

裏側

2 輪の外側から布地をすくい輪の中に出す

3 糸を引いて、糸輪の中に針を通す

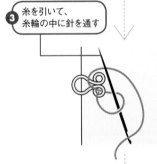

4 糸を引き締める（2〜4を繰り返す）

Q-56 | 星どめの縫い方は?

A 表に針目が出ないようにすくう

星どめは、主にステッチなしの仕立てで見返しを落ち着かせたい時に使う手法です。ポイントはなるべく小さくすくい、表に針目が出ないようにすること。

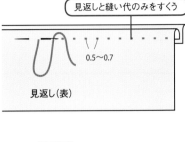

見返しと縫い代のみをすくう

0.5〜0.7

見返し（表）

表布（裏）

断面図　見返し／縫い代／表布

Q-57 | ベルト通しの作り方、つけ方は?

A 布地の耳を活用する

耳 P.162

ベルト通しは基本的には縦地で作ります。布地の耳を利用するのが手軽な方法。耳が使えない場合は、裁ち端にロックミシンをかけたり、布ループのように縫い返して作ります。必要な本数分の長さを続けて作り、個々にカットして使うと効率がいいです。

ヒント！

長さの計算は?

1本分の長さ＝ベルト通しの長さ＋縫い代分
用意する長さ＝（1本分の長さ×本数）＋余分（4〜6）

1縫い代
ベルト通しの長さ
1縫い代

作り方

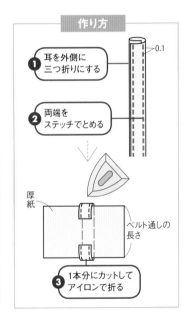

1 耳を外側に三つ折りにする　0.1

2 両端をステッチでとめる

厚紙

ベルト通しの長さ

3 1本分にカットしてアイロンで折る

つけ方

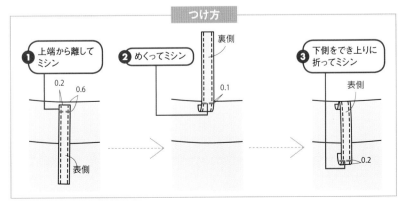

1 上端から離してミシン
0.2　0.6
表側

2 めくってミシン
裏側
0.1

3 下側をでき上りに折ってミシン
表側
0.2

Q-58 糸ループの作り方は?

A 鎖編みで作る方法が手軽

糸ループは、ホックの受け側、ベルトやひも通し、裾の表布と裏布をとめる場合などに使います。簡単で手軽なのは、鎖編みで作る方法。糸で必要寸法に編んで作ります。

穴かがり P.131
糸ループ P.132
鎖編み P.141

裾をとめる場合 P.132 Q17

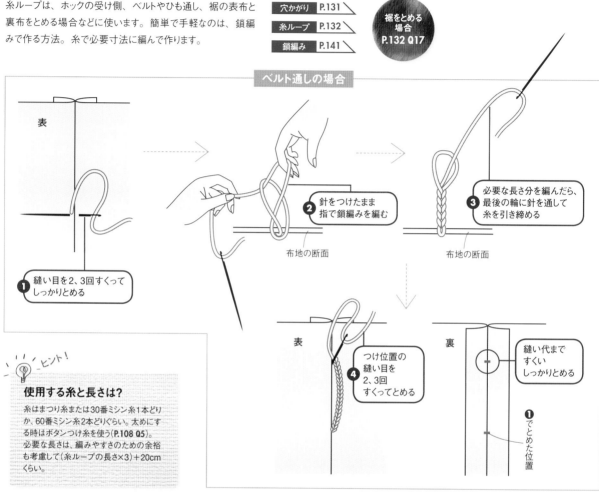

ベルト通しの場合

表

① 縫い目を2、3回すくってしっかりとめる

② 針をつけたまま指で鎖編みを編む

布地の断面

③ 必要な長さ分を編んだら、最後の輪に針を通して糸を引き締める

布地の断面

表

④ つけ位置の縫い目を2、3回すくってとめる

裏

縫い代まですくいしっかりとめる

① ①でとめた位置

ヒント!

使用する糸と長さは?

糸はまつり糸または30番ミシン糸1本どりか、60番ミシン糸2本どりぐらい。太めにする時はボタンつけ糸を使う(P.108 Q5)。必要な長さは、編みやすさのための余裕も考慮して(糸ループの長さ×3)+20cmくらい。

こんな方法も

穴かがりの要領で作る

ボタン穴を手で穴かがりする時の手法を使用。鎖編みより時間はかかるが、強度のある丈夫なループになる。必要な糸の長さは鎖編みの方法より長く必要。(糸ループの長さ×11)＋20cmくらい。

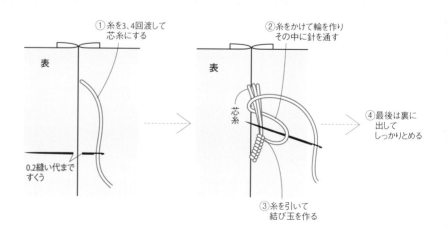

①糸を3、4回渡して芯糸にする

表

0.2縫い代まですくう

②糸をかけて輪を作りその中に針を通す

表

芯糸

③糸を引いて結び玉を作る

④最後は裏に出してしっかりとめる

縫い方で困った!?

Q-59 布ベルトの作り方は?

A 目立たない場所に返し口を作って縫い返す

ある程度幅のあるベルトの場合は、結び目などの目立たない場所を少し縫い残し、そこから表に返して作ります。また、表に返す前に縫い代を割っておくと、きれいに仕上がります。

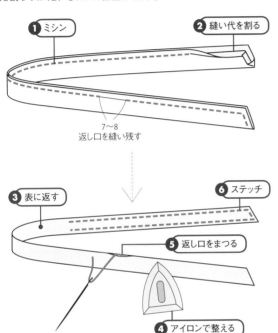

❶ ミシン
❷ 縫い代を割る
7~8
返し口を縫い残す
❸ 表に返す
❻ ステッチ
❺ 返し口をまつる
❹ アイロンで整える

これは便利!!

細いひも作りに「FLテープ(30mm)」

はしご状で、スリット部分に折り目をつけるためのゲージ用接着テープ。3cm幅を半幅に切って使用すると0.7cmのひもが完成。

文化購買事業部

① 布地に半幅に切った「FLテープ」をはり、回りに縫い代を0.7cmつけて裁断する

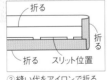

折る
折る
折る
スリット位置

② 縫い代をアイロンで折る

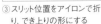

③ スリット位置をアイロンで折り、でき上がりの形にする

④ 際にステッチをかけアイロンで整える

Q-60 布ループの作り方は?

A 正バイアスの布地を使う

ボタンをとめたりベルト通しとして使う布ループ。続けて1本で作り、個々にカットして使います。作る長さは必要な本数分の寸法と、とめつける時の縫い代分を考慮して、少し長めにします。

バイアス P.155

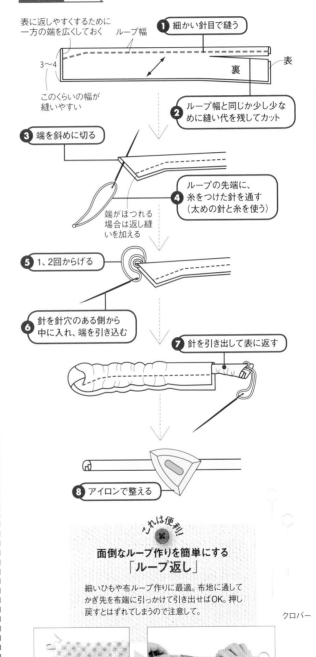

表に返しやすくするために
一方の端を広くしておく
ループ幅
❶ 細かい針目で縫う
裏
表
3~4
このくらいの幅が
縫いやすい

❷ ループ幅と同じか少し少なめに縫い代を残してカット

❸ 端を斜めに切る

端がほつれる場合は返し縫いを加える

❹ ループの先端に、糸をつけた針を通す(太めの針と糸を使う)

❺ 1、2回からげる

❻ 針を針穴のある側から中に入れ、端を引き込む

❼ 針を引き出して表に返す

❽ アイロンで整える

これは便利!!

面倒なループ作りを簡単にする「ループ返し」

細いひもや布ループ作りに最適。布地に通してかぎ先を布端に引っかけて引き出せばOK。押し戻すとはずれてしまうので注意して。

クロバー

Q-61 | バイアステープの作り方は?

 正バイアスに布地を裁って作る

市販品もありますが、自分で作る場合は、
布地を正バイアスに細長く裁ちます。

バイアス P.155 ▷

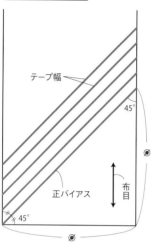

左図のようにチョークなどで印
（——）をつける。透明な方眼定
規を使うと正確に引ける。切る時
は布地もはさみも持ち上げず下
に置いて、ぶれないようにまっす
ぐ切る。ロータリーカッター（**P.14
Q17**）がおすすめ。

⚠️ **注意**

テープ状に切ると伸び
て幅が狭くなることが
多いので、設定された
テープ幅より少し広め
にしておく。

💡ヒント！

分度器がなくてもOK
◎と●は同じ長さ。縦横の同じ位置から
対角線を結ぶと、簡単に45°の線が引ける。

テープ幅の
決め方
P.61 Q64

縫い方で困った!?

Q-62 | バイアステープのはぎ方は?

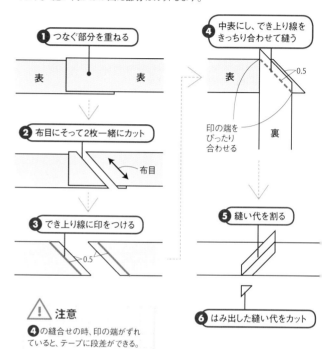

布目にそって縫い合わせる

つなぐ部分を重ねて2枚一緒に切り、中表に合わせてミシンで縫い割
ります。縫い代がはみ出た部分はカットします。

① つなぐ部分を重ねる

② 布目にそって2枚一緒にカット

③ でき上り線に印をつける

④ 中表にし、でき上り線を
きっちり合わせて縫う

印の端を
ぴったり
合わせる

⑤ 縫い代を割る

⑥ はみ出した縫い代をカット

⚠️ **注意**

④の縫合せの時、印の端がずれ
ていると、テープに段差ができる。

Q-63 | バイアステープを長く作るには?

テープ数本分の布地を縫い合わせ、カットする

テープ数本分の幅に布地を裁断し、縫い合わせてから、らせん状に
カットすると、1本の長いバイアステープができ上がります。

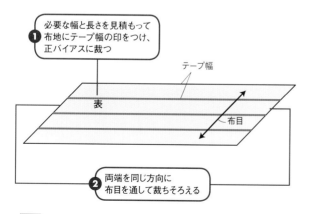

① 必要な幅と長さを見積もって
布地にテープ幅の印をつけ、
正バイアスに裁つ

② 両端を同じ方向に
布目を通して裁ちそろえる

これは便利！
**印つけもカットもこれ1本で
「テープカット定規」**

▶ クロバー

布地を0.5〜5.5cm幅のテープ状に
切るのに重宝。溝にロータリーカッタ
ーの刃が入るので、曲がったりするこ
となくスムーズにカットできる。

③ テープ幅を1本ずらして
裁ち端を合わせ、2度縫いする

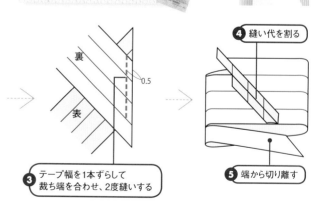

④ 縫い代を割る

⑤ 端から切り離す

Q-64 | 縁とりや見返しに必要な バイアステープ幅はどう決めるの?

A 縁とり幅や見返し幅を基に計算する

作る服のデザインや仕立て方によって必要な幅は変わります。
下図の例を参考に、正しく計算しましょう。

落しミシン P.135 ▶

[縁とりに使う場合]

1. 縁とりの際をステッチでとめる方法

表も裏も同じ幅。裏側をまつる場合も同様

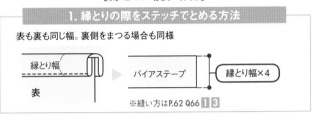

縁とり幅 / 表 ▶ バイアステープ → 縁とり幅×4

※縫い方は P.62 Q66 1 3

2. 縁とりの際に落しミシンをかけて裏側をとめる方法

裏側を0.2cm長くする

縁とり幅 / 表 ▶ バイアステープ → 縁とり幅×4+0.4

※縫い方は P.62 Q66 2

3. 裏側の縫い代を折らない方法

厚地に向く。縁とりをとめるミシンは際にステッチまたは落しミシン

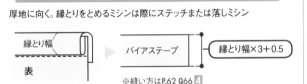

縁とり幅 / 表 ▶ バイアステープ → 縁とり幅×3+0.5

※縫い方は P.62 Q66 4

[見返しに使う場合]

4. 裏側の縫い代を折り込む方法

見返し奥はステッチかまつりでとめる

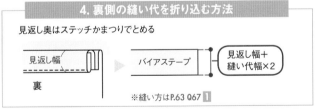

見返し幅 / 裏 ▶ バイアステープ → 見返し幅+ 縫い代幅×2

※縫い方は P.63 Q67 1

5. 裏側の縫い代を折らない方法

見返し奥はステッチでとめる

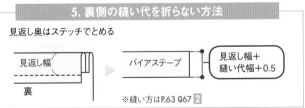

見返し幅 / 裏 ▶ バイアステープ → 見返し幅+ 縫い代幅+0.5

※縫い方は P.63 Q67 2

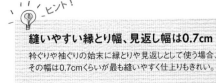
ヒント!

縫いやすい縁とり幅、見返し幅は0.7cm

衿ぐりや袖ぐりの始末に縁とりや見返しとして使う場合、
その幅は0.7cmくらいが最も縫いやすく仕上りもきれい。

Q-65 | バイアステープを 使いやすくするには?

A 折り目をつけておく

作ったバイアステープは、そのまま使うよりも市販のテープのように折り目をつけておいたほうが縫い合わせやすくなります。仕様（左記Q64）に合わせてアイロンで折っておきましょう。1 の場合は幅が合えば、市販のテープメーカーを使うと便利です。

[縁とりに使う場合]

1. 突き合わせて折る

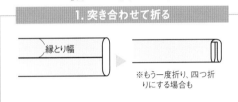

縁とり幅

※もう一度折り、四つ折りにする場合も

2. 突き合わせて折る

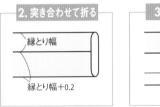

縁とり幅 / 縁とり幅+0.2

3. 片側を折る

縁とり幅 / 0.5

[見返しに使う場合]

4. でき上りの状態に折る

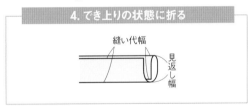

縫い代幅 / 見返し幅

5. 片側を折る

見返し幅 / 縫い代幅 / 0.5

※ 1 ～ 5 は、左（Q64）に対応する

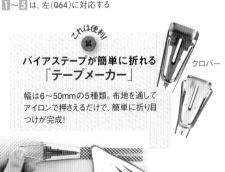
これは便利!

バイアステープが簡単に折れる 「テープメーカー」

クロバー

幅は6～50mmの5種類。布地を通してアイロンで押さえるだけで、簡単に折り目つけが完成!

Q-66 縁とりの縫い方は?

A 基本は2種類 バイアステープを表布の表に縫いつけ、裏に返して端をステッチでとめる方法と、同じく落しミシンでとめる方法が基本です。他に、はさんでステッチでとめる方法や裁ち端を生かす方法は応用テクニックです。

落しミシン P.135

[基本テクニック]

1. ステッチでとめる方法

表も裏も同じ幅。裏側のとめる位置が見えないので、裏側のミシンがはずれないよう注意が必要。裏側をまつる方法も

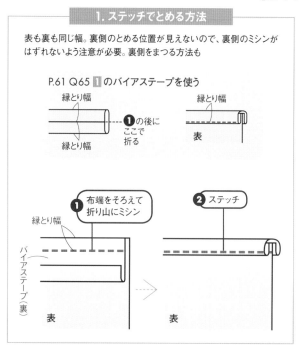

2. 落しミシンでとめる方法

裏側を0.2cm長くする。裏側のとめる位置が見えないので、裏側のミシンがはずれないよう注意が必要(**1**よりはずれにくい)

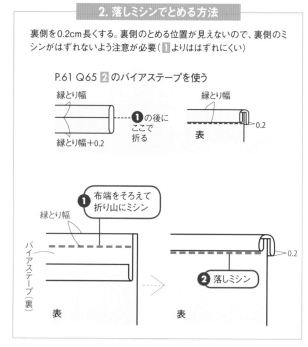

[応用テクニック]

3. はさんでステッチでとめる方法

手軽で楽な方法だが、難易度は高い。カーブは特に難しいので直線向き。裏側のステッチがはずれやすいので、注意が必要

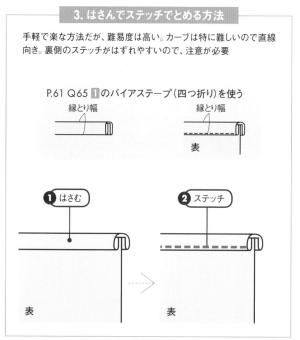

4. 裏側の縫い代を折らない方法

簡単仕立て、ほつれにくい布地や厚地などに。裁ち端は、ロックミシンで始末してもいい。裏側の縁とりをとめるミシンは縫い目の際(縁とり側)にステッチでもOK

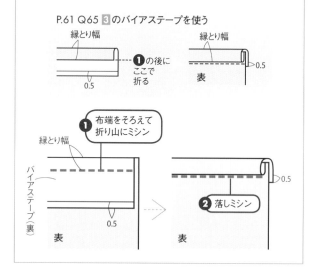

Q-67 バイアス見返しの縫い方は?

A 裁ち端を折るか折らないかの2種類

始めにでき上り位置を縫い合わせるのはどちらも同じ。見返しの裁ち端をどうするかで分かれます。使用する布地やデザインなどに応じて使い分けましょう。

落しミシン　P.135
裁ち端　P.149

1. 縫い代を折り込む方法

裁ち端を見せない、上級仕立て。縫い代がかさばるので、薄地〜普通地向き。折り目になる見返し奥は、ステッチかまつりでとめる

P.61 Q65 4 のバイアステープを使う

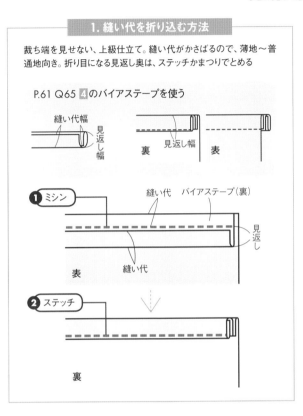

2. 縫い代を折らない方法

手軽で楽な方法。厚みが出ないので、厚地の場合にもおすすめ。裁ち端は、ロックミシンで始末してもいい。表からステッチをかけて固定する

P.61 Q65 5 のバイアステープを使う

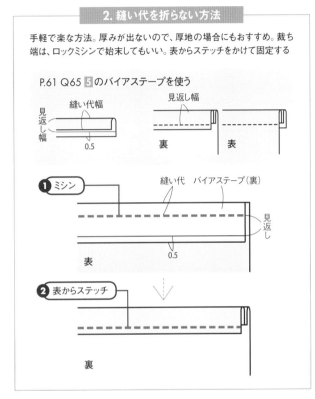

縫い方で困った!?

Q-68 厚地の縁とりをすっきり仕上げる方法は?

A 縫い代幅を少なくする

厚地に共布で縁とりする場合は、布地がかさばってごろごろしたり、厚みが増えた分、縁とり幅が不足してしまうことがあります。その場合は、縫い代を少しカットして調整しましょう。

⚠ 注意
始めにカットしてしまうと縁とり幅を目安に縫うことができなくなってしまうので、必ず縫い合わせた後で!

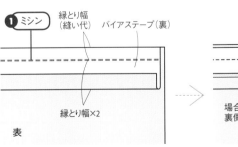
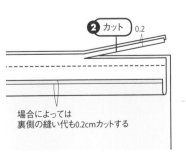
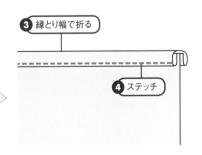

Q-69 カーブ部分の縁とりがうまく縫えない

A 内カーブは伸ばして外カーブはいせてつける

内カーブの場合はでき上り線の長さがつけ位置より短くなるので、バイアステープを伸ばしてつけると、カーブになじみます。また、外カーブの場合はでき上り線の長さがつけ位置より長くなるので、バイアステープをいせてつけると、カーブになじみます。

いせ P.131　カーブ P.137

こんな方法も

厚紙のカーブ型を使う

厚紙でパターンのカーブに合わせたカーブ型を作り、縫い方に合わせて折ったバイアステープをそのカーブに合わせてアイロンで形成しておくと、きれいに仕上がる。

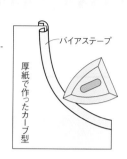

バイアステープ
厚紙で作ったカーブ型

縫い方で困った!?

内カーブの場合

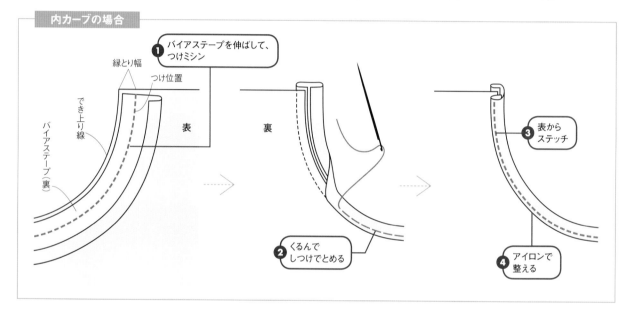

縁とり幅
つけ位置
でき上り線
バイアステープ（裏）

❶ バイアステープを伸ばして、つけミシン

表

裏

❷ くるんでしつけでとめる

❸ 表からステッチ

❹ アイロンで整える

外カーブの場合

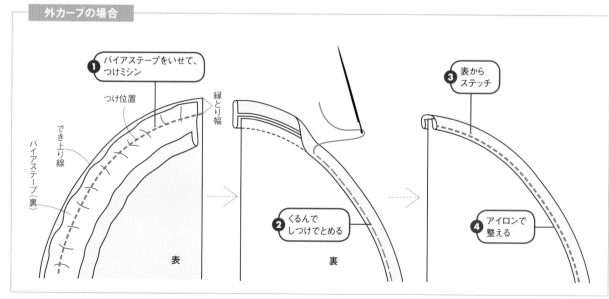

❶ バイアステープをいせて、つけミシン

つけ位置
縁とり幅
でき上り線
バイアステープ（裏）

表

❷ くるんでしつけでとめる

裏

❸ 表からステッチ

❹ アイロンで整える

Q-70 縁とりのはぎ目の処理方法は?

A 布地や仕様によって 3種類の方法がある

はぎ目の処理のしかたには3通りの方法があります。
布地や仕様に合わせて選びましょう。

落しミシン P.135　裁ち端 P.149

1. 重ねる方法

裁ち端が見えるのでほつれにくい布地に向く

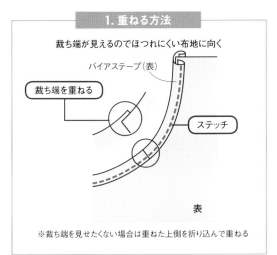

バイアステープ（表）
裁ち端を重ねる
ステッチ
表

※裁ち端を見せたくない場合は重ねた上側を折り込んで重ねる

2. 突き合わせてまつる方法

裁ち端が隠れるのでほつれやすい布地に向く

❶ バイアステープを縫いつける
バイアステープ（裏）
縫終り
縫始め
❷ バイアステープどうしを突き合わせてまつる
表

❸ くるんで整え表からステッチ
裏

3. 身頃の縫い目を利用する方法

衿ぐりなら、縁とりの縫い目を肩縫い目に合わせればすっきり。
袖ぐりや裾など他の部分にも応用可能

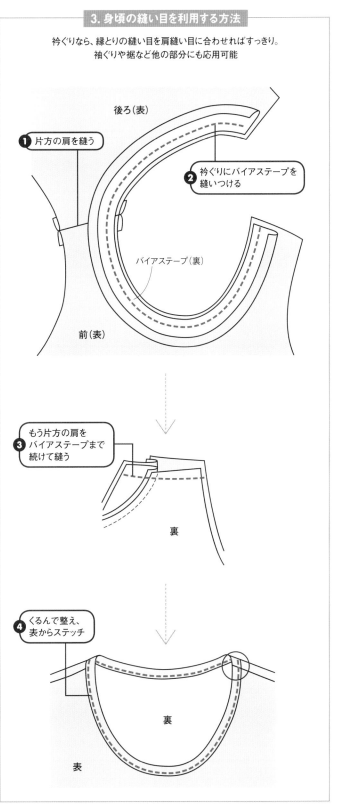

後ろ（表）
❶ 片方の肩を縫う
❷ 衿ぐりにバイアステープを縫いつける
バイアステープ（裏）
前（表）

❸ もう片方の肩をバイアステープまで続けて縫う
裏

❹ くるんで整え、表からステッチ
表
裏

Q-71 | コンシールファスナーのテープが表から見えてしまう

A コンシールファスナー押えを使い、務歯の際を縫う

原因は、務歯の際を縫えていないことが考えられます。務歯の際を縫うためには、コンシールファスナー専用の押え金を使うことと、縫いやすくするために務歯を起こしておくことが大切です。ファスナーつけミシンは務歯を指で起こして目打ちで押さえながらかけましょう。

務歯 P.162

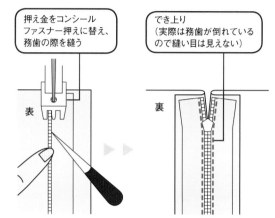

押え金をコンシールファスナー押えに替え、務歯の際を縫う

表

でき上り（実際は務歯が倒れているので縫い目は見えない）

裏

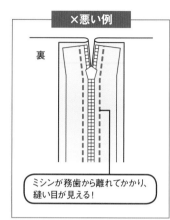

×悪い例

裏

ミシンが務歯から離れてかかり、縫い目が見える！

上達のコツ

アイロンで務歯を起こす

専用の押え金は務歯を起こしながらミシンをかける構造になっているが、さらにファスナーつけミシンをかける前にアイロンで起こしておくことで、確実にきれいに仕上がる。

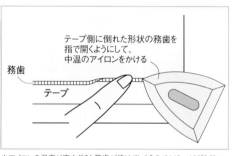

テープ側に倒れた形状の務歯を指で開くようにして、中温のアイロンをかける

務歯

テープ

※アイロンの温度が高すぎると務歯が溶けてしまうので140〜160℃くらいの中温で

これは便利!!

きれいにつけるための必須アイテム「コンシールファスナー押え」

コンシールファスナーつけ専用の押え金。倒れているファスナーの務歯を起こし、務歯の際を縫うことができる、名サポーター。

つよせ

Q-72 | コンシールファスナーのあき止りのつながりが悪い

A あき止り位置で縫い目がずれないように縫う

ファスナーつけミシンをかける時、あき止り付近はファスナーが曲がりやすいものです。気がつかずにそのまま縫っていくとあき止りからずれてしまい、このような失敗が起こります。あき止り付近はファスナーがつけ線からずれていないか注意し、目打ちで押さえながらミシンをかけます。

あき止り P.130
務歯 P.162

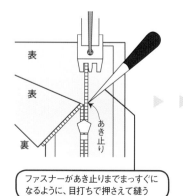

表
表
裏
あき止り

ファスナーがあき止りまでまっすぐになるように、目打ちで押さえて縫う

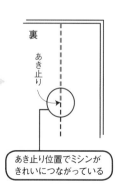

裏
あき止り

あき止り位置でミシンがきれいにつながっている

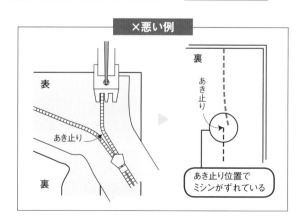

×悪い例

表
あき止り
あき止り
裏

あき止り位置でミシンがずれている

縫い方で困った!?

66

Q-73 | ファスナーが表から見えないようにつけるには?

A あきの部分を粗ミシンで縫っておく

ワンピースやスカートなどのファスナーあきは、でき上がった時にファスナーが見えないようにつけたいもの。あき部分を粗ミシンで縫っておき、最後にほどく方法なら、間違いなくきれいに仕上がります。

| 粗ミシン | P.131 |
| 押え金 | P.135 |

⚠️ **注意**
あき寸法より1～1.2cm短いファスナーを用意する。

⚠️ **注意**
❸の重なり分を多く出すと❻のステッチ幅が広くなってしまう。

左脇あきの場合

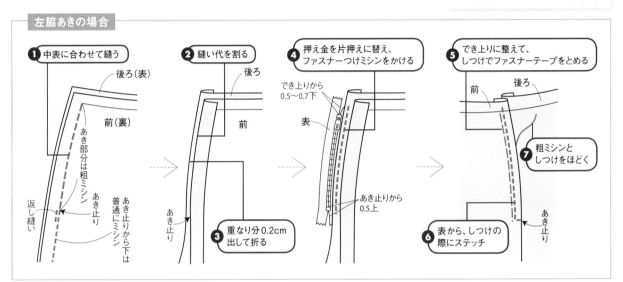

❶ 中表に合わせて縫う
後ろ(表)
前(裏)
あき部分は粗ミシン
返し縫い
あき止り
あき止りから下は普通にミシン

❷ 縫い代を割る
後ろ
前
あき止り
❸ 重なり分0.2cm出して折る

❹ 押え金を片押えに替え、ファスナーつけミシンをかける
でき上りから0.5～0.7下
表
あき止りから0.5上

❺ でき上りに整えて、しつけでファスナーテープをとめる
前　後ろ
❼ 粗ミシンとしつけをほどく
❻ 表から、しつけの際にステッチ
あき止り

縫い方で困った!?

Q-74 | パンツの前あきで、務歯やスライダーが見えてしまう

A 見返しにファスナーをつける前に前中心を合わせてしつけをする

この失敗の原因としては、前中心をきちんと合わせていないことが考えられます。右前に持出しとファスナーをつけた後で、見返しにファスナーを縫いつける前に、必ず前中心を合わせてしつけをしましょう。これを省くと前中心がずれやすく、そのまま作業を進めると、でき上がった時にファスナーが見えてしまうことになります。

スライダー	P.146
見返し	P.161
務歯	P.162
持出し	P.163

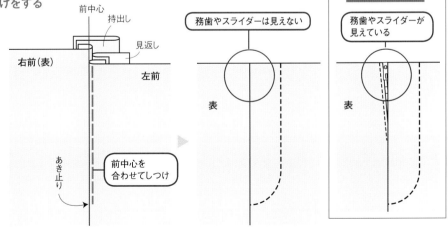

前中心
持出し
見返し
右前(表)
左前
あき止り
前中心を合わせてしつけ

務歯やスライダーは見えない
表

×悪い例
務歯やスライダーが見えている
表

Q-75 | パンツの前あきで、スライダーが動きづらい

A スライダーの通る幅を考慮してファスナーをつける

右前端と務歯が近すぎると、スライダーを上下する時に右前端が引っかかってスムーズに動きません。ファスナーをつける際、スライダーの通る幅を忘れずに確保しましょう。しつけで固定した後にスライダーを上げ下げして確認すると安心です。

スライダー P.146 　**務歯** P.162

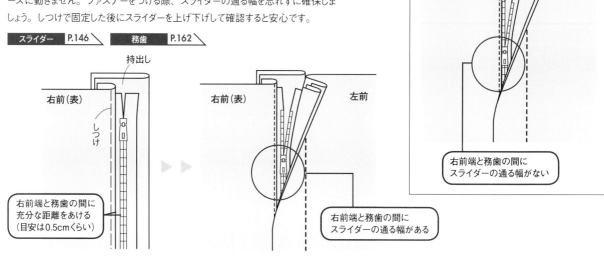

持出し

右前（表）

しつけ

右前端と務歯の間に
充分な距離をあける
（目安は0.5cmくらい）

右前（表）　　　　左前

右前端と務歯の間に
スライダーの通る幅がある

×悪い例

右前（表）　　　　左前

右前端と務歯の間に
スライダーの通る幅がない

Q-76 | パンツの前あきで、右前のファスナーつけミシンが見えてしまう

A 右前中心から平行に重なり分を出して中心より左前寄りにファスナーをつける

右前にファスナーをつける前に、右前中心から平行に重なり分を出しておくことが肝心です。
こうすると、でき上がった時にファスナーつけミシンが見えることはありません。

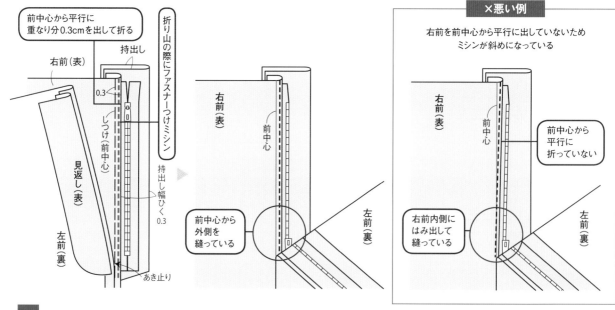

前中心から平行に
重なり分0.3cmを出して折る

持出し

右前（表）

0.3

折り山の際にファスナーつけミシン

しつけ（前中心）

見返し（表）

左前（裏）

持出し幅ひく0.3

あき止り

右前（表）

前中心

前中心から
外側を
縫っている

左前（裏）

×悪い例

右前を前中心から平行に出していないため
ミシンが斜めになっている

右前（表）

前中心

前中心から
平行に
折っていない

右前内側には
み出して
縫っている

左前（裏）

縫い方で困った!?

Q-77 | 短冊あきのあき止りの ステッチはどうかける?

A 一筆書きの要領

最後の仕上げのステッチは何度も糸を切らなくていいように、かける順番を考えて1回のミシンで続けてかけます。布地を回転しながら、進む方向を変えてかけましょう。

| あき止り | P.130 |
| 短冊あき | P.150 |

角の縫い方
P.41 Q22

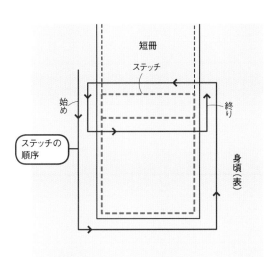

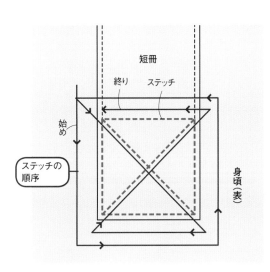

Q-78 | 箱ポケットの箱布の横に 切込みが見えてしまう

A 袋布をとめるミシンを少し控える

袋布をとめるミシンが箱布つけミシンより内側に縫いとめられていないと、切込みが箱布より外側に出て、表から見えてしまう場合があります。袋布を身頃にとめるミシンは、箱布つけミシンより少し控えてかけ、確認してから切込みを入れましょう。

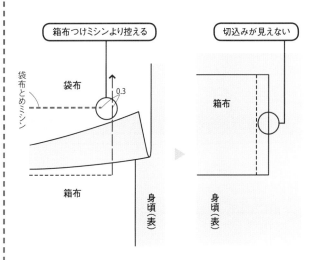

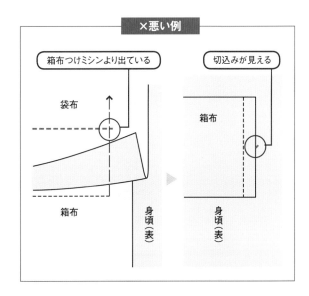

縫い方で困った!?

Q-79 | 箱ポケットの箱布の横にしわが出る

A 切込みを縫い目の際まできちんと入れる

切込みが浅いと、きれいに仕上がりません。ちょっと勇気がいりますが、
縫い目を切らないように、慎重に際までカットしましょう。

箱ポケット P.155

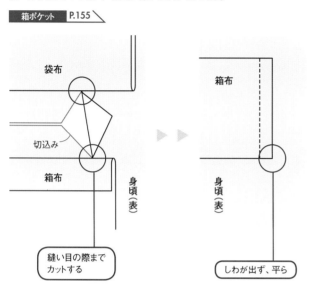

縫い目の際まで
カットする

しわが出ず、平ら

×悪い例

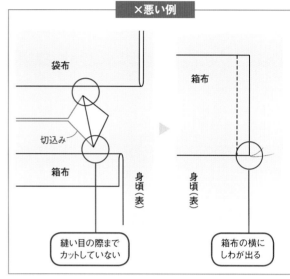

縫い目の際まで
カットしていない

箱布の横に
しわが出る

Q-80 | 箱布の ステッチのかけ方は?

A 両端のみと、コの字形の2種類

両端だけにかける場合は、箱布をとめるミシンを兼ねてかけます。コ
の字形の場合は、ポケット口だけにステッチをかけておき、両端のス
テッチで土台(身頃など)にとめます。

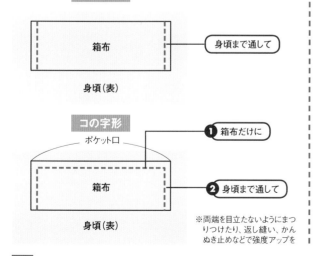

両端のみ

箱布

身頃まで通して

身頃(表)

コの字形

ポケット口

箱布

❶ 箱布だけに

❷ 身頃まで通して

身頃(表)

※両端を目立たないようにまつ
りつけたり、返し縫い、かん
ぬき止めなどで強度アップを

Q-81 | 箱布の ステッチの糸処理は?

A 裏側で結び、縫い目にからげる

ステッチの縫始めと縫終りの糸は8cmくらい残しておき、上糸、下糸
を裏側に引き出して結びます。その糸を針に通して縫い目にからげて
おくとすっきりときれいです。

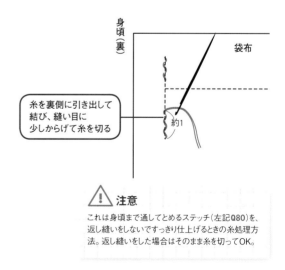

身頃(裏)

袋布

糸を裏側に引き出して
結び、縫い目に
少しからげて糸を切る

約1

⚠ **注意**

これは身頃まで通してとめるステッチ(左記Q80)を、
返し縫いをしないですっきり仕上げるときの糸処理方
法。返し縫いをした場合はそのまま糸を切ってOK。

縫い方で困った!?

70

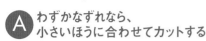

Q-82 | ポケットの 2枚の袋布がずれた

Ⓐ わずかなずれなら、小さいほうに合わせてカットする

製作の工程で手加減などにより、わずかなずれが生じる場合があります。そのような小さなずれの場合は、小さいほうに合わせてカットしましょう。1cm以上のずれは、工程のどこかが違っていることが考えられます。自然に合わせてまち針で周囲をとめ、手を入れてみて大きさが充分であればカットしても問題ありませんが、もう一度見直し、可能であれば修正しましょう。

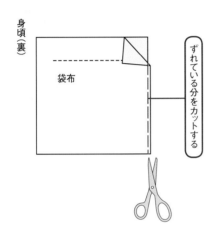

Q-83 | 脇縫い目利用のポケットの ポケット口が開いてしまう

Ⓐ ポケット口を粗ミシンでとめて作る

脇を縫う時にポケット口に粗ミシンをかけて、完成するまでとめておきましょう。でき上がった時にポケット口がすきまのように開いたり、ゆるく余ったりすることを防ぐことができます。

粗ミシン P.131

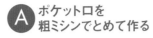

縫い方で困った!?

Q-84 | 脇縫い目利用のポケットの ポケット口がめくれる

Ⓐ 袋布をとめるミシンを脇縫い目の際にかける

2枚の袋布のうち、手のひら側の袋布をとめるミシンが脇縫い目の際から離れていると、後ろ側のポケット口がめくれるような状態になります。これは着用してから気がつくので、始めはわからないことも……。脇縫い目の縫い代側のすぐ際に、とめミシンをかけましょう。

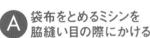

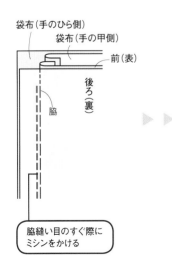

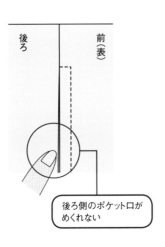

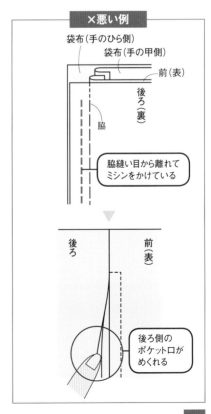

Q-85 シャツスリーブの 袖ぐり下がつれる

A 袖ぐり下の縫い代を固定しない

袖ぐり下の部分は身頃と袖の縫い代が重なってくるために、表に返した時につれることがあります。袖つけや脇、袖下を縫い合わせる時、それぞれ縫い代をよけてでき上りで縫い止めておくと、融通がきいて縫い代が自由に動くので、つれにくくなります。

縫い方で困った!?

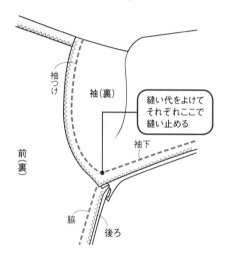

袖つけ

袖（裏）

縫い代をよけて
それぞれここで
縫い止める

袖下

前（裏）

脇

後ろ

Q-86 シャツスリーブの 袖ぐりステッチがつれる

A 袖ぐり下のステッチ幅を細くする

袖ぐり底点近辺はカーブが強いため、ステッチの幅が広いと縫い代が変に固定されてしまい、つれることがあります。その場合は、袖ぐり底のカーブの強い部分だけ、ステッチ幅を狭くすると改善します。

袖ぐり底点 P.147

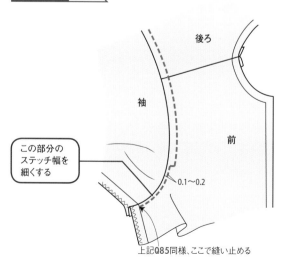

後ろ

袖

前

この部分の
ステッチ幅を
細くする

0.1〜0.2

上記Q85同様、ここで縫い止める

Q-87 カフスの内側が余って しわっぽくなってしまう

A 外側（表カフス）を長くする

カフスは、布地の厚み分により、わずかに外回りと内回りの長さに差が出ます。それを考慮しないと、でき上がった時に内側の布が余ってしまうことになります。カフスを作る時に、外側になる表カフスを少しだけ長くしておくとすっきり仕上がります。

カフス P.137

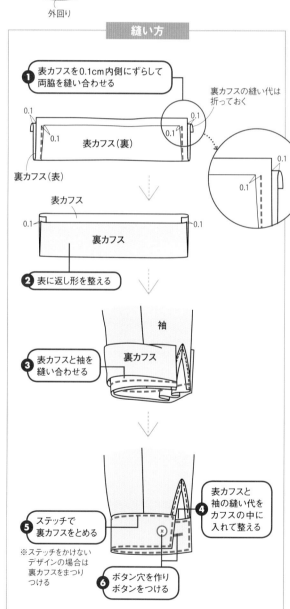

カフスの断面

内回り

外回り

外回りの長さ ＞ 内回りの長さ

縫い方

① 表カフスを0.1cm内側にずらして両脇を縫い合わせる

裏カフスの縫い代は折っておく

0.1　0.1　0.1　0.1

表カフス（裏）

裏カフス（表）

0.1　0.1

表カフス

0.1　0.1

裏カフス

② 表に返し形を整える

袖

裏カフス

③ 表カフスと袖を縫い合わせる

④ 表カフスと袖の縫い代をカフスの中に入れて整える

⑤ ステッチで裏カフスをとめる

※ステッチをかけないデザインの場合は裏カフスをまつりつける

⑥ ボタン穴を作りボタンをつける

Q-88 | 切込みを入れる袖口あき（スラッシュあき）の作り方は？

A 見返しをつけるか、縁とりで始末する

手軽なのは見返しで縫い返す方法。ほつれにくく丈夫な仕立てを望むなら、縁とりで始末する方法がおすすめです。

| スラッシュ P.146 \ | 縁とり P.158 \ |

［見返しで縫い返す方法］

裁ち方

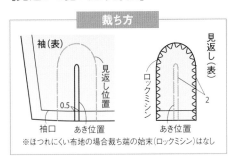

※ほつれにくい布地の場合裁ち端の始末（ロックミシン）はなし

縫い方

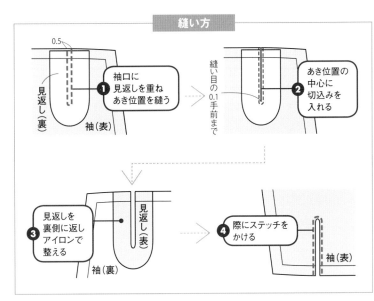

❶ 袖口に見返しを重ねあき位置を縫う

❷ あき位置の中心に切込みを入れる

❸ 見返しを裏側に返しアイロンで整える

❹ 際にステッチをかける

縫い目の0.1手前まで

［縁とりで始末する方法］

裁ち方

切込みを入れておく

縁とり位置

切込み位置

バイアステープ（表）

（あき寸法＋袖口の縫い代）×2

縁とり幅×4

※縁とり幅は0.5〜0.7cmが基本

バイアステープの作り方 P.60 Q61

縫い方

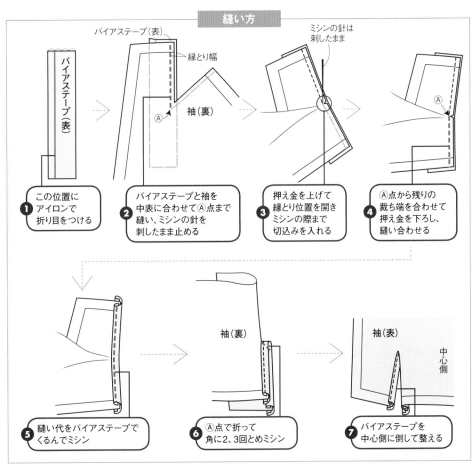

ミシンの針は刺したまま

❶ この位置にアイロンで折り目をつける

❷ バイアステープと袖を中表に合わせて④点まで縫い、ミシンの針を刺したまま止める

❸ 押え金を上げて縁とり位置を開きミシンの際まで切込みを入れる

❹ ④点から残りの裁ち端を合わせて押え金を下ろし、縫い合わせる

❺ 縫い代をバイアステープでくるんでミシン

❻ ④点で折って角に2、3回とめミシン

❼ バイアステープを中心側に倒して整える

縫い方で困った!?

73

Q-89 | 見返しがつれる

A 裾に余裕を持たせて縫うかふらせておく

ミシンやロックミシンをかけると、縫い目は多少縮みます。そのため、丈の長い見返し奥は、身頃と合わせた時に長さが足りなくなることがあります。それに対応できる縫い方を覚えておきましょう。余裕を持たせて縫う方法と、ふらせておく方法があります。

糸ループ	P.132
きせ	P.139
見返し奥	P.162

×悪い例

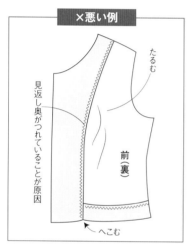

たるむ

見返し奥がつれていることが原因

前（裏）

へこむ

余裕を持たせて縫う方法（一般的）

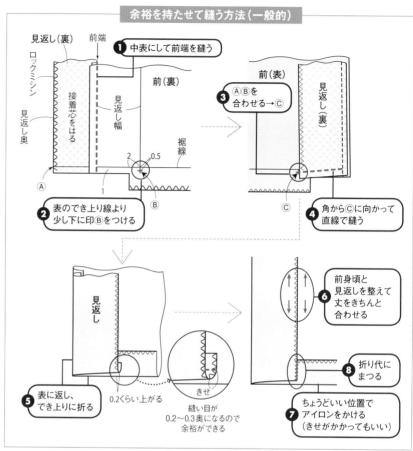

見返し（裏）　前端
ロックミシン
見返し奥
接着芯をはる
見返し幅
前（裏）
裾線

❶ 中表にして前端を縫う

❷ 表のでき上り線より少し下に印Ⓑをつける

Ⓐ
2　0.5
1
Ⓑ

❸ ⒶⒷを合わせる→Ⓒ

前（表）
見返し（裏）

Ⓒ

❹ 角からⒸに向かって直線で縫う

見返し

❺ 表に返し、でき上りに折る

0.2くらい上がる

きせ
縫い目が0.2〜0.3奥になるので余裕ができる

❻ 前身頃と見返しを整えて丈をきちんと合わせる

❽ 折り代にまつる

❼ ちょうどいい位置でアイロンをかける（きせがかかってもいい）

ふらせておく方法（コートなど）

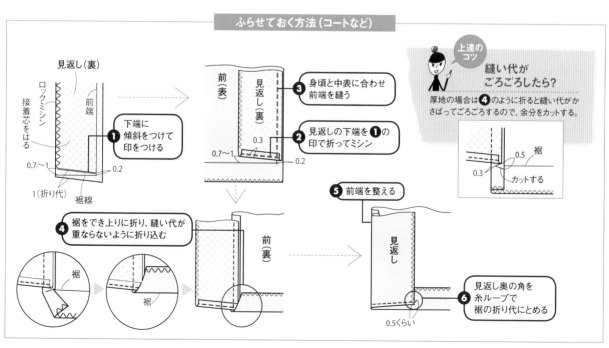

見返し（裏）
ロックミシン
接着芯をはる
前端
0.7〜1　0.2
1（折り代）
裾線

❶ 下端に傾斜をつけて印をつける

前（表）
見返し（裏）
0.7〜1　0.2　0.3

❷ 見返しの下端を❶の印で折ってミシン

❸ 身頃と中表に合わせ前端を縫う

❹ 裾をでき上りに折り、縫い代が重ならないように折り込む

裾
裾

前（裏）

❺ 前端を整える

見返し

❻ 見返し奥の角を糸ループで裾の折り代にとめる

0.5くらい

上達のコツ

縫い代がごろごろしたら?

厚地の場合は❹のように折ると縫い代がかさばってごろごろするので、余分をカットする。

裾
0.5
0.3
カットする

Q-90 | スリット部分の裾線がへこんでしまう

A 裾に余裕を持たせて縫う

右図のような仕立ての時に、布地の厚みのためや、でき上り位置よりわずかに内側を縫ってしまったために起こる現象です。それを防ぐためには、少し外側を縫い、余裕を持たせて、裾線をなだらかに仕上げます。

きせ P.139 　スリット P.146

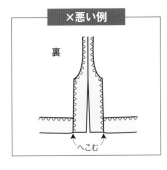

×悪い例

裏

へこむ

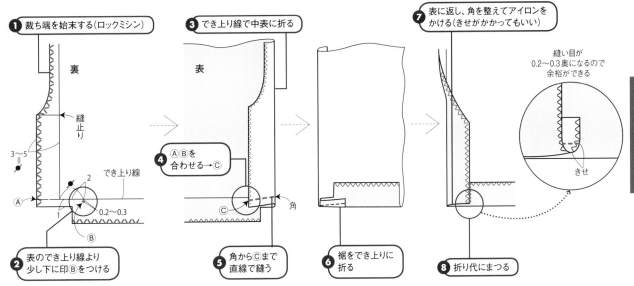

① 裁ち端を始末する(ロックミシン)

裏

縫止り

3～5

でき上り線

0.2～0.3

② 表のでき上り線より少し下に印Ｂをつける

③ でき上り線で中表に折る

表

④ ＡＢを合わせる→Ｃ

⑤ 角からＣまで直線で縫う

⑥ 裾をでき上りに折る

⑦ 表に返し、角を整えてアイロンをかける(きせがかかってもいい)

縫い目が0.2～0.3奥になるので余裕ができる

きせ

⑧ 折り代にまつる

縫い方で困った!?

Q-91 | スリットの角をすっきり仕上げるには?

A 額縁仕立てにする

でき上りを額縁のように見せた仕立て方で、薄くすっきり仕上がり、高級感もあります。

額縁仕立て P.136 　スリット P.146

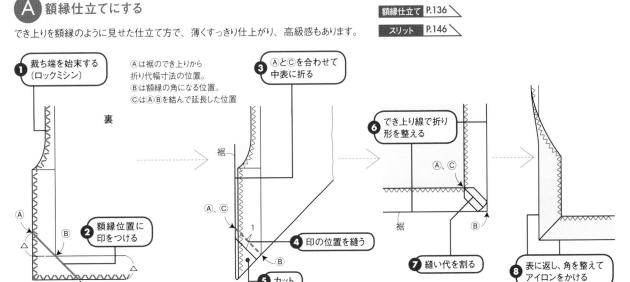

① 裁ち端を始末する(ロックミシン)

Ａは裾のでき上りから折り代幅寸法の位置。Ｂは額縁の角になる位置。ＣはＡＢを結んで延長した位置

裏

② 額縁位置に印をつける

③ ＡとＣを合わせて中表に折る

裾

④ 印の位置を縫う

⑤ カット

⑥ でき上り線で折り形を整える

Ａ、Ｃ

裾

⑦ 縫い代を割る

⑧ 表に返し、角を整えてアイロンをかける

75

Q-92 | ダーツ止りがへこんでしまう

A ダーツ止りにすきまをあけない

ダーツ止りにすきまがあったり縫い代に幅があると、ダーツの先に段差ができてえくぼのように見えてしまいます。縫い目を伸ばさないように注意して、ダーツの先は布地の織り糸1本まで自然に消すように細く縫っていくと、きれいな仕上りになります。でき上り線にこだわらずに、先をわずかにカーブさせて布端まで縫うといいでしょう。

きせ	P.139
ダーツ止り	P.149
プレスボール	P.159

 ヒント！

❶で、縫い代まで縫わない理由は？

ダーツ線の延長で縫い代も縫ってしまうと、裁ち端の寸法ができ上りより短くなるから。ウエストをベルトなどと縫い合わせた時に、縫い代がつれたりしないための予防策。

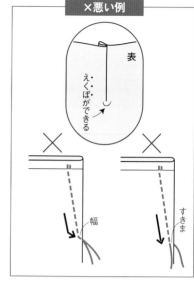

×悪い例

表

え・く・ぼ・が・で・き・る

× ×

幅　すきま

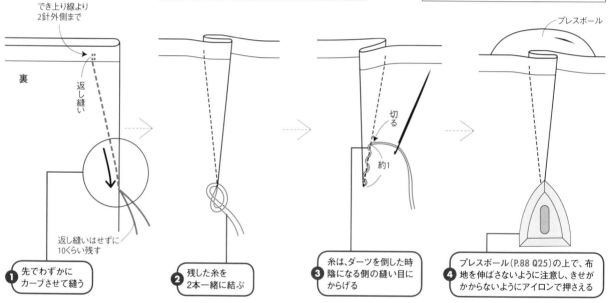

でき上り線より2針外側まで

裏

返し縫い

返し縫いはせずに10くらい残す

❶ 先でわずかにカーブさせて縫う

❷ 残した糸を2本一緒に結ぶ

切る

約1

❸ 糸は、ダーツを倒した時陰になる側の縫い目にからげる

プレスボール

❹ プレスボール（P.88 Q25）の上で、布地を伸ばさないように注意し、きせがかからないようにアイロンで押さえる

Q-93 | スカートのダーツをより体にフィットさせるには？

A カーブさせて縫う

ダーツは、体の丸みに合わせるためのデザイン線です。おなかの丸みにそわせたいスカートの前ダーツは、先（ダーツ止り）に向かってほんのわずかカーブさせて縫うと、直線よりもなじみやすくなります。

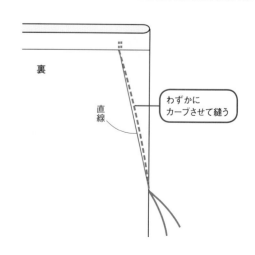

裏

直線

わずかにカーブさせて縫う

アイロンで困った！？

アイロンは、頼もしい服作りのパートナー。
使うタイミングとテクニックで仕上りが見違えるほど変わります。

Q-1 基本的なアイロンの使い方を知りたい

A 素材に適した温度やかけ方を覚えて
上手に使いこなそう

ソーイングの様々な工程の中で、アイロンをかける場面は多々
あります。その工程や場面、目的などによって条件は変わりま
すが、まずはかけ方の基本を知ることが大事です。この基本を
ベースに、賢く使い分けましょう。

化学繊維 P.136
天然繊維 P.151

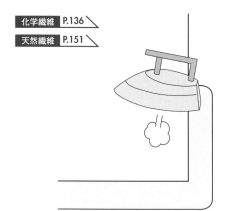

化学繊維 P.136
天然繊維 P.151

アイロン使いの基本

1	布地の裏からかける。
2	すべらせないで、押さえるようにかける。すべらせると布地が伸びてしまう。
3	水分を与えてかける時は、必要最小限度にする。蒸気が布地の内部に残ってしまうと、きれいに仕上がらない(P.82 Q11)。 ※うっかり水滴を布地に落とすと、素材によってはしみになることがあるので注意。スチームアイロンは、設定温度になる前に使い始めると水漏れすることがある。使っているアイロンの取扱い説明書を再チェックしよう!
4	洋服を縫っていく過程では、1行程終わるごとにアイロンで整える。これを守って縫い進めると、仕上げアイロン作業が楽になる(P.79 Q4)。
5	最近の布地は混紡が多くなっている。表示がない場合は特に注意。天然繊維にわずかに化学繊維が入っていることもあるので、まずは残布で試してみよう。アイロンの適温や、ドライがいいかスチームがいいか、当て布は必要か……などをチェック。いきなりアイロンをかけて、布地を傷めてしまっては取り返しがつかない。

素材に適したアイロン温度の目安

化学繊維	絹	ウール	綿	麻
120℃前後	140℃前後	160℃前後	180℃前後	190℃前後
低温		中温		高温

Q-2 素材によって、かけ方は違うの?

A ポイントは、温度と水分と当て布

注意点はアイロンの適切な温度、水分を与えていいかどうか、当て布が
必要かどうか。素材によって、この3つの要素が変わります。

あたり P.130

あたり P.130

> **ヒント!**
>
> **水分を与えていいかの判断は?**
> 裁断後の残布などで、霧を吹いてアイロン、またはスチームアイロンをかけてみよう。かける前後で見た目が変わらなければ、水分を与えてOK。見た目が変化する場合はNG。

化学繊維 絹
温度は、120～140℃前後。
基本はドライアイロン。見た目や風合いの変化の有無により、当て布は適宜。水分を与える場合は、当て布に軽く霧を吹いてかける。

ウール
温度は、160℃前後。
霧を吹くかスチームアイロンで、当て布をしてかける。縫い代のあたりや、てかりが出やすいので注意。

綿 麻
温度は、180～190℃前後。
普通はドライアイン、しっかり押さえたいところは霧を吹いてアイロン、またはスチームアイロンをかける。当て布はなくてもいい。

アイロンで困った!?

Q-3 当て布には何を使う?

A 洗いざらしの綿の手ぬぐいや ハトロン紙、共布などを利用

手ぬぐいは場所に応じて二つ折りや四つ折りで使います。あたりが柔らかいのでふんわり仕上げたいところに。ハトロン紙などの当て紙はぴったりとアイロンをきかせたいところに、軽く霧を吹いて使うと効果的。毛足のある布地の当て布は、共布の残布を表布と中表に合わせるようにして使用します。他に市販の当て布も。

| 当て布 | P.131 |
| 共布 | P.151 |

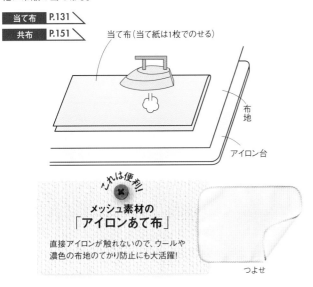

当て布（当て紙は1枚でのせる）

布地

アイロン台

これは便利!
メッシュ素材の
「アイロンあて布」
直接アイロンが触れないので、ウールや濃色の布地のてかり防止にも大活躍!

つよせ

Q-4 アイロンをかける タイミングは?

A 1か所縫ったらすかさずアイロン

アイロンは、縫い目を落ち着かせるという、大事な役目があります。ちょっとめんどうでも、そのひと手間が、仕上りに差をつけます。縫い代を割ったり、倒したりする前に、こまめな縫い目のアイロンかけが大切。少々の縫い縮みなら、このアイロンで簡単に直ります。

⚠️ **注意**
布地を伸ばさないよう、アイロンはすべらせないで、押さえるようにかけること。

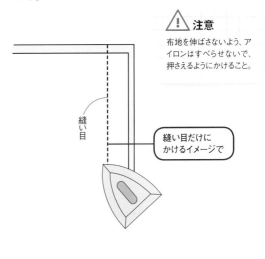

縫い目

縫い目だけにかけるイメージで

Q-5 縫い代のアイロンのかけ方は?

A まず縫い目にかける

ミシンで縫い合わせたら、まずその縫い目にアイロンをかけます。その後で、割ったり片返しにするなど、仕立て方に合わせてかけます。表に縫い代のあたりが出る場合は、当て紙（P.81 Q9）を当ててかけましょう。

| あたり | P.130 |
| きせ | P.139 |

上達のコツ

きせがかからないようにするには?
表からアイロンをかけても見た目や風合いに変化のない布地は、再度表からかけてきせがかからないようにする。厚地の布地は特にきせがかかりやすいので、一度割ってから片返しにするといい。

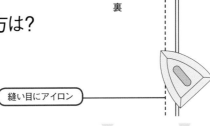

裏

縫い目にアイロン

⚠️ **注意**
裏から見てきれいに割れたと思っても、表からも確認を。ぴしっと割れていないことがある。

▽ ▽

[割る時] [片返しにする時]

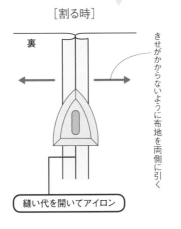

裏

縫い代を開いてアイロン

きせがかからないように布地を両側に引く

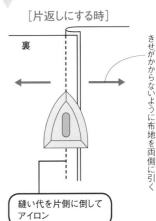

裏

縫い代を片側に倒してアイロン

きせがかからないように布地を両側に引く

Q-6 | 縫い代が浮いてくる

A アイロン後、袖まんじゅう（袖万）で押さえる

ウールなどの場合、アイロンをかけた後そのままにしておくと、残っていた熱と水分で縫い代が浮いてきます。アイロンをかけたらすぐに袖まんじゅうをのせてしばらく押さえます。これを面を変えて何度か繰り返すと、湿気を吸い取って、縫い代の浮き上がりを防ぎます。この時、あたり防止の当て紙（P.81 Q9）も忘れずに。

あたり **P.130**

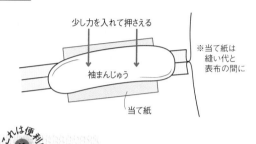

少し力を入れて押さえる

※当て紙は縫い代と表布の間に

袖まんじゅう

当て紙

これは便利！
アイロンかけにも活躍する「袖万」

腕の形のプレス用具。中におがくずが入っているので弾力性があり、熱や湿気を吸収しやすい。

文化購買事業部

上達のコツ
一部分ずつかけながら進む

縫い代全部にアイロンをかけてしまわずに、一部分かけたら当て紙を当てたまますぐに縫い目に袖まんじゅうをのせて、10秒くらい力を入れて押さえる（上図）。これを繰り返して進む。

Q-7 | ダーツがきれいに割れない

A 目打ちを使う

ダーツの先のような細かい場所をきれいに仕上げるには、目打ちが活躍します。厚手の布地を使った三角ダーツは、ダーツ止りに向かってはさみの入るところまで切り開き、アイロンで割ります。残りは目打ちの先をダーツ止りまで差し込んでアイロンをかけると、平らに割ることができます。

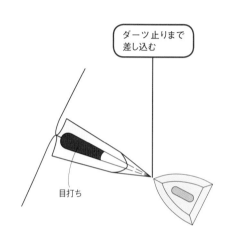

ダーツ止りまで差し込む

目打ち

Q-8 | 折り代が一定の幅に折れない

A アイロン定規を使う

適当な大きさの厚紙に、よく使う寸法で線を引いた、アイロン定規を作ります。直線状ですが、カーブした裾などを折る時には短い辺を少しずつ移動させて使います。スチームが通りやすい素材で作られた、既製品も便利。

これは便利！
布地の折り返しを簡単にする「アイロン定規」

スカートの裾上げや三つ折り、ポケットなどの丸み、印つけなど、いろいろな場面で活躍。布地がずれにくく、スチームも通る。

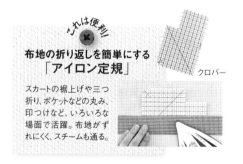

クロバー

アイロン定規

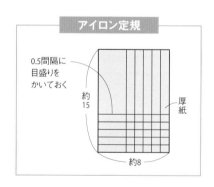

0.5間隔に目盛りをかいておく

約15

厚紙

約8

ヒント！
身近にあるものを活用しよう！

活躍度の高い厚紙は、ストッキングの台紙程度の厚み。いろいろな大きさのものをそろえておくと便利。

ストッキングの台紙

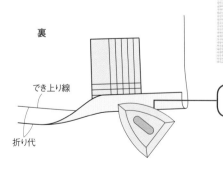

裏

でき上り線

折り代

折り代端を目盛りに合わせてアイロンで折る

Q-9 縫い代やダーツの跡が表に出てしまう

Ⓐ あたり防止の当て紙を使う

アイロンで縫い代を割った時に、縫い代の跡がくっきりと表についてしまうことがあります。そこで図のような紙を用意しておき、はさんでかけるとあたりを防ぐことができます。

あたり P.130

当て紙B（ハトロン紙二つ折り）

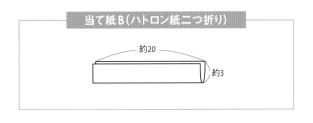
約20
約3

当て紙A（厚紙）

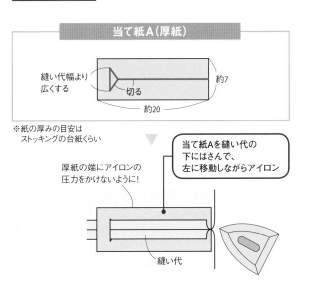

縫い代幅より広くする
切る
約7
約20

※紙の厚みの目安はストッキングの台紙くらい

厚紙の端にアイロンの圧力をかけないように！

当て紙Aを縫い代の下にはさんで、左に移動しながらアイロン

縫い代

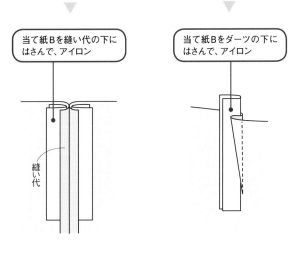

当て紙Bを縫い代の下にはさんで、アイロン

縫い代

当て紙Bをダーツの下にはさんで、アイロン

アイロンで困った!?

Q-10 接着テープをカーブにきれいにはるには？

接着テープの種類 P.120 Q22

Ⓐ 距離の長いほうを伸ばしてはる

カーブは内側と外側の寸法に差があるため、直線のテープをそのままはると、しわになったりよじれたりしてしまいがち。距離が長いほうを少し伸ばして先にはり、もう一方をなじませるようにはると、うまく接着できます。

カーブ P.137

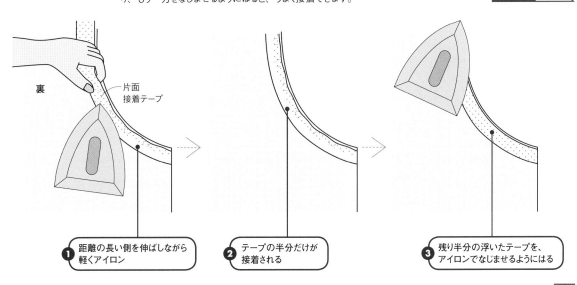

裏

片面接着テープ

❶ 距離の長い側を伸ばしながら軽くアイロン

❷ テープの半分だけが接着される

❸ 残り半分の浮いたテープを、アイロンでなじませるようにはる

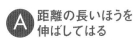

81

Q-11 接着芯のはり方は?

A アイロンをすべらせずに、押さえる

アイロン温度は中温（150℃くらい※）。平らなところでアイロンをすべらせずに1か所10秒くらい力を入れて押さえ、それを繰り返してまんべんなく接着します。ゆっくりと圧力をかけてはるのがこつ。高温で短時間というのが最も避けたいはり方です。水分を与えるとしっかり接着しますが、布地の風合いに変化がないことを確かめておきます。最後にドライアイロンで湿気を飛ばします。接着後は、熱が冷めるまで平らなところに放置します。

※布地の適温が150℃以下の場合は、それに合わせる

● 接着するための条件（アイロン温度や押さえる時間、水分を与えるかどうかなど）は、接着芯によってそれぞれ違うので、買う時にお店で確認を!
また同時に、接着芯をはる布地が水分を与えてOKなものかどうかも確認を!

接着条件 **P.146**

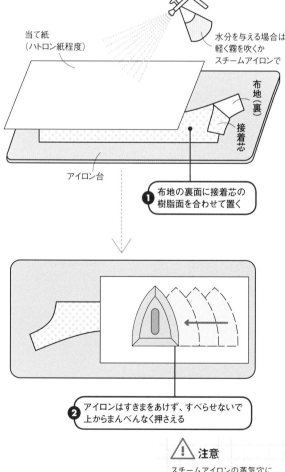

❶ 布地の裏面に接着芯の樹脂面を合わせて置く

❷ アイロンはすきまをあけず、すべらせないで上からまんべんなく押さえる

⚠ 注意

スチームアイロンの蒸気穴に注意! まんべんなく当てたつもりでも、穴の部分は圧力がかかっていないので、はりむらが起きていることがある。

Q-12 接着芯をはったら表布が縮んだ

A 粗裁ちし、はってからパターンどおりに裁つ

パーツの全面に接着芯をはる場合に、芯はりの作業で表布が縮む場合があります。それを考慮して、粗裁ちした表布の全面に芯をはりパターンを置いてカットすると、形も寸法も正確に裁つことができます。

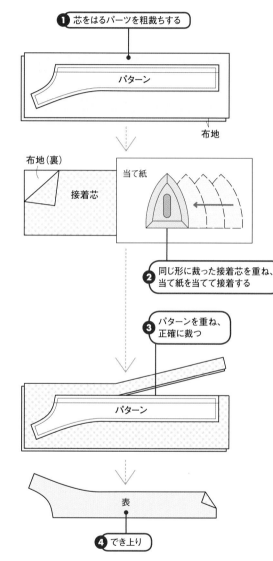

❶ 芯をはるパーツを粗裁ちする

パターン

布地

❷ 同じ形に裁った接着芯を重ね、当て紙を当てて接着する

布地（裏）

接着芯

当て紙

❸ パターンを重ね、正確に裁つ

パターン

表

 ❹ でき上がり

💡 ヒント!

裁断前の地づめも大切
（P.8 Q2）

綿や麻などの水分を与えると縮みやすい布地は、地づめをしていないと芯はりで縮んでしまう。裁断の前に、必ず地づめをしよう!

Q-13 接着芯の能率的なはり方は?

A 接着芯をはるパーツをまとめて裁断してはる

全面にはるパーツをまとめて粗裁ちし、接着芯をはってから正確に裁つといいでしょう。衿やカフスなどの小さいパーツが多いので、これらがなるべくまとまるように配置して裁断します。1か所にまとまっていれば、粗裁ち、接着芯はり、裁断の作業をパーツごとに繰り返す必要がなくなり、とても能率的です。

粗裁ち P.131

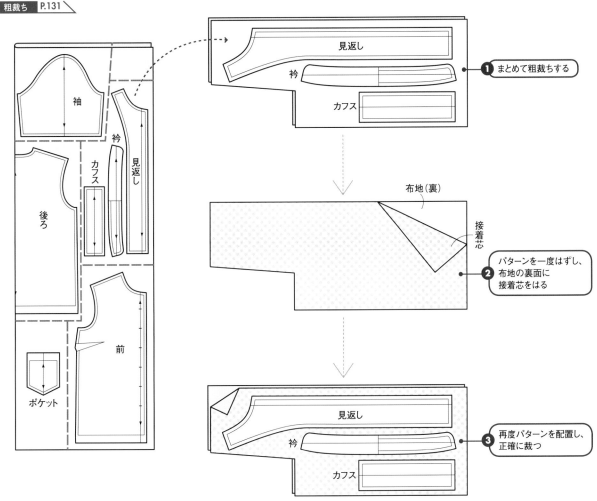

袖
衿
見返し
カフス
後ろ
前
ポケット

見返し
衿
カフス
1 まとめて粗裁ちする

布地(裏)
接着芯
2 パターンを一度はずし、布地の裏面に接着芯をはる

見返し
衿
カフス
3 再度パターンを配置し、正確に裁つ

アイロンで困った!?

Q-14 しわ加工の布地に接着芯をはってもいい?

しわ加工 P.145

A 残布で試しばりをして 仕上りや接着強度を確認して決める

表面に凹凸があるので強い圧力で接着すると、せっかくの表面効果がなくなってしまいます。接着力の強いタイプを選び、圧力を弱くして、押さえる時間を少し長めにするときれいにはれます。必ず残布などで試しばりをして仕上りを確認しましょう。

ヒント!

どうしてもきれいにはれない場合は?

芯をはらない、というのも一つの手。また、表からは見えない見返しなどは、表面効果がなくなってしまってもあまり問題がない。

Q-15 | 接着芯ははり直せるの?

A はり直しはできないので注意して!

接着芯をはる時に「布地の表裏を間違えてしまった」「芯がしわになってしまった」「糸くずが入ってしまった」などの失敗をしたことはありませんか? 一度しっかり接着してしまった芯を無理にはがすと、表布にダメージを与えてしまいます。アイロンで押さえる前の最終チェックが重要。慎重に確認して、間違えないようにはってください。

Q-16 | 洗濯をしたら、接着芯をはったところが浮いてきた

A もう一度アイロンをかけて接着する

接着力不足が原因と考えられます。もう一度しっかりとアイロンで押さえてみてください。ドライクリーニングの場合は、はがれている部分の芯の樹脂がドライクリーニングの液で落ちてしまうため、アイロンをかけても直りません。最初にしっかりと接着することが大切です。

Q-17 | アイロン台が汚れてしまった

A 新しいカバーを作る

上達のコツ

チェックの布地を使うと……

アイロン台の縦横に、チェックの水平垂直のラインをそれぞれ合わせると、地の目直しの時に水平垂直が分かりやすいので便利。

こげ跡が残ったり、接着芯の樹脂がついてしまったり……。アイロン台は結構汚れやすいものです。洗濯では取れない汚れが多いので、カバーを作りましょう。既存のカバーがあるなら、寸法をはかってそのとおりに作るとぴったりのものができます。ない場合は下図のようにアイロン台の大きさを元にして作りましょう。布地は高温に耐えられるもの (綿など) を選びます。

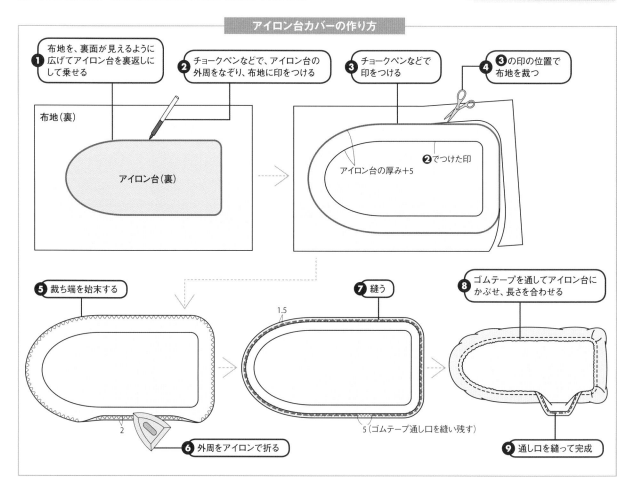

アイロン台カバーの作り方

1. 布地を、裏面が見えるように広げてアイロン台を裏返しにして乗せる
2. チョークペンなどで、アイロン台の外周をなぞり、布地に印をつける
3. チョークペンなどで印をつける
4. 3の印の位置で布地を裁つ

布地(裏)

アイロン台(裏)

アイロン台の厚み+5

2でつけた印

5. 裁ち端を始末する
6. 外周をアイロンで折る
7. 縫う
1.5
5(ゴムテープ通し口を縫い残す)
2
8. ゴムテープを通してアイロン台にかぶせ、長さを合わせる
9. 通し口を縫って完成

Q-18 アイロンの底が汚れてしまった

A アイロンが熱いうちに汚れを落とす

汚れの原因は、接着芯の樹脂やとけた繊維が固まったもの。アイロンが熱いうちに、ぬれタオルの上にかけ面を当てて汚れをふやかし、アイロンが冷めてから布地でふき取ります。なお、取りきれない汚れは、歯磨きペーストや粒子の細かいクレンザー、重曹などを少量つけて、布地でこすって取ります。汚れはその都度古くならないうちに落とすことが肝心です。

これは便利!

汚れがみるみる落ちる 「アイロンクリーナー」

アイロンの底のこげつきを落とす、スティックタイプのクリーナー。熱いアイロンのかけ面に塗るととけ、汚れも一緒に落ちる。

つよせ

汚れの取り方

ぬれタオル

❶ アイロンが熱いうちに汚れをふやかす

❷ 布地で汚れをふき取る

⚠ **注意**

機種により取扱い方の注意などが記されている場合があるので、必ず添付の説明書の確認を!

Q-19 接着芯をはる時にアイロンが汚れる

A 当て紙をする

接着芯をはる際に、芯の接着樹脂がとけてアイロンについてしまうととれにくく、汚れの原因になります。必ず当て紙をして予防しましょう。当て紙はハトロン紙などを利用します。また、市販の当て紙も便利です。

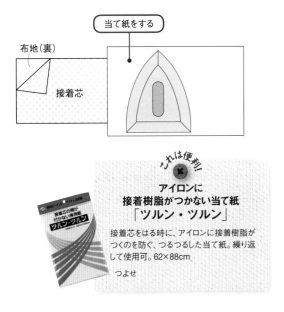

当て紙をする

布地(裏)

接着芯

これは便利!

アイロンに接着樹脂がつかない当て紙 「ツルン・ツルン」

接着芯をはる時に、アイロンに接着樹脂がつくのを防ぐ、つるつるした当て紙。繰り返して使用可。62×88cm

つよせ

Q-20 裾をふんわり仕上げるには

A 共布を突合せに置いて、アイロンをかける

ぴしっと折り目をつけたい場合以外に、素材の風合いを生かしてソフトに仕上げたい場合もあります。そんな時には、共布の残布が活躍します。裾や袖口などの折り上げたい箇所に、同じ状態に突合せに置いてアイロンをかけると、折り目に必要以上に力がかからずソフトに仕上がります。

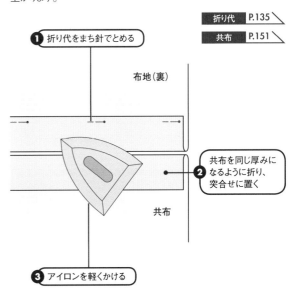

折り代 P.135

共布 P.151

❶ 折り代をまち針でとめる

布地(裏)

❷ 共布を同じ厚みになるように折り、突合せに置く

共布

❸ アイロンを軽くかける

Q-21 | 毛足のある布地の アイロンかけは?

A ベルベットメイトなどの専用の用具を使い、 スチームアイロン

冬素材に多い毛足のある布地 (別珍やベルベットなど) にアイロンをかける際は、その毛足がつぶれないようにするために専用の用具が必須。縫い代を割ったり片返しにする時は、まず毛足をもみ出してきせがかからないようにします。次にベルベットメイトなどの用具に毛足をかみ合わせるようにセットし、スチームアイロンで押さえます。仕上げアイロンはほとんどの場合必要ありませんが、気になる時はハンガーにかけて、風呂の湯気を利用してつるしておくときれいになります。

| きせ | P.139 |
| 毛足 | P.141 |

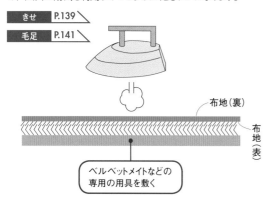

布地（裏）
布地（表）

ベルベットメイトなどの
専用の用具を敷く

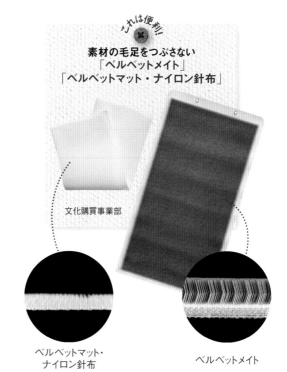

これは便利!!
素材の毛足をつぶさない
「ベルベットメイト」
「ベルベットマット・ナイロン針布」

文化購買事業部

ベルベットマット・ナイロン針布
メッシュ編みで表面に0.2cmの針状の突起がある。スチームの通りがよく、特に当て布に適している。熱に強いナイロン製。15×42cm

ベルベットメイト
0.5cmの長さの細い針金が0.1〜0.2cmの間隔で植えてある。ベルベットの短いけばを、この針にかみ合わせて使う。写真はLタイプ。25×48cm

---

Q-22 | くせとりをする箇所は?

A ダーツ、カーブやくびれの強い縫合せ箇所

平面の布地をただ縫い合わせただけでは、きれいに仕上がらないことがあります。立体的なシルエットを美しく表現するために、ダーツや切替えなどのカーブや、腰の丸み、ウエストなどのくびれが強い箇所をくせとりしましょう。

| いせ | P.131 | カーブ | P.137 |
| くせとり | P.141 |

上達のコツ でき上り線を直線にするのが基本
くせとりは難しい作業だと思われがちだが、基本がわかれば簡単。内カーブは伸ばして直線に、外カーブはいせて直線になるようにアイロンをかけよう。

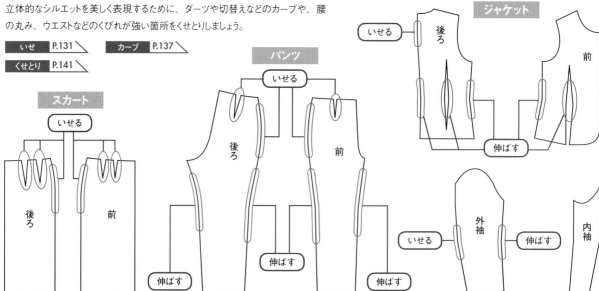

アイロンで困った!?

86

Q-23 くせとりの方法は?

A 逆カーブになるようにアイロンを動かす

裁断した表布を中表に合わせ、くせとりをする位置を意識してアイロンをかけます。布地を2枚一緒に、逆カーブになるように引っ張りながらアイロンを動かして、伸ばしたりいせたりします。始めはゆるい力で。縫い合わせるパーツと寸法を合わせるためのくせとりの場合は、何度か繰り返したらでき上り線あたりで折り、もう一方のパーツと合わせてみて、寸法が合うまで繰り返します。

いせ P.131

くせとり P.141

[外袖のパターン]

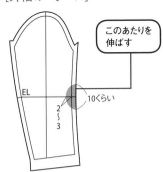

このあたりを伸ばす

EL

2〜3

10くらい

2枚袖・外袖前側切替え線のくせとり

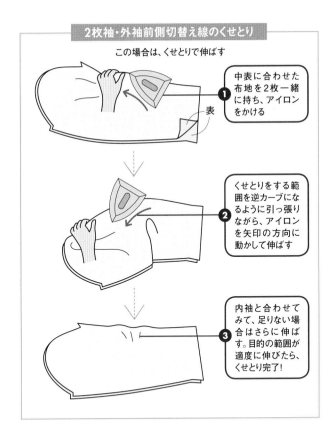

この場合は、くせとりで伸ばす

表

1 中表に合わせた布地を2枚一緒に持ち、アイロンをかける

2 くせとりをする範囲を逆カーブになるように引っ張りながら、アイロンを矢印の方向に動かして伸ばす

3 内袖と合わせてみて、足りない場合はさらに伸ばす。目的の範囲が適度に伸びたら、くせとり完了!

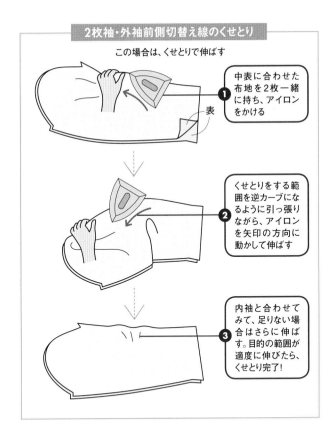アイロンで困った!?

Q-24 菱形のダーツがうまく片返しにできない

A 折り山を伸ばすようにアイロンを!

菱形のダーツの縫い代は、そのままではつれてしまいます。
くせとりをしてくびれた部分の縫い代を伸ばし、なじませましょう。

きせ P.139

くせとり P.141

プレスボール P.159

裏

折り山

1 ダーツの中心で折り、軽くアイロンをかけてから縫う

縫い目が直線になるように

2 折り山を伸ばしながらアイロン

縫い目で折る

3 縫い目から片返しにしてアイロン

表

プレスボール

4 きせをかけないように布地を広げて表からアイロン

※表からアイロンをかけると風合いが変わる布地は裏からかける

Q-25 立体的な部分の アイロンかけは?

A プレスボール(仕上げ万十)の上で ふくらみにそうように

胸や腰など丸みを出したいところや、カーブの縫い目などのアイロンはプレスボールの上で、立体的なふくらみを消さないようにかけましょう。平らなところでかけると、しわになってしまいます。

プレスボール P.159

プレスボールの ふくらみに合わせて布地を置き、 アイロンをかける

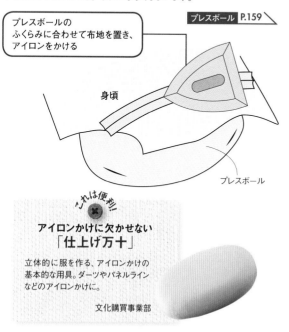

身頃

プレスボール

これは便利!!
アイロンかけに欠かせない 「仕上げ万十」

立体的に服を作る、アイロンかけの基本的な用具。ダーツやパネルラインなどのアイロンかけに。

文化購買事業部

Q-26 袖山のいせを 整える時は?

A 袖まんじゅう(P.80 Q6)を使う

でき上り線より少し内側までアイロンを当て、タックにならないようにいせを自然に消してふくらみを出します。また袖山のいせはミシンよりしつけ糸でぐし縫いしたほうが、いせが逃げにくくきれいに入り袖山がソフトに仕上がります。

いせ P.131
ぐし縫い P.141

袖まんじゅうのカーブに 合わせて布地を置き、 アイロンの先や縁を使って 少しずつアイロンをかける

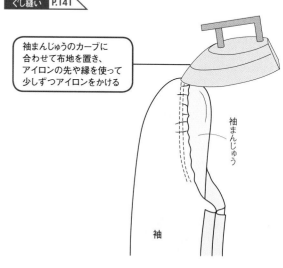

袖まんじゅう

袖

Q-27 筒状のものにアイロンをきれいにかけるには?

A 仕上げ馬が便利

袖などの筒状のパーツはもちろん、縫い合わせて立体的になった大きなパーツのアイロンには仕上げ馬が便利です。細くて長く、足がつき浮いているので、必要な部分だけにしっかりとアイロンをかけることができます。

これは便利!!
筒状のパーツのアイロンかけに 「仕上げ馬」

プレスボール同様、立体的に服を作る、アイロンかけの基本的な道具。アイロン台の下に空間があるので、筒状のものも下側がしわになるのを気にせずにアイロンがかけられる。主に、袖やパンツなどに。

文化購買事業部

仕上げ馬に布地を通して アイロンをかける

仕上げ馬

袖

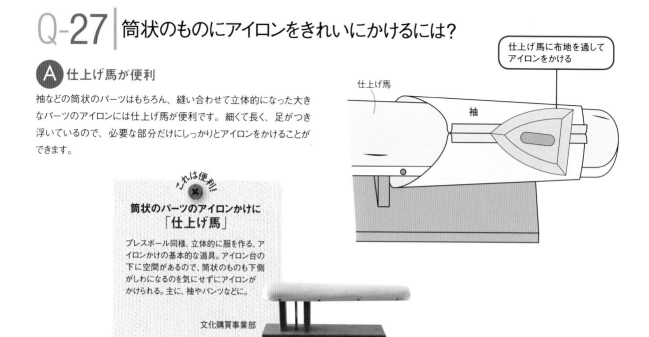

実物大パターンで困った!?

後ろ

実物大パターンは、製図からパターン作りまでの
様々な工程をすべてクリアした完成品。
うまく使いこなせば、服作りのスピードアップの名脇役に。

Q-1 | 実物大パターンはそのまま使えるの?

A 別紙に写し、必要に応じて縫い代をつける

市販品や、雑誌『ミセスのスタイルブック』付録の実物大パターンは、線のつながりがバランスよく修正され、必要な合い印もついた優れもの。製図からパターンを作る際に欠かせない、パターンチェックなどの細かな作業も完了しています。ただし、様々なパーツの線が重なっていることが多いので、別紙に写し、必要に応じて縫い代をつけて切り取りましょう。線が重なっていないものは、そのまま切り取って使うこともできます。

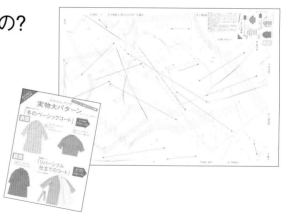

Q-2 | サイズはどのように選ぶ?

A 自分のヌード寸法をはかり でき上り寸法も参考にして選ぶ

実物大パターンにはほとんどの場合、ヌード寸法とでき上り寸法の2種類のサイズ表を掲載しています。服種により、選ぶ基準になる部位のサイズ（ヌード寸法）を目安に選びましょう。中間のサイズの場合は、希望するフィット感に合わせて選択してください。でき上り寸法は、迷った時の目安に。

選ぶ基準になる部位
※赤字が優先

シャツ、ジャケット、コート、ワンピース	スカート、パンツ
▼	▼
バスト、ウエスト、ヒップ	ウエスト、ヒップ

選び方例

ジャケットの場合は、バスト、ウエスト、ヒップのヌード寸法が基準

[ジャケットのサイズ表（例）]

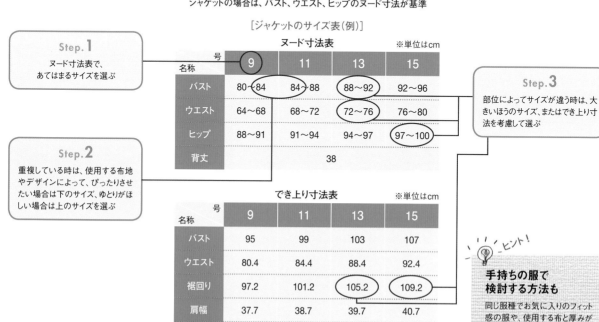

Step.1 ヌード寸法表で、あてはまるサイズを選ぶ

Step.2 重複している時は、使用する布地やデザインによって、ぴったりさせたい場合は下のサイズ、ゆとりがほしい場合は上のサイズを選ぶ

Step.3 部位によってサイズが違う時は、大きいほうのサイズ、またはでき上り寸法を考慮して選ぶ

ヌード寸法表
※単位はcm

号 名称	9	11	13	15
バスト	80〜84	84〜88	88〜92	92〜96
ウエスト	64〜68	68〜72	72〜76	76〜80
ヒップ	88〜91	91〜94	94〜97	97〜100
背丈	38			

でき上り寸法表
※単位はcm

号 名称	9	11	13	15
バスト	95	99	103	107
ウエスト	80.4	84.4	88.4	92.4
裾回り	97.2	101.2	105.2	109.2
肩幅	37.7	38.7	39.7	40.7
着丈	56	56.5	57	57.5
袖丈	56	56.5	57	57.5

ヒント!

手持ちの服で 検討する方法も

同じ服種でお気に入りのフィット感の服や、使用する布と厚みが似ている服のでき上り寸法をはかり、サイズ表と比べて決めるのも、一つの手。

Q-3 | パターンは どんな紙に写す?

 専用のハトロン紙がおすすめ

製図用のハトロン紙は厚みがなく、線などが透けて見えやすいので、複雑に重なったパターンを写すのに便利です。スタンダードな無地や、水平垂直線がかきやすい方眼線入りなどがあり、いずれも手触りがざらざらしている面を表に使います。

ハトロン紙

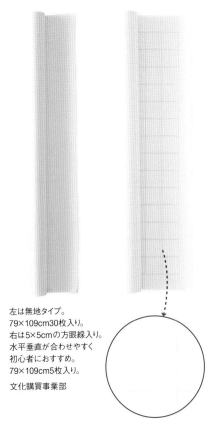

左は無地タイプ。
79×109cm30枚入り。
右は5×5cmの方眼線入り。
水平垂直が合わせやすく
初心者におすすめ。
79×109cm5枚入り。

文化購買事業部

 ヒント!

ハトロン紙は こんな場面にも大活躍

パターンを作った残りは、アイロンをかけるときの当て紙にしたり、2cm幅くらいに細長く切っておく。これを薄手の布やすべりやすい布地の下に敷き、一緒にミシンで縫うと布地が安定し、縫い縮みも防げる。

Q-4 | パターンの写し方は?

 ポイントに印をつけてから、ハトロン紙を重ねて写す

パターンの上にハトロン紙を重ねて重しなどで押さえ、選んだサイズのでき上り線と合い印を写し取ります。何本もの線が重なり合ってわかりにくい箇所は、色鉛筆やラインマーカーなどでマークしておくと写し間違いがありません。

合い印 P.130

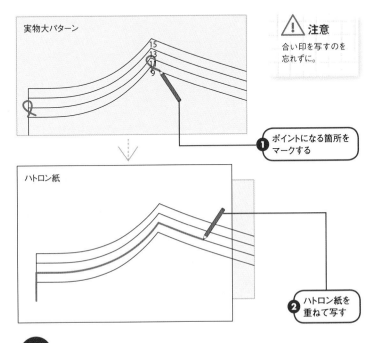

実物大パターン

⚠ **注意**

合い印を写すのを
忘れずに。

❶ ポイントになる箇所を
マークする

ハトロン紙

❷ ハトロン紙を
重ねて写す

こんな方法も

ルレットで写す

ハトロン紙の上に実物大パターンを重ね、ルレットで線をなぞって写す方法。パターンをはずしたら、ルレットの跡を鉛筆などでなぞって仕上げる。線の重なりが非常に複雑で細かく、透けにくい場合に便利。

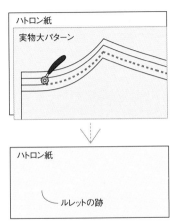

ハトロン紙
実物大パターン

ハトロン紙

ルレットの跡

Q-5 | パターンを写す時の注意点は?

A-1 布目の案内に、直線が必要

裁断時にパターンの布目線を縦地に合わせて置くことを考えて、写す時には必ず布目になる直線があることを確認します。後からでは水平垂直がわかりにくくなるので、直線がない場合は任意の直線を引いておきます。

| 縦地 | P.149 |
| 布目 | P.154 |

ヒント！

布目の案内にする直線はなるべく長く

布地とパターンの布目をまっすぐに合わせるには、その線が長いほうがより正確。布目の案内になる直線がある場合でも、短い場合は任意の直線を引いておこう!

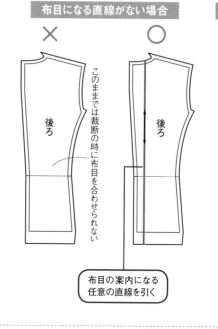

布目になる直線がない場合

✕

◯

このままでは裁断の時に布目を合わせられない

後ろ

後ろ

布目の案内になる任意の直線を引く

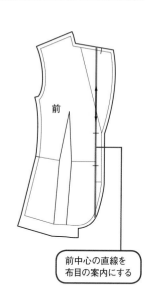

布目になる直線がある場合

前

前中心の直線を布目の案内にする

A-2 細長いパーツは、わの位置で開いたパターンにする

衿など、一辺がわと表示されている細長いパーツは、開いたパターンにすると布目が正しく通り、裁断がしやすくなります。使用するパターンがこれに該当する場合は、右図の手順で開いたパターンにしておきましょう。A-1同様、布目の案内になる直線をかくのも忘れずに。

| 裁合せ | P.148 |
| わ | P.164 |

開いたパターンにすることの多いパーツ

衿、ヨーク、見返し
前立て、カフス

※開いたパターンにするかどうかの判断は、掲載の裁合せ図なども参考に

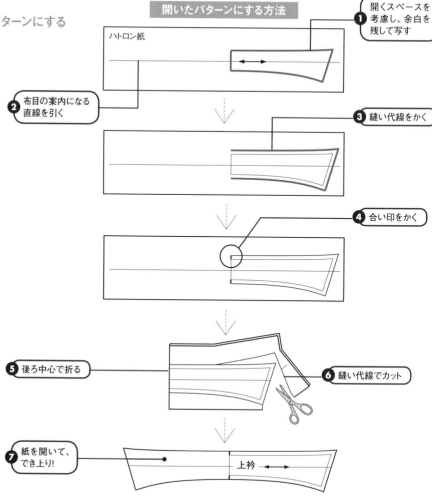

開いたパターンにする方法

ハトロン紙

❶ 開くスペースを考慮し、余白を残して写す

❷ 布目の案内になる直線を引く

❸ 縫い代線をかく

❹ 合い印をかく

❺ 後ろ中心で折る

❻ 縫い代線でカット

❼ 紙を開いて、でき上り!

上衿

Q-6 パターンには、縫い代をつける?つけない?

A 縫い代つきパターンがおすすめ

パターンに縫い代をつけるかつけないかによって、その後の作業に違いが出ます。手早く仕上げるためには、縫い代幅を目安に縫うことを前提にした、縫い代つきパターンにすることをおすすめします。パターン作りに少し手間がかかってもこの段階で正確にしておくことで、裁断、印つけ、縫製が、格段にスピードアップします。

合い印	P.130
でき上り線	P.151
縫い代	P.153

縫い代の
つけ方
P.94 Q7

縫い代つきパターンの場合

前

縫い代なしパターンの場合

前

その後の作業工程

その後の作業工程

裁断 パターンを配置し、パターンの端をカットする

裁断 パターンを配置してから布地上で適宜縫い代をつけ、縫い代の端をカットする

印つけ ポイントと合い印だけにつける

印つけ ポイントと合い印に加えて、でき上り線にもつける

縫製 裁ち端を合わせて縫い代幅を目安に縫う

縫製 でき上り線を合わせて、でき上り線にそって縫う。縫い代を多めにつけた場合にはその整理が必要

それぞれの工程で手間が少なく仕上りまでの時間が短縮される

それぞれの工程で手間が多く仕上りまでに時間がかかる

実物大パターンで困った!?

Q-7 | 縫い代つきパターンの作り方は?

A 写し取ったでき上り線を基に縫い代をつける

縫い代のつけ方は、その箇所や仕立て方などの条件によって変わります。縫製の時に不足しないよう、適切な形につけましょう。合い印も忘れずに、縫い代端にしるします。

片返し	P.137
ダーツ	P.149
タック	P.149
でき上り線	P.151
縫い代	P.153

線部分の縫い代

方眼定規などを使って、でき上り線と平行にかく

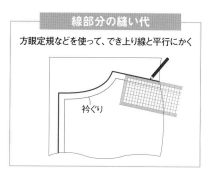

衿ぐり

角部分の縫い代

基本的には以下の4種類。つける部位や縫い方、縫い代の倒し方によって適切な方法を選ぶ

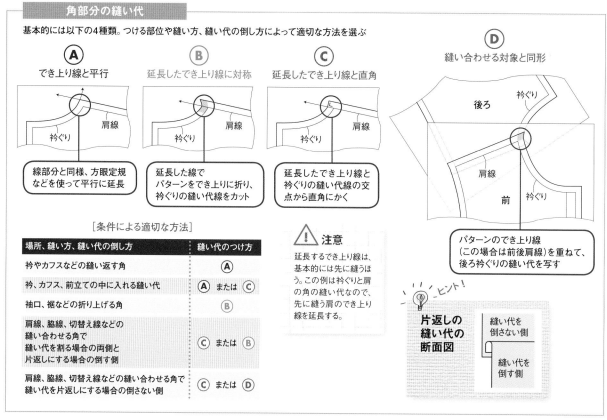

Ⓐ でき上り線と平行
肩線／衿ぐり
線部分と同様、方眼定規などを使って平行に延長

Ⓑ 延長したでき上り線に対称
肩線／衿ぐり
延長した線でパターンをでき上りに折り、衿ぐりの縫い代線をカット

Ⓒ 延長したでき上り線と直角
肩線／衿ぐり
延長したでき上り線と衿ぐりの縫い代線の交点から直角にかく

Ⓓ 縫い合わせる対象と同形
後ろ／衿ぐり／肩線／前／衿ぐり
パターンのでき上り線（この場合は前後肩線）を重ねて、後ろ衿ぐりの縫い代を写す

[条件による適切な方法]

場所、縫い方、縫い代の倒し方	縫い代のつけ方
衿やカフスなどの縫い返す角	Ⓐ
衿、カフス、前立ての中に入れる縫い代	Ⓐ または Ⓒ
袖口、裾などの折り上げる角	Ⓑ
肩線、脇線、切替え線などの縫い合わせる角で縫い代を割る場合の両側と片返しにする場合の倒す側	Ⓒ または Ⓑ
肩線、脇線、切替え線などの縫い合わせる角で縫い代を片返しにする場合の倒さない側	Ⓒ または Ⓓ

⚠ **注意**

延長するでき上り線は、基本的には先に縫うほう。この例は衿ぐりと肩の角の縫い代なので、先に縫う肩線のでき上り線を延長する。

💡 **ヒント!**

片返しの縫い代の断面図

縫い代を倒さない側／縫い代を倒す側

ダーツやタックの縫い代

パターンをでき上りの状態にたたんでカットする

前

❶ タックを入れる衿ぐり線を残して縫い代線をかく

❷ でき上りの状態にタックをたたみ、衿ぐり線をかき直す

❸ 訂正した衿ぐり線と平行に縫い代線をかく

❹ たたんだまま縫い代線でカットすると必要な形に縫い代がつく

💡 **ヒント!**

水平垂直のタックの縫い代はでき上り線に平行でOK

タックのある線と折る方向（赤線部分）が水平垂直の場合

実物大パターンで困った!?

Q-8 | 縫い代幅の決め方は?

A つける箇所や仕立て方などの条件に応じて決める

縫い代の幅は、その箇所や仕立て方、使う素材などによって変わります。縫製の時に余分や不足が出ないように、縫いやすさを考えた適切な幅につけましょう。裁合せ図がある場合で、縫い代幅が記載されている時はそれに従います。それ以外は、右表の目安を参考にしてください。

折り代 P.135
裁合せ P.148
縫い代 P.153

[縫い代幅、折り代幅の目安]

※単位はcm

	場所	綿	ウール
縫い代	衿、衿ぐり、前端、袖ぐり、袖山、カフス、ウエスト、カフスをつける袖口 ポケット回り タブ、ベルト、見返し	0.7〜1	1〜1.2
	股ぐり	1〜1.2 (後ろはHLからWLにかけてなだらかに2.5に)	1.2〜1.5 (後ろはHLからWLにかけてなだらかに2.5に)
	切替え、肩、脇 袖下、股下	0.7〜1 (片返しの場合) / 1.2〜1.5 (割る場合)	1.2〜1.5 (片返しの場合) / 1.5 (割る場合)
折り代	折り上げる袖口 ポケット口	2〜3	2〜3
	裾(二つ折り)	3〜4 (カーブが強い場合は1.5〜2に)	3〜4 (カーブが強い場合は1.5〜2に)

※ほつれやすい布地の場合は、これより多くする
※ステッチがある場合は、その幅により適宜調整を
※不安な場合は多めにつけて、後でカットしよう

上達のコツ

縫い代は少ないほうが切れ味のいい仕上りに

縫い代幅は少ないほうが既製服感覚のシャープな仕上りになる。縫い代幅を目安に縫うことに慣れてきたら、綿の普通地などほつれにくい布地で作る場合は0.7cmがおすすめ!

Q-9 | 折伏せ縫いにする場合の縫い代のつけ方は?

A くるむ側の縫い代を倍にする

折伏せ縫いは、片方の縫い代でもう一方の縫い代をくるむ縫い方。くるむ側の縫い代幅が倍になるように、縫い代をつけます。

地縫い P.144

ヒント!

縫い代を多くつけておき縫いながらカットする方法も

縫い代を多め(予定するステッチ幅の2倍強)につけておき、地縫いしてからくるまれる側を半分にカットする方法もおすすめ!

折伏せ縫いの縫い方 P.36 Q13

肩線の縫い代

後ろに折伏せ縫いにする場合

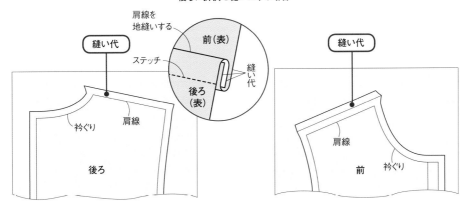

実物大パターンで困った!?

Q-10 | ジャケットの着丈を変えたい

A ウエストライン（WL）と裾線で調整

背丈の調整は基準になる位置（この場合は WL）に水平線を引き、短くしたい場合はパターンを重ねるかカットします。長くしたい場合はパターンを開くか追加します。着丈は裾をカットまたは追加して調整します。

WL（ウエストライン）	P.133
着丈	P.139
切替え	P.140

ヒント！

追加寸法が多い場合は

このパターンのように脇線や切替え線が斜めになっているものは、そのまま延長すると裾幅が広くなる。直下して脇線や切替え線を引き直すと元のパターンと同じ裾幅になる。どちらにするかはでき上り寸法と希望のデザインのシルエットによって決める。

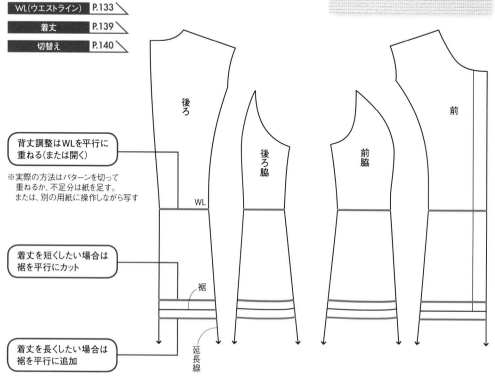

- 背丈調整はWLを平行に重ねる（または開く）
  ※実際の方法はパターンを切って重ねるか、不足分は紙を足す。または、別の用紙に操作しながら写す

- 着丈を短くしたい場合は裾を平行にカット

- 着丈を長くしたい場合は裾を平行に追加

後ろ／後ろ脇／前脇／前／WL／裾／延長線

Q-11 | 袖丈を変えたい

A エルボーライン（EL）と袖口で調整

2〜3cmくらいの調整はELだけで、短くしたい場合はパターンを重ね、長くしたい場合はパターンを開きます。長袖から7分袖や半袖など大幅に短くしたい時は袖口をカットしましょう。

内袖	P.133
EL（エルボーライン）	P.134
外袖	P.148

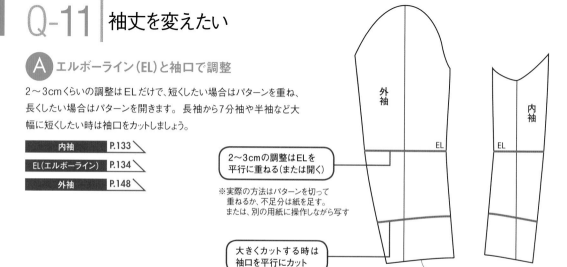

- 2〜3cmの調整はELを平行に重ねる（または開く）
  ※実際の方法はパターンを切って重ねるか、不足分は紙を足す。または、別の用紙に操作しながら写す

- 大きくカットする時は袖口を平行にカット

外袖／内袖／EL／袖口

実物大パターンで困った!?

Q-12 | スカートやパンツの丈を変えたい

A 裾で調整

裾線を平行に移動して調整します。
追加寸法が多い場合は **P.96 Q10** のヒント！も参考にしてください。

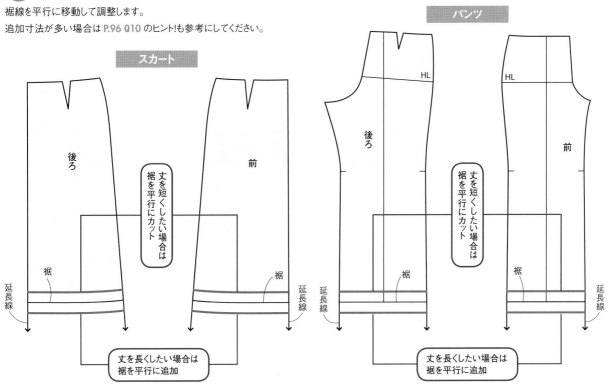

スカート

後ろ　　前

丈を短くしたい場合は裾を平行にカット

延長線　裾　　裾　延長線

丈を長くしたい場合は裾を平行に追加

パンツ

HL　　　HL

後ろ　　前

丈を短くしたい場合は裾を平行にカット

延長線　裾　　裾　延長線

丈を長くしたい場合は裾を平行に追加

Q-13 | パンツの股上丈を変えたい

A ヒップライン（HL）で調整

寸法を短くしたい場合はパターンを重ね、長くしたい場合はパターンを開いて調整します。

HL（ヒップライン）　**P.157**
股上　　**P.161**

ヒント！

HLの線がない場合

股位置を目安に操作する線を引く。

後ろ　前　股位置

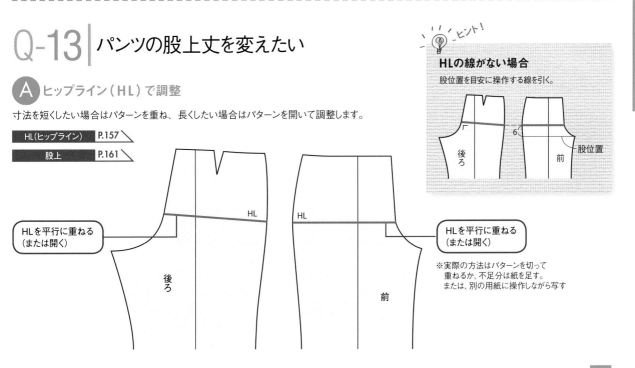

HLを平行に重ねる（または開く）

HL　　HL

後ろ　　前

HLを平行に重ねる（または開く）

※実際の方法はパターンを切って
　重ねるか、不足分は紙を足す。
　または、別の用紙に操作しながら写す

実物大パターンで困った！？

Q-14 バストとヒップ寸法がサイズ表と合わない

A 大きいサイズのほうに合わせて選ぶ、
またはバストサイズを基準に選び脇線で調整

実物大パターンは既製服のように、バランスよく作られています。バストサイズが9号でヒップサイズが11号という場合、そのデザインのバランスを崩さないためにも、大きいサイズのほうに合わせて選ぶのが基本です。ぴったりサイズで着たい場合は、デザインにもよりますが、バストを優先して9号を選び、脇線でヒップを11号にかき直す程度にします。無理な直しは操作が複雑になり、また体型カバーどころか、逆に体型を強調してしまうことになります。衿や袖は、バストと同サイズを使います。

選ぶ基準に
なる部位
P.90 Q2

⚠️ **注意**

この方法は1サイズの差が限度。それ以上はバランスが崩れるのでNG。

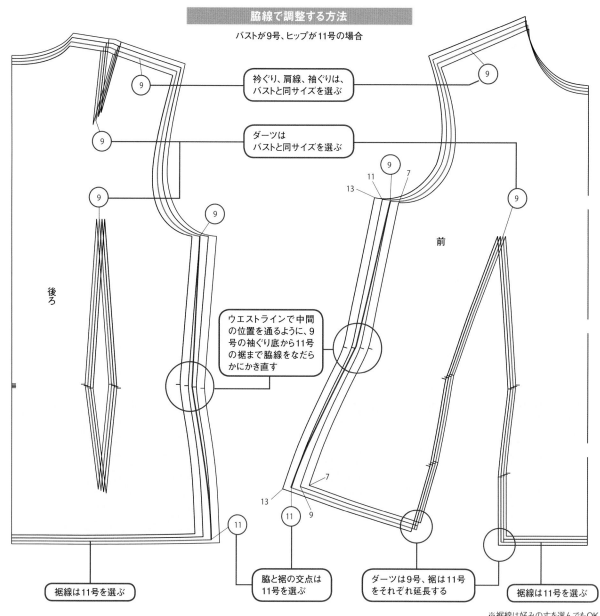

脇線で調整する方法

バストが9号、ヒップが11号の場合

衿ぐり、肩線、袖ぐりは、
バストと同サイズを選ぶ

ダーツは
バストと同サイズを選ぶ

前

後ろ

ウエストラインで中間の位置を通るように、9号の袖ぐり底から11号の裾まで脇線をなだらかにかき直す

裾線は11号を選ぶ

脇と裾の交点は
11号を選ぶ

ダーツは9号、裾は11号
をそれぞれ延長する

裾線は11号を選ぶ

※裾線は好みの丈を選んでもOK

実物大パターンで困った!?

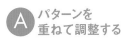

Q-15 | ブラウスやシャツを1サイズ小さくしたい

A パターンを重ねて調整する

サイズを大幅に変更することはできませんが、1サイズ小さくする(バストサイズで4cm)くらいの微調整は可能です。
まずサイズ調整の基準になる調整線を引き、その線を使ってパターンを重ね、調整します。

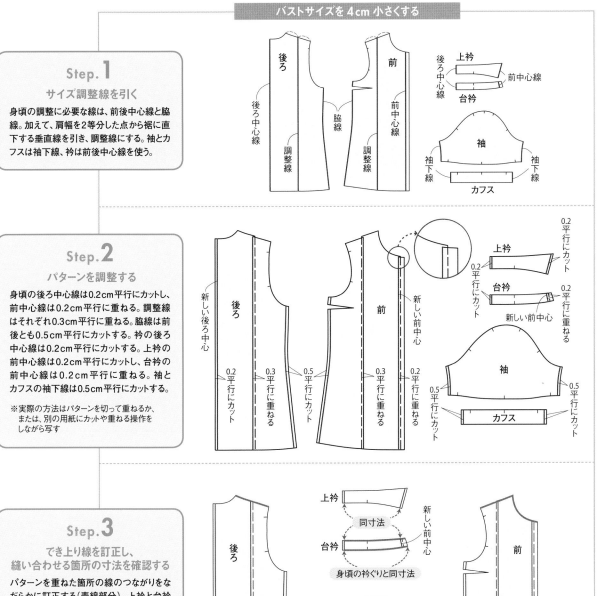

バストサイズを4cm小さくする

Step.1
サイズ調整線を引く

身頃の調整に必要な線は、前後中心線と脇線。加えて、肩幅を2等分した点から裾に直下する垂直線を引き、調整線にする。袖とカフスは袖下線、衿は前後中心線を使う。

Step.2
パターンを調整する

身頃の後ろ中心線は0.2cm平行にカットし、前中心線は0.2cm平行に重ねる。調整線はそれぞれ0.3cm平行に重ねる。脇線は前後とも0.5cm平行にカットする。衿の後ろ中心線は0.2cm平行にカットする。上衿の前中心線は0.2cm平行にカットし、台衿の前中心線は0.2cm平行に重ねる。袖とカフスの袖下線は0.5cm平行にカットする。

※実際の方法はパターンを切って重ねるか、または、別の用紙にカットや重ねる操作をしながら写す

Step.3
でき上り線を訂正し、縫い合わせる箇所の寸法を確認する

パターンを重ねた箇所の線のつながりをなだらかに訂正する(青線部分)。上衿と台衿のつけ寸法、台衿と身頃の衿ぐりのつけ寸法、脇線や袖下線の縫合せ箇所が同寸法になっているかを確認する。

同寸法になっていればOK。合わない時は、合うように調整する。台衿のつけ寸法は身頃に合わせ、上衿は台衿に合わせる。

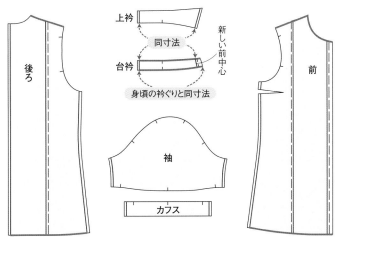

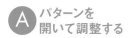

A パターンを開いて調整する

サイズを大幅に変更することはできませんが、1サイズ大きくする（バストサイズで4cm）くらいの微調整は可能です。小さくする時（P.99 Q15）と同様に、まずサイズ調整の基準になる調整線を引き、その線を使ってパターンを開き、調整します。

バストサイズを4cm大きくする

Step.1
サイズ調整線を引く

身頃の調整に必要な線は、前後中心線と脇線。加えて、肩幅を2等分した点から裾に直下する垂直線を引き、調整線にする。袖とカフスは袖下線、衿は前後中心線を使う。

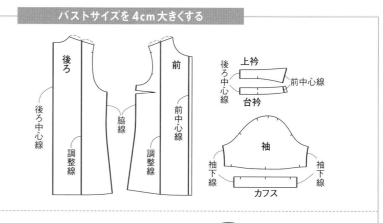

Step.2
パターンを調整する

身頃の後ろ中心線は0.2cm平行に追加し、前中心線は0.2cm平行に開く。調整線はそれぞれ0.3cm平行に開く。脇線は前後とも0.5cm平行に追加する。衿の後ろ中心線は0.2cm平行に追加する。上衿の前中心線は0.2cm平行に追加し、台衿の前中心線は0.2cm平行に開く。袖とカフスの袖下線は0.5cm平行に追加する。

※実際の方法はパターンを切って不足分は紙を足すか、または、別の用紙に追加や開く操作をしながら写す

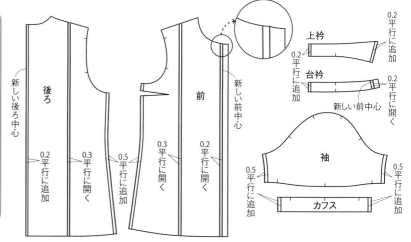

Step.3
でき上り線を訂正し、縫い合わせる箇所の寸法を確認する

パターンを開いた箇所の線のつながりをなだらかに訂正する（青線部分）。上衿と台衿のつけ寸法、台衿と身頃の衿ぐりのつけ寸法、脇線や袖下線の縫合せ箇所が同寸法になっているかを確認する。

同寸法になっていればOK。合わない時は、合うように調整する。台衿のつけ寸法は身頃に合わせ、上衿は台衿に合わせる。

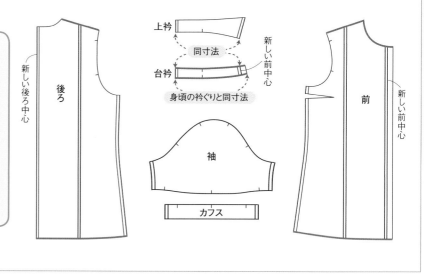

Q-17 | ボトムのウエストとヒップの寸法がサイズ表と合わない

A 大きいサイズに合わせて選ぶ、
またはウエストサイズを基準に選び脇線で調整

ウエストサイズが11号でヒップサイズが13号などの場合、デザインのバランスを崩さないためにも、大きいサイズのほうに合わせて選ぶのが基本です。ウエストをぴったりさせたい場合はデザインにもよりますが、ウエストを優先して11号を選び、パターンの脇線を13号になだらかにつながるカーブでかき直しましょう。

⚠ **注意**

この方法は、1サイズの差が限度。それ以上の差はバランスが崩れるのでNG。ウエストラインにダーツがある場合で、あと少しウエストを増減したい時には、ダーツ量を調整してカバーする。

選ぶ基準になる部位
P.90 Q2

脇線で調整する方法

ウエストが11号、ヒップが13号の場合

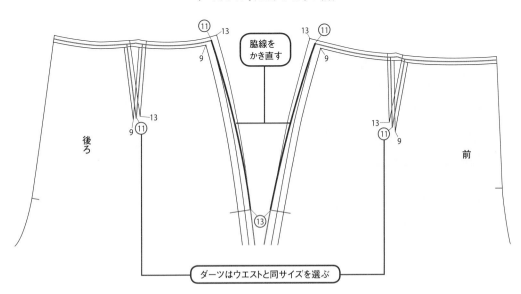

脇線を
かき直す

後ろ

前

ダーツはウエストと同サイズを選ぶ

ウエストが11号、ヒップが9号の場合

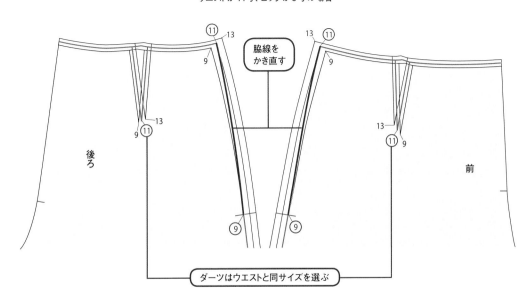

脇線を
かき直す

後ろ

前

ダーツはウエストと同サイズを選ぶ

Q-18 | パンツのサイズを1サイズ小さく（または大きく）したい

 A パターンを重ねて
（または開いて）調整する

サイズを大幅に変更することはできませんが、1サイズ小さく（または大きく）する（周囲で4cm）くらいの微調整は可能です。トップの時（**P.99、100**）と同様に、まずサイズ調整の基準になる調整線を引き、その線を使ってパターンを重ねて（または開いて）、調整します。

周囲寸法を4cm 小さく（または大きく）する

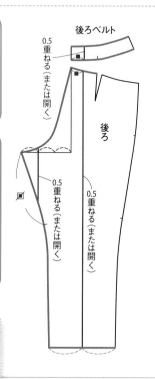

Step.1
サイズ調整線を引く

パンツは、前後とも裾幅を2等分した位置から直上する線と、渡り寸法の図の位置を通る垂直線を引き、調整線にする。前後ベルトは、パンツの前後中心からの同寸（●、■）をとり、調整線にする。

Step.2
パターンを調整する

各調整線で0.5cm重ねる（または開く）。

※実際の方法はパターンを切って重ねるか、不足分は紙を足す。または、別の用紙に操作しながら写す

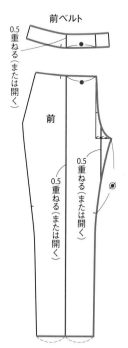

Step.3
でき上り線を訂正し、縫い合わせる箇所の寸法を確認する

パターンを重ねた（または開いた）箇所の線のつながりをなだらかに訂正する（青線部分）。股下から合い印までの寸法（▨と◉）が同寸法になっているかを確認する。

同寸法になっていればOK。
合わない時は、合うように調整する。

 ヒント！

スカートの場合は

タイトや台形のデザインは、前後中心線でカットまたは追加する。タックやギャザーのあるデザインは、パターンの外形は変えずにウエストベルトなどのサイズを調整する。その上でタックやギャザーの分量を増減して対処する。

実物大パターンで困った!?

Q-19 | 肩幅が広すぎる

A 1つ下のサイズ線を使って調整

ジャケットなどの上着は、体型によっては肩幅が広すぎてしまう場合があります。そんな時には、パターンの肩幅を調整し、袖ぐり線をかき直しましょう。バストサイズを基準に、1つ下のサイズ線を使って調整します。

切替えのあるデザインの場合

パネルラインなどの切替えがある場合は、切替え線を突き合わせて袖ぐり線をかき直す。

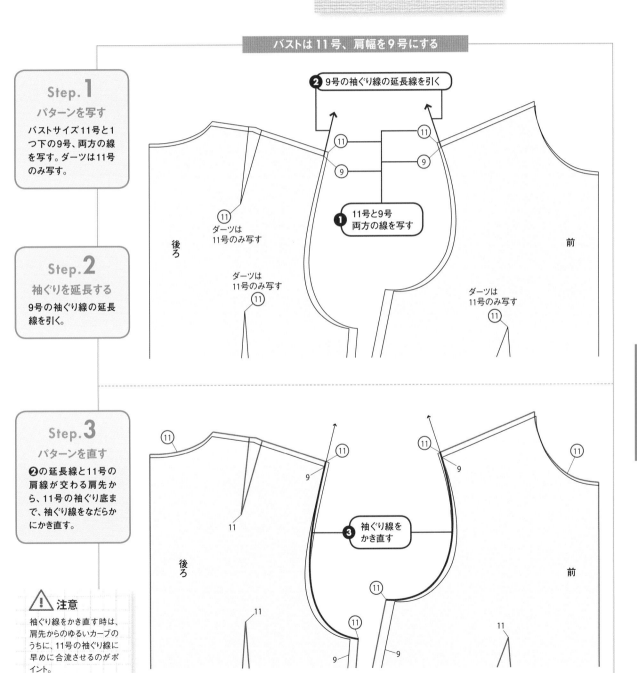

バストは11号、肩幅を9号にする

Step.1
パターンを写す
バストサイズ11号と1つ下の9号、両方の線を写す。ダーツは11号のみ写す。

Step.2
袖ぐりを延長する
9号の袖ぐり線の延長線を引く。

Step.3
パターンを直す
❷の延長線と11号の肩線が交わる肩先から、11号の袖ぐり底まで、袖ぐり線をなだらかにかき直す。

⚠ **注意**
袖ぐり線をかき直す時は、肩先からのゆるいカーブのうちに、11号の袖ぐり線に早めに合流させるのがポイント。

❷ 9号の袖ぐり線の延長線を引く

❶ 11号と9号 両方の線を写す

後ろ

ダーツは11号のみ写す

ダーツは11号のみ写す

ダーツは11号のみ写す

前

❸ 袖ぐり線をかき直す

後ろ

前

※衿ぐり、肩線、脇線、衿、袖は、バストサイズと同じ11号を使う

実物大パターンで困った!?

Q-20 | 肩幅が狭すぎる

A 1つ上のサイズ線を使って調整

ジャケットなどの上着は、体型によっては肩幅が狭すぎる場合があります。そんな時には、パターンの肩幅を調整し、袖ぐり線をかき直しましょう。バストサイズを基準に、1つ上のサイズ線を使って調整します。

 ヒント！

切替えのあるデザインの場合

パネルラインなどの切替えがある場合は、切替え線を突き合わせて袖ぐり線をかき直す。

実物大パターンで困った!?

バストは9号、肩幅を11号にする

Step.1
パターンを写す
バストサイズ9号と1つ上の11号、両方の線を写す。ダーツは9号のみ写す。

Step.2
肩線を延長する
9号の肩線の延長線を引く。

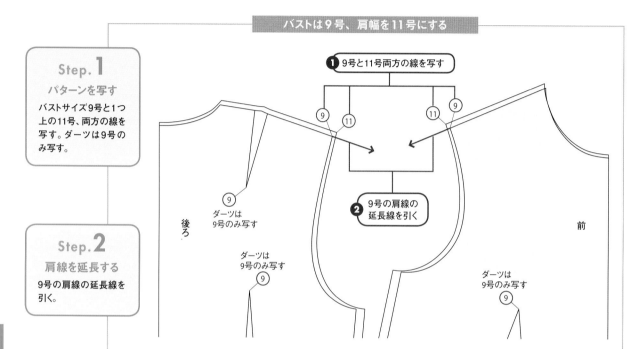

❶ 9号と11号両方の線を写す

❷ 9号の肩線の延長線を引く

後ろ　　　　前

ダーツは9号のみ写す

ダーツは9号のみ写す

ダーツは9号のみ写す

Step.3
パターンを直す
❷の延長線と11号の袖ぐりが交わる肩先から、9号の袖ぐり底まで、袖ぐり線をなだらかにかき直す。

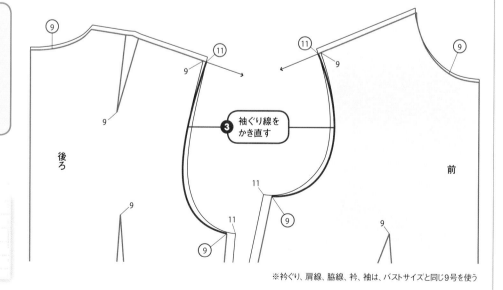

❸ 袖ぐり線をかき直す

後ろ　　　　前

 注意
袖ぐり線をかき直す時は、肩先からあまり離れない位置で9号の袖ぐり線に合流させるのがポイント。

※衿ぐり、肩線、脇線、衿、袖は、バストサイズと同じ9号を使う

とにかく困った!?

縫い方順序や、接着芯の選び方、糸と針のバランスなど
知っておくと役立つ、ソーイングの基本。
もっと手作りを楽しくするために、便利な知識や情報を。

Q-1 | 服を仕上げるまでの手順がわからない

A 地づめ&地の目直し→裁断&芯はり→印つけ→縫製

服作りには手順があります。特に大事なのは、縫い始める前の準備。まず始めに、布地を用意してから完成までの手順を理解しましょう。手順をよく理解してからスタートすれば、様々な工程がスムーズに進みます。

1 地づめ&地の目直し

布地をあらかじめ縮めておいたり布目を正しく直す。

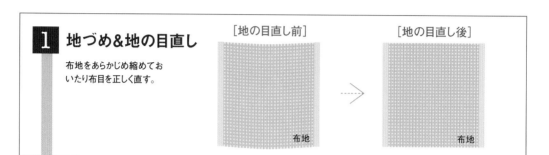

[地の目直し前]　　　[地の目直し後]

布地　　　　　　　布地

2 裁断 & 芯はり

布地の表裏や上下を確認して、各パーツを裁つ。しっかりさせたいパーツや部分に接着芯をはる。

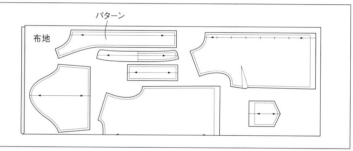

パターン

布地

3 印つけ

縫い合わせるための合い印やポケット位置などの印を、布地につける。

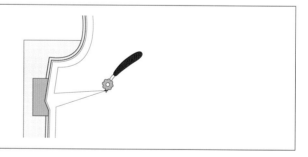

4 縫製

各パーツどうしを縫い合わせる。

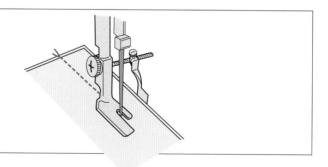

完成！

Q-2 布地は何m買えばいい？

A パターンを並べて確認！

使用量は、使いたい布地の種類や幅、パターンのサイズによって変わります。買いに行く前に、でき上がったパターンを、買うつもりの布地の幅に合わせて床などに並べてみて、必要な使用量を見積っておきましょう。プラス20cmくらい買っておくと安心です。

ヒント！

布幅だけでなく、置き方で使用量は変わる

上下のない布地はパターンを差し込んで配置することが可能で、無駄が少ない。しかし、上下のある布地や柄物はパターンを一方方向に配置したり柄合せのために、使用量が多く必要になるので注意を！

上下のある
布地とない
布地の裁ち方
P.11 Q12

柄合せが
必要な布地
P.17 Q23

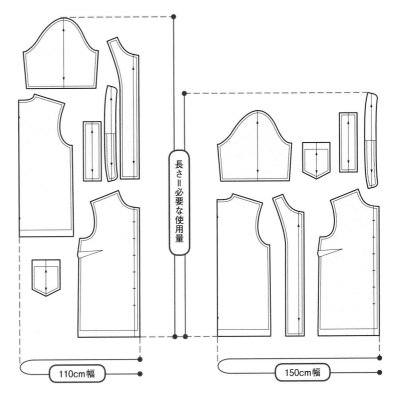

長さ＝必要な使用量

110cm幅　　150cm幅

Q-3 手作りの服を洗濯したら形がくずれた＆縮んだ

A 裁断の前に、布地の地の目直しと地づめをする

買ってきたばかりの布地は、布目がゆがんでいる場合があります。そのまま服を作ってしまうと、洗濯後に形くずれが起きることがあります。これを防ぐために、裁断の前に布目を整える「地の目直し」が必要です。また布地は、仕立てる過程や完成後の洗濯による水分や熱で縮むことがあります。これを防ぐために、あらかじめ縮めておく「地づめ」も大切な作業です。

地づめの
方法
P.8 Q2

地の目直しの
方法
P.8 Q3

[地の目直し前]　　　[地の目直し後]

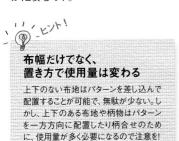

布地　　　布地

Q-4 仕上りがパリッとしない

A 1工程縫うごとに、縫い目をアイロンで整える

せっかく作った服が、どこかもっさりしていてがっかり……、なんていうことはありませんか？　縫製の過程で、縫い目にアイロンをかけていないと、仕上りがすっきりしないことがあります。アイロンは、縫い目を落ち着かせるという、大事な役目を持っています。ちょっとめんどうでも、そのひと手間が、仕上りに差をつけます。縫い代を割ったり、倒したりする前に、こまめな縫い目のアイロンかけが大切。

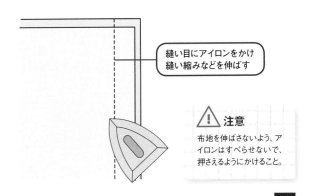

縫い目にアイロンをかけ
縫い縮みなどを伸ばす

⚠ **注意**
布地を伸ばさないよう、アイロンはすべらせないで、押さえるようにかけること。

とにかく困った!?

Q-5 | 針と糸の選び方は？

ヒント！

数字の見方は？
糸は、数字が大きいほど細く、針は、数字が大きいほど太くなる。

A 布地の厚みや用途に合わせて選ぶ

服をきれいな縫い目で仕上げるには、布地に合う針と糸を使用すること。合っていないと糸切れや、縫縮みが起きて布地を傷めてしまうので注意しましょう。

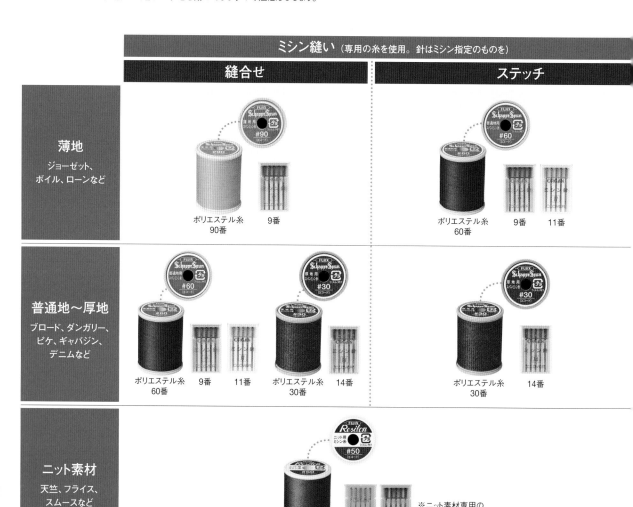

	ミシン縫い（専用の糸を使用。針はミシン指定のものを）	
	縫合せ	**ステッチ**
薄地 ジョーゼット、ボイル、ローンなど	ポリエステル糸 90番 ／ 9番	ポリエステル糸 60番 ／ 9番 11番
普通地～厚地 ブロード、ダンガリー、ピケ、ギャバジン、デニムなど	ポリエステル糸 60番 ／ 9番 11番 ／ ポリエステル糸 30番 ／ 14番	ポリエステル糸 30番 ／ 14番
ニット素材 天竺、フライス、スムースなど	ナイロン糸 50番 ／ 9番 11番 ※ニット素材専用の糸と針を使用する	
中肉ウール地 フラノ、ギャバジン、ツイードなど	ポリエステル糸 50番 または ポリエステル糸 60番 ／ 9番 11番	ポリエステル糸 30番 ／ 14番

とにかく困った!?

108

糸の太さはラベルの色が目印

ミシン用の糸の太さの違いは、ラベルに表示されており、色でも差別化されているものが多く、わかりやすい。

ミシン糸と手縫い糸の違い

糸は、丈夫にするために〝より〟というねじりがかけられている。ミシン糸と手縫い糸の違いは、この〝より〟の方向。基本的に手縫い糸は縫っている時によじれてこないように右（S）よりに、ミシン糸は左（Z）よりになっている。

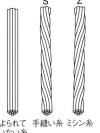

よられて　手縫い糸　ミシン糸
いない糸

ロックミシン	手縫い（メリケン針を使用。糸は手縫い用を）	
専用の糸を使用。針はロックミシン指定のものを）	まつり	ボタンつけ、穴かがり

ポリエステル糸
90番　　　11番

ポリエステル糸
50番　　　4〜9番

ポリエステル糸
20、30番　　　5〜8番

絹穴糸　　　4〜6番

とにかく困った!?

Q-6 布地の種類が知りたい

A 種類は多種多様

布地やそれに使われる素材には様々な種類があります。その中から一般的で、布地店で見かけることの多い布地を、特徴もあわせて紹介します。選ぶ時の参考にしてください。

［ボイル］

薄地で透け感のある、綿、絹、化学繊維などの平織り。軽く、さらっとした風合いで、涼しくさわやかな着心地。

［ローン］

綿、麻、化学繊維などの平織り。薄手で柔らかく繊細で、適度な張りがある。

［オーガンディ］

ごく薄くて軽く、透ける平織物。化学処理による張りと光沢感がある。素材は綿、絹、ポリエステルなど。

［ブロード］

綿糸、あるいは綿とポリエステルの混紡糸などを用いた平織物。繊細な横畝と光沢感がある。

［シアサッカー］

縦方向に、波状の凹凸のある部分と平らな部分がストライプになった、立体感のある平織物。サッカーと同意。

［ドビークロス］

ドビー織機で規則的な柄を織り出した織物。小柄な水玉や花柄、幾何学模様などがある。綿が中心。

［リネン］

亜麻などを原料とする平織りや斜文織り。適度な張りがあり、吸水性がよく丈夫。洗うほど柔らかくなる。

［エンブロイダリーレース］

薄地に機械で刺繍を施した布地のこと。刺繍柄に合わせて布地をカットしたものもある。

［コードレーン］

細めの畝（コード）が縦方向に走る綿織物。ややかための風合いで、しゃきっとした肌触り。

［ジョーゼット］

表面に細かいしぼがある平織物。素材は絹、ウール、ポリエステルなど多種多様。繊細で柔らかく、弾力性がある。

［ダンガリー］
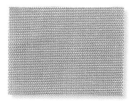
ダンガリーシャツに代表される、生なりと色糸で織られた、薄手のデニムの一種。名称はインドの町ダングリ（Dungri）に由来。

［シャンブレー］
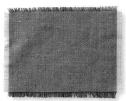
たて糸とよこ糸に異なる色糸を用いて、玉虫や霜降りの表面変化を見せる平織物。ソフトで上品な風合い。

［ダブルガーゼ］

2重織りのガーゼ。織り目の粗い平織物で、名称はエジプトのガザ（Gaza）に由来。軽く柔らかい風合い。綿やウール素材がある。

［キャンバス］

地厚でしっかりとした丈夫な織物。綿特有のソフト感を持つものもある。帆布とも呼ばれている。

［ピケ］

2重織りで、立体感のある盛り上った畝が特徴。波形などの畝によって模様を表わしたものもある。

［デニム］

フランスの町、ニーム（Nime）が名前の由来。たて糸にインディゴ染めなどの色糸、よこ糸に漂白した綿糸を用いた丈夫な斜文織物。

とにかく困った!?

ヒント！

**初心者に
おすすめの布地は？**

綿、凹凸のない平織り、透け
ない普通地の無地。

理由は……
● 綿……アイロンの熱に耐えられ、水が使える
● 凹凸のない平織り……地の目がわかりやすいので裁断しやすい。
　　　　　　　　　　　　 チョークペーパーで印つけが可能。接着芯がはりやすい
● 透けない……印がつけやすい。透けを気にせず縫い代や折り代の始末ができる
● 普通地の無地……方向性を気にせず裁断ができる
● 伸縮しない……布地が動かないので、裁断しやすく、縫いやすい

畝	P.133
化学繊維	P.136
けば	P.141
ゴム編み	P.142
斜文織り	P.144
平織り	P.157

[天竺]

最も代表的な薄地～普通地の編
み地。表は表目のみ、裏は裏目のみ
で構成。布端がカールしやすい。

[フライス]

ゴム編みで横方向の伸縮性が非常
に大きい。見た目は表裏同じ。身体
にフィットする服にも使用可能。

[スムース]

ゴム編みを腹合せにした両面編み
で、表裏共に表目に見える。一般的
に伸縮が少なく、平らでなめらか。

[トロピカル]

サマーウールの一種。薄地の平織
り。織り目が粗く、さらっとした感触と
通気性のよさが特徴。

[ギャバジン]

畝の角度が約63度の、緻密で丈夫
な斜文織り。光沢感とドレープ感が
ある。素材は綿、ウールなど。

[ビエラ]

ウールや綿糸を用い、軽く起毛させ
た薄地の斜文織物。手触りがソフト
でドレープ性がある。

[サクソニー]

短いけばがあり、ソフトな手触りと光
沢感、弾力性がある。平織りまたは
斜文織りの毛織物。

[サージ]

はっきりした畝の角度は約45度。緻
密で張りのある斜文織り。素材はウー
ル、綿、化学繊維など多種多様。

[別珍]

基布は平織りまたは斜文織り。表面
がけばでおおわれている綿織物。
光沢感があり、手触りがソフト。

[圧縮ニット]

ニット素材を縮絨したもの。縮絨に
より、編み目が密になるので伸縮率
は小さくなる。

[フラノ]

平織り、または斜文織りで、軽く縮
絨、起毛した毛織物。柔軟な手触り
と暖かい感触がある。

[モッサ]

表面が苔のような短いけばでおお
われた厚手の毛織物。名前の由来
は英語のモス(moss)。

[ビーバー]

毛皮のようなぬめり感があり、少し
長いけばでおおわれている毛織物。
名前の由来は、動物のビーバー。

[メルトン]

縮絨され、けばでおおわれた平織り
または斜文織りの毛織物。保温性、
弾力性が高い。

[コーデュロイ]

別名はコール天。代表的な秋冬素
材。けばが縦方向の畝になった織
物。綿が一般的。保温効果がある。

[ツイード]

手紡ぎ風の太めの糸で粗めに織ら
れた綾織りまたは平織り。地厚でソフ
トな手触りが特徴。基本はウール。

とにかく困った!?

111

Q-7 どこから縫っていいのかわからない

A 基本になる順序を覚えて、後は応用

布地を裁ち、さて縫い始めようとした時、どのような順番に縫ったらいいのか迷ったことはありませんか？ 縫い方順序を考える上で目安になる基本ラインを、アイテム別にご紹介します。デザインによって変わり、仕立て方もひと通りではないので、必ずこの順番になるとは限りませんが、縫い方順序の掲載のない場合の参考にしてください。

シャツ、ブラウス
基本ライン [表布]

- ダーツ、タック
- ヨーク切替え、肩
- 脇
- 前端
- 衿
- 袖
- 裾
- ボタン、スナップ
- 完成

シャツ、ブラウス
袖下から脇を続けて縫う場合の基本ライン [表布]

- ポケット
- 肩
- 袖つけ
- 袖下、脇
- 袖口
- 前端
- 衿
- 裾
- ボタン、スナップ
- 完成

デザイン例

[ヨーク切替え、台衿つきシャツカラー]

1. ダーツ、タックを縫う
2. ヨーク切替えを縫う
3. 脇を縫う
4. 前端を始末する
5. 衿を作り、つける
6. 袖を作り、つける
7. 裾を始末する
8. ボタン穴を作り、ボタンをつける

※前端は衿つけや裾の始末と同時の場合もある

[あきなし、衿ぐり縁とり、パフスリーブ]

1. 肩を縫う
2. 脇を縫う
3. 衿ぐりを始末する
4. 袖を作り、つける
5. 裾を始末する

[シャツカラー、シャツスリーブ、パッチポケット]

1. ポケットをつける
2. 肩を縫う
3. 袖をつける
4. 袖下と脇を続けて縫う
5. 袖口を始末する
6. 前端を始末する
7. 衿を作り、つける
8. 裾を始末する
9. ボタン穴を作り、ボタンをつける

※前端は衿つけや裾の始末と同時の場合もある

とにかく困った!?

スカート

基本ライン

[表布]

ダーツ、タック
↓
切替え線
↓
脇
↓
ヨーク切替え
↓
ファスナーあき
↓
ウエスト
↓
裾
↓
ボタン、ホック
↓
(完成)

[裏布]

ダーツ、タック
↓
切替え線
↓
脇
↓
裾

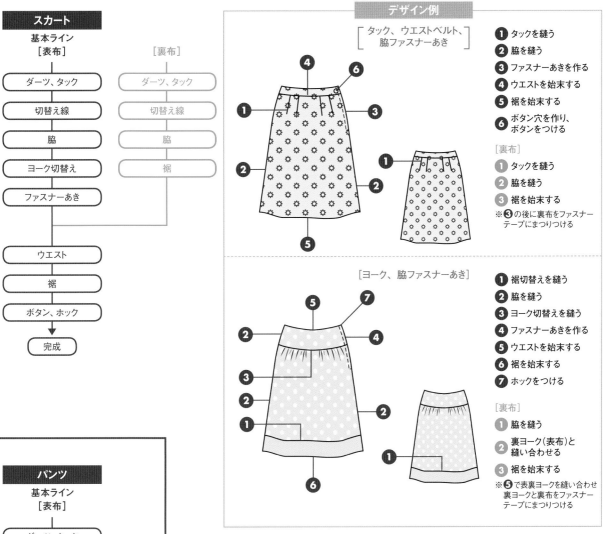

デザイン例

[タック、ウエストベルト、脇ファスナーあき]

❶ タックを縫う
❷ 脇を縫う
❸ ファスナーあきを作る
❹ ウエストを始末する
❺ 裾を始末する
❻ ボタン穴を作り、ボタンをつける

[裏布]

❶ タックを縫う
❷ 脇を縫う
❸ 裾を始末する

※❸の後に裏布をファスナーテープにまつりつける

[ヨーク、脇ファスナーあき]

❶ 裾切替えを縫う
❷ 脇を縫う
❸ ヨーク切替えを縫う
❹ ファスナーあきを作る
❺ ウエストを始末する
❻ 裾を始末する
❼ ホックをつける

[裏布]

❶ 脇を縫う
❷ 裏ヨーク（表布）と縫い合わせる
❸ 裾を始末する

※❺で表裏ヨークを縫い合わせ裏ヨークと裏布をファスナーテープにまつりつける

パンツ

基本ライン

[表布]

ダーツ、タック
↓
ポケット
↓
脇
↓
股下
↓
股ぐり
↓
ファスナーあき
↓
ウエスト
↓
裾
↓
ベルト通し
↓
ボタン、ホック
↓
(完成)

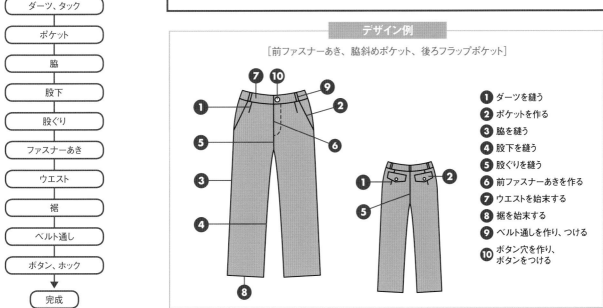

デザイン例

[前ファスナーあき、脇斜めポケット、後ろフラップポケット]

❶ ダーツを縫う
❷ ポケットを作る
❸ 脇を縫う
❹ 股下を縫う
❺ 股ぐりを縫う
❻ 前ファスナーあきを作る
❼ ウエストを始末する
❽ 裾を始末する
❾ ベルト通しを作り、つける
❿ ボタン穴を作り、ボタンをつける

とにかく困った!?

ジャケット

基本ライン

［表布］

- ダーツ、タック
- 切替え
- ポケット
- 後ろ中心
- 肩
- 脇

［裏布］

- ダーツ、タック
- 切替え
- 後ろ中心

見返し

［表布］
- 前端
- 衿
- 袖
- 裾
- ボタン、スナップ

［裏布］
- 肩
- 脇
- 袖
- 裾

完成

※ポケットはつける位置により
順番が変わる

デザイン例

［シャツカラー、フラップポケット］

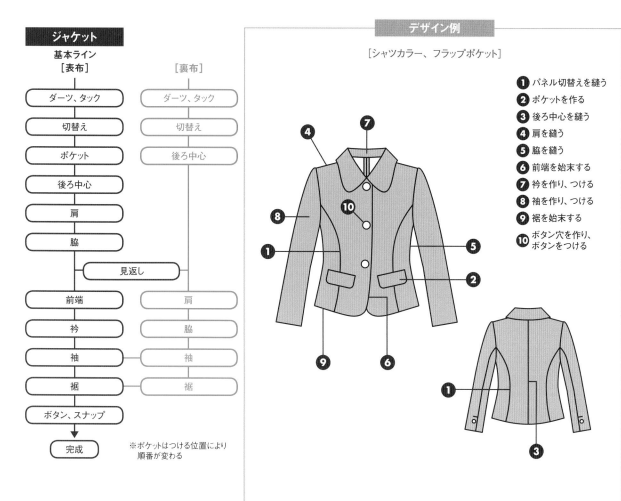

1 パネル切替えを縫う
2 ポケットを作る
3 後ろ中心を縫う
4 肩を縫う
5 脇を縫う
6 前端を始末する
7 衿を作り、つける
8 袖を作り、つける
9 裾を始末する
10 ボタン穴を作り、ボタンをつける

［テーラードカラー］

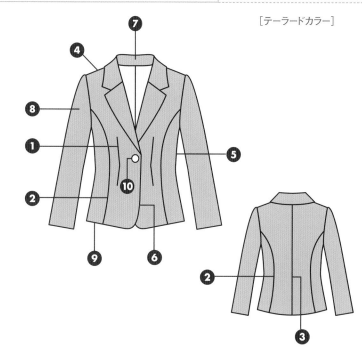

［表布］
1 ダーツを縫う
2 パネル切替えを縫う
3 後ろ中心を縫う
4 肩を縫う
5 脇を縫う
6 前端を始末する
7 衿を作り、つける
8 袖を作り、つける
9 裾を始末する
10 ボタン穴を作り、ボタンをつける

［裏布］
1 ダーツを縫う
2 パネル切替えを縫う
3 後ろ中心を縫う
4 肩を縫う
5 脇を縫う
6 見返しと前裏を縫い合わせる

※6で見返しをつけた後、
裏布と縫い合わせる。
裏袖は、8でつける。裏裾
は、9で表裾の折り代にま
つりつける

とにかく困った!?

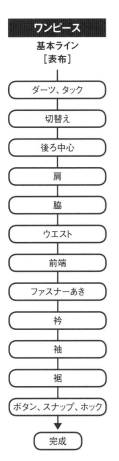

ワンピース

基本ライン
[表布]

- ダーツ、タック
- 切替え
- 後ろ中心
- 肩
- 脇
- ウエスト
- 前端
- ファスナーあき
- 衿
- 袖
- 裾
- ボタン、スナップ、ホック

↓

完成

[衿なし、袖なし、後ろファスナーあき]

1 ダーツを縫う
2 後ろ中心を縫う
3 ファスナーあきを作る
4 肩を縫う
5 脇を縫う
6 衿ぐりを始末する
7 袖ぐりを始末する
8 裾を始末する
9 ホックをつける

※パーツが小さいほうが作業
 がしやすいのでこの場合は
 先にあきを作る

[ウエスト切替え、シャツカラー、前ボタンあき]

1 パネル切替えを縫う
2 肩を縫う
3 脇を縫う
4 ウエスト切替えを縫う
5 前端を始末する
6 衿を作り、つける
7 袖を作り、つける
8 裾を始末する
9 ボタン穴を作り、
 ボタンをつける

[衿なし、ウエスト切替え、後ろファスナーあき]

1 ダーツを縫う
2 後ろ中心を縫う
3 肩を縫う
4 脇を縫う
5 ウエスト切替えを縫う
6 ファスナーあきを作る
7 衿ぐりを始末する
8 袖を作り、つける
9 裾を始末する
10 ホックをつける

とにかく困った!?

Q-8 | ニット素材を購入する時の注意点は?

伸縮性とカール

ニット素材とは、機械で編まれた布地全般のこと。ニットファブリック、ジャージーとも呼ばれ、既製服にはアイテムを問わず多く使われています。ただ、その特長である伸縮性が、ホームソーイングでは扱いにくさにつながります。初心者は「伸縮性」と「カール」に注意して選ぶようにしましょう。

> ### [伸縮性]
> よく伸びる布地は、布地の伸びについていけるように、伸縮性の強い縫い目で縫う必要がある。直線ミシンでこの点をクリアするのは難しく、初心者は避けたほうが無難。一方あまり伸びない布地は、扱いやすいので初心者にもおすすめ。

耳のカール
裁ち端のカール
布地

> ### [カール]
> カールとは、裁ち端が丸まってしまうことをいう。裁ち端や耳を見てカールしているものや、のりでカールをとめてあるものは気をつけよう。このような布地は裁断後すぐにカールするので、裁ち端を合わせて縫うのが難しい。

ヒント!

> ### ニット素材に裏布、接着芯を使う場合は?
> 体にフィットするデザインに裏布をつける場合は、裏布、接着芯ともに伸縮性のあるものを選ぶ。芯は、必ず試しばりをしてなじみぐあいをチェックする。

Q-9 | ニット素材の裁断、その前にすることは?

放反と地づめ

布帛（織り地）と同様に、「地づめ」は必要です。さらに巻いた状態で売られている場合には、引っ張られて伸びていることが多いので、始めに「放反」をして自然の編み地に戻しましょう。

> ### [放反]
> 放反とは、布地を編み上げられた元の状態に戻すこと。大きめにたたむか広げて、平らな場所に1日くらい放置しておく。

> ### [地づめ]
> 地づめは、軽くスチームアイロンをかける。この時押さえすぎて伸ばさないようにし、蒸気を充分に与えて仕上り後の縮みを防止する。特に綿素材は洗濯をすると縮みやすいので、裁つ前に水につけて陰干しすると安心。スチームアイロンが使えない布地は、折りじわを直す程度にドライアイロンをかける。布地のゆがみは布帛（織り地）と違って直しても後で元に戻ることが多いので、直さなくていい。伸びやすい布地の場合は、一晩くらいつるしておき、布地を自然に伸ばした状態のまま伸びを戻さないようにして裁断する。

筒状の場合

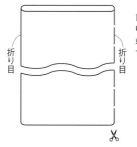

折り目　折り目

筒状のもの（丸編み）は、折り目が残っている左右の両端の片側を切り開き、放反する

Q-10 | ニット素材の裁断は?

裁断は一方方向、布地は1枚に広げた状態で

ニット素材は一方方向に編まれているので、パターンも天地をそろえて一方方向に置くのが基本です。中心がわのパーツは、布地を二つ折りにして裁断すると開いた時にゆがみが大きいので、左右両身のパターンを作り、布地を1枚に広げて裁断しましょう。また裁断の際、縫い代をつける時に布地を伸ばしてしまいやすいので、縫い代つきのパターンを使用します。

> 裁断のしかた
> P.15 Q20

Q-11 | ニット素材の印つけは?

縫合せに必要な合い印やポイントだけに

縫い代つきパターンで裁断したら、でき上り線の印はつけず、縫合せに必要な合い印や、ポケットつけ位置などのポイントだけにつけます。合い印は、裁ち端がほつれにくい場合はノッチ、ほつれやすい場合はチョークペンがおすすめです。ポケットつけ位置などのポイントはチョークペンで。

> 合い印のつけ方
> P.24 Q3

> ポイントの印のつけ方
> P.26 Q5

とにかく困った⁉

Q-12 ニット素材をきれいに縫うには？

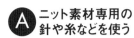
上達の
コツ

必ず、試し縫いを！

いろいろな方向に縫い、きれいに縫えているか確認する。一度使った針を使う時は要注意！目に見えなくても、ちょっとした曲がりや針先の傷みがあると、目飛びや糸切れしやすい。

A ニット素材専用の針や糸などを使う

細い糸で工業的に編んであるニット地は扱いにくい素材ですが、専用の用具を使うことで縫いやすくなります。また直線縫い、ジグザグ縫い、ロックミシンによって縫い目の伸縮ぐあいが変わります。用途に合わせて、使い分けましょう。

［直線縫い］

ニット用のミシン糸、ミシン針を使用し、布地を少し伸ばしながら縫う。テフロン押えを使うとミシンの進みがよくなり、必要以上に布地を伸ばすことなく縫える。さらにシリコンスプレーを使うと、いっそうミシンの進みがよくなり、目飛びや糸切れも防げるのでおすすめ。縫い目自体はほぼ伸びないが、目を細くしたほうが布地の伸縮に耐える。

［ジグザグ縫い］

ニット用のミシン糸、ミシン針を使用し、針目、振り幅の細かいジグザグミシンで縫い合わせる。直線縫いより伸縮性のある縫い目になり、布地の伸縮にも対応できる。直線縫いミシンと同様に、テフロン押えとシリコンスプレーを使うとさらに縫いやすくなる。

［ロックミシン］

ロックミシンの2本針4本糸ロックで縫い合わせると、伸縮性の高いきれいな縫い目になる。縫い代幅＝かがり幅に設定しておくことで、縫合せと裁ち端の始末が同時にできる。ニット用のミシン針を使用。

縫いやすさのための用具

フジックス

ニット用ミシン糸

ニット素材をミシン縫いする時の必需品。丈夫なナイロン糸で、ほどよい伸縮力がある。

クロバー

ニット用ミシン針

針先が球体（ボールポイント）になっているので、布地に引っかからずスムーズに縫える。一般的には9番、11番。

つやせ

テフロン押え

すべりがよく、ミシンかけがスムーズになる押え金。

つやせ

シリコンスプレー

針やミシンの針板などにかけるとすべりがよくなって、糸切れ、目飛びなどを防ぐ。

縫合せ方（直線縫い）

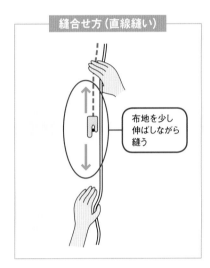

布地を少し伸ばしながら縫う

Q-13 ニット素材の折り代をとめるステッチは？

A 伸縮性を重視した縫い目で

着脱時に特に負担のかかる衿ぐりや裾などをとめるステッチは、縫い糸切れを防ぐためにも伸縮性を重視しましょう。上記Q12同様、ニット素材専用の糸や針を使います。

直線縫い

少し布地を伸ばしながら縫う。衿ぐりなどは、着脱時に布地の伸びに対応できずに糸切れしやすいので要注意

ジグザグ縫い

縫い目に伸縮性があり、布地の伸縮にも対応できる。振り幅や針目を自由に設定できるので、飾りステッチとしても効果的。折り代の際を縫うことで、裁ち端の始末も同時にできる

カバーステッチ

専用のミシンが必要。縫い目に伸縮性があり、布地の伸縮にも対応できる。普通のダブルステッチ（またはトリプルステッチ）に見えるが、裏は裁ち端が始末されている縫い目。既製服に多用される方法で、完成度はかなり高い

表　　　裏

表　　　裏

表　　　裏

とにかく困った!?

Q-14 ニット素材の裁ち端の始末は?

A ほつれにくい布地なら裁切りで OK

編み目がつまっていて、伸縮してもほつれない布地なら裁ち端の始末は不要。その利点を生かしたデザインも多く見られます。編み目が粗く、伸縮するとほつれてしまう布地は、ロックミシンなどで始末をしましょう。

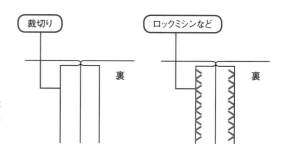

Q-15 ニット素材の裾始末をロックミシンでするには?

A 裾を折りたたんでロックミシンをかける

裾を様々なステッチでとめつける方法（P.117 Q13）の他に、表にステッチを見せずに別裁ちの裾布を縫い合わせたように仕上げる方法があります。裾を折りたたんでロックミシンをかけることで、裁ち端の始末も同時にでき、伸縮性も高い縫い目になります。

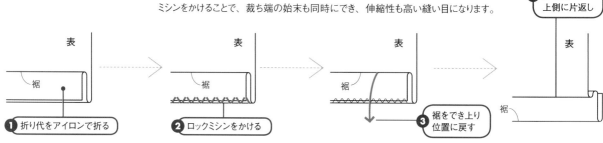

① 折り代をアイロンで折る
② ロックミシンをかける
③ 裾をでき上り位置に戻す
④ かがり目をアイロンで上側に片返し

Q-16 白い布地を扱う時の注意点は?

A 裁断机など、使用する用具を清潔にする

季節を問わず使われることが多くなった白い布地ですが、汚さずにきれいに仕立てるには少し注意が必要です。まず、布地が直接ふれる裁断机やアイロン、ミシンなどの用具を点検し、気になる汚れを落とします。

> アイロン台カバーの作り方 P.84 Q17

> アイロンのかけ面の手入れ方法 P.85 Q18

[裁断机]
きれいにふいてほこりを払う。さらに汚れが気になる場合は、全体にハトロン紙などをかけて周囲を画びょうやテープでとめておく。作業を中断する時は、全体をおおうように紙やシーチングなどをかけてほこりを防ぐ。

[アイロンとアイロン台]
アイロンのかけ面が汚れていたら手入れをしてきれいにする。スチームアイロンの場合は、水あかや汚れが出ないようにタンクの中を充分すいでおく。アイロン台は、カバーを新しいものに取り替えるか、シーチングなどを敷いて使用する。

[ミシン]
ミシンの手入れは、糸くず等を取り除き、全体をきれいに掃除する。油をさす場合はごく少量を使い、時間をかけてなじませる。油じみを防ぐために、ミシンを使う4～5日前までに済ませておく。手入れのしかたはミシンによって違うので、説明書に従って行なう。使い始めは試し縫いをして、油じみや汚れが出ないか確かめる。

Q-17 白い布地の裏布は?

A 表布と重ねてみて決める

白い布地はある程度厚みがあっても透けやすいので、スカートやパンツは裏布をつけたほうが安心です。色の選び方も重要。真っ白の表布に真っ白の裏布を使うと、表布の白がより強調されることがあります。好みでいいのですが、少し色味のある生成りや淡いベージュなどを使うほうが落ち着く場合もあります。実際に表布と裏布を重ねてみて決めましょう。

Q-18 白い布地のアイロンは?

A 残布などで試し、必ず裏面からかける

まず残布にかけて汚れがついたり、風合いが変化しないか確認しましょう。必ず裏面からかけ、当て布や当て紙（ハトロン紙など）をします。

> 当て布 P.79 Q3

とにかく困った!?

Q-19 | 白い布地の印つけは?

A ルレット、切りじつけ、またはへらで

ダーツやポケット位置など、パターンの内側にある印つけは、チョークペーパーなどを使うと、どうしても跡が残るので、布地に合わせてルレットや切りじつけ、へらで印をつけましょう。縫い代つきパターンで裁断し、でき上り線には印をつけずに裁ち端を合わせて縫い合わせます。縫い代につける合い印は、ノッチか縫いじつけで。

合い印 P.130

でき上り線 P.151

合い印の
つけ方
P.24 Q3

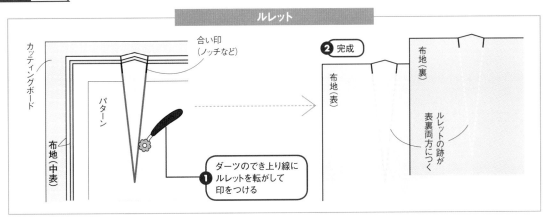

ルレット

カッティングボード

合い印
（ノッチなど）

パターン

布地（中表）

1 ダーツのでき上り線にルレットを転がして印をつける

2 完成

布地（表）

布地（裏）

ルレットの跡が
表裏両方につく

Q-20 | 白い布地の接着芯は?

A 部分的でなく全面にはる

白い布地は接着芯をはった部分とはらない部分で、色や質感の差が目立ってしまうことがあります。どうしても不自然に見える場合は、パーツの一部でなく全面にはりましょう。また、全くはらないという選択肢もあります。前端などは完全三つ折りにして、表布を芯として仕立てる方法（共芯という）もいいでしょう。

三つ折り P.162

部分的にはると目立つ

前（裏）

接着芯

前（裏）

接着芯

全面にはる

Q-21 | 白い布地のミシンかけは?

A 手早くスピーディに

布地を汚さないようにするには、必要以上にいじらず手早く仕立てることがポイントです。そのためには、しつけをしないで、まち針でとめてミシンをかける方法（P.33 Q4）がおすすめです。より能率的に縫い進めるために、縫う手順をあらかじめ考えてから始めましょう。失敗してほどいたりしないように慎重に。

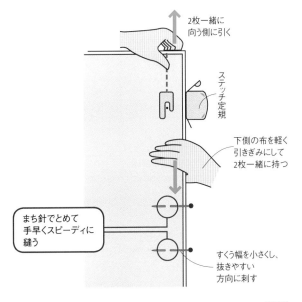

2枚一緒に
向う側に引く

ステッチ定規

下側の布を軽く
引きぎみにして
2枚一緒に持つ

まち針でとめて
手早くスピーディに
縫う

すくう幅を小さくし、
抜きやすい
方向に刺す

とにかく困った!?

Q-22 接着テープの種類は?

 A 片面接着テープは、3種類

テープ状の基布の片面に接着樹脂がついたもの。伸止めとしてポケット口や前端、肩、衿ぐり、袖ぐりなどに使用します。接着芯を細くカットして使用することも可能。はる箇所の形状や用途、素材に合わせて3種類を使い分けます。

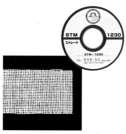

ストレートテープ
テープの端に合わせて縦の布目が通っている平織りのテープ。伸止めの効果は大きいが、カーブには向かない。しっかり止めたい箇所に。

ハーフバイアステープ
平織りの接着芯をゆるい傾斜のバイアスにカットしたテープ。衿ぐりなどのカーブにも対応。ある程度の伸止めに。

ストレッチテープ
アイロンで接着した後もストレッチ性のある、編み地のテープ。ニット素材などの伸止めにも。

すべて文化購買事業部

Q-23 接着芯の種類は?

 A 織り地、編み地、不織布の3タイプ

接着芯は、基布の片面に接着樹脂のついた芯地。それぞれ特徴があるので、使用する布地や用途に合わせて使い分けます。

織り地
織り地の表布とのなじみがよく、服が形くずれしにくい。ストレッチタイプもある。

編み地
伸縮性があり、表布の風合いをソフトに表現する。表布が伸縮するしないにかかわらず使用可。

不織布
繊維をからみ合わせて作られている。しわになりにくい。布目を気にせずに裁断できる。

Q-24 接着芯の選び方は?

 A いろいろ試しばりをして決める

接着芯の種類は多種多様。使用する布地や用途、イメージ（かちっとしたいかソフトに仕立てたいか）などによっても、適するものが変わります。後で後悔しないように、少量ずつ買って試しばりをして判断しましょう。接着強度やはった後の風合いを比べ、好みの芯を選ぶのが確実です。

 ヒント！

選ぶ時の目安は?

●基本的には、表布と同じような基布の芯が合う。ストレッチ素材などの横伸びする布地には横伸びする芯、ニット素材などにはトリコット編みの芯、またはその他の伸縮性のある芯というように選ぶ。

●ギャバジンやカルゼ、ジョーゼットなど、つるしておくと垂れたり伸びる性質がある織り地にも伸縮性のある芯が向いている。

●接着芯は見たりさわったりした時と接着後の風合いが必ずしも一致しないので、基布の厚みや素材感だけで判断しないことが大切。

●表布を持参して、店の人に相談して決めるのもおすすめ。

Q-25 接着芯が合わない時は?

接着芯のはり方
P.82 Q11

 A 現象に合わせて対処する

試しばりをした結果、接着芯が合わないという場合です。まず、使用する芯の接着条件を満たしていたかを確認しましょう。はり方に不備がない場合は、表布との相性に問題がある可能性があります。下表の主な現象と対策を参考にしてください。

現象	対策
力を入れなくても芯がはがれる	接着強度の強い芯に替える
風合いがイメージより硬い	薄手のソフトな風合いの芯に替える
風合いがイメージより柔らかい	少し硬めに仕上る芯に替える
接着樹脂が表布の表面にしみだす	アイロンの温度を低くする。他の芯に替える
ドットの樹脂が表面に見える	ドットの小さい芯に替えるか、芯を使わない
芯をはったところとはらないところの境目が目立つ	全面にはるか見返しだけにはるなど、目立たなくする
モワレ（木目のような模様）が出る	表布と芯の織り目密度が似ているために起きるので、他の芯に替えるか、芯を使わない

とにかく困った!?

Q-26 縫い代が足りなくなった

A 衿ぐり、ダーツの縫い代などの角部分は不足しがちなので注意が必要

でき上り線にそって平行に縫い代をつけてしまい、縫い合わせた後で足りなくなって困ったことはありませんか? そうならないために、角部分の縫い代つけは一手間かけて、丁寧に行ないましょう。パターンの縫い代幅に余分をつけておき、でき上りに折って正確につけ直してカットすると簡単です。

① 方眼定規などを使って必要な縫い代を平行に引く

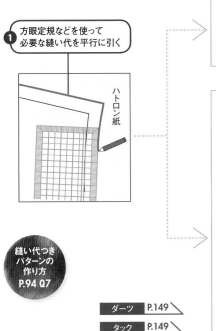

ハトロン紙

縫い代つきパターンの作り方 P.94 Q7

| ダーツ | P.149 |
| タック | P.149 |

ダーツやタックの縫い代

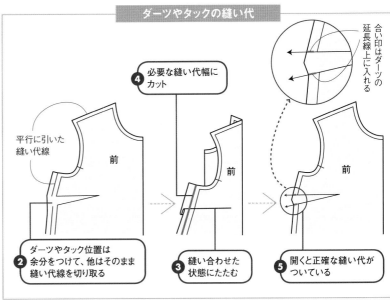

平行に引いた縫い代線

前

② ダーツやタック位置は余分をつけて、他はそのまま縫い代線を切り取る

③ 縫い合わせた状態にたたむ

④ 必要な縫い代幅にカット

前

合い印はダーツの延長線上に入れる

前

⑤ 開くと正確な縫い代がついている

後ろ衿ぐりなどの縫い代

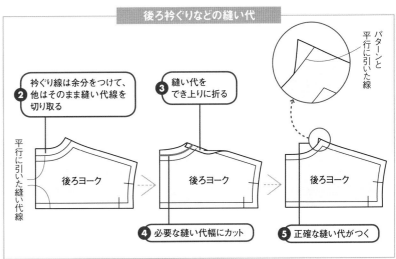

平行に引いた縫い代線

後ろヨーク

② 衿ぐり線は余分をつけて、他はそのまま縫い代線を切り取る

③ 縫い代をでき上りに折る

後ろヨーク

④ 必要な縫い代幅にカット

パターンと平行に引いた線

後ろヨーク

⑤ 正確な縫い代がつく

⚠ 注意

—他に注意したほうがいい箇所—

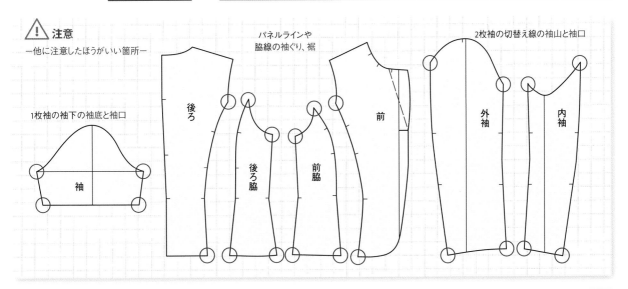

1枚袖の袖下の袖底と袖口

袖

パネルラインや脇線の袖ぐり、裾

後ろ

後ろ脇

前脇

前

2枚袖の切替え線の袖山と袖口

外袖

内袖

とにかく困った!?

Q-27 | ボートネックの前衿ぐりが浮く（または後ろへ抜ける）

A 後ろ衿ぐりより前衿ぐりが狭くなるように パターンを修正する

サイドネックを大きくあけた衿ぐりの服は、前衿ぐりが浮いたり、後ろへ抜けたりすることがあります。これは、体の構造に合っていないため。加えて人の動作は、後ろへ反るより前にかがむことが多く、腕も前方へ動かすことが多いものです。体型にもよりますが、後ろ衿ぐりより前衿ぐりを狭くしたほうが、体に合った着やすい服になります。

いせ	P.131
腋点	P.134
SNP（サイドネックポイント）	P.143
SP（ショルダーポイント）	P.144

[まず、人の体型を 理解しよう]

頭上から見た図を見ると胸幅より背幅が広いことがわかる。横から見た図を見ると、前衿ぐり幅より後ろ衿ぐり幅が広いのがわかる。また、正面から見た図を見ると肩線は直線ではなく、なだらかにカーブしている。衿ぐりのあいた服は、このへこんだあたりにちょうど衿ぐり線がかかるため、衿ぐりがさらに浮いてしまう。

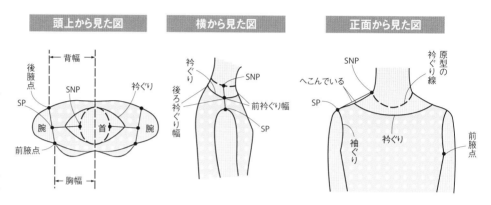

頭上から見た図 / 横から見た図 / 正面から見た図

[パターンの 修正のしかた]

上の考え方に基づいてパターンを訂正すると浮きや抜けが軽減される。図の❶〜❽の順に修正を。

[縫い方のポイント]

後ろの肩線はいせて前肩線と縫い合わせる。また、肩胛骨の上部あたりの後ろ衿ぐり線（★）を少しいせると体になじみ、おさまりのいい服になる。衿ぐりを見返しで始末する場合は、見返しと表布を中表に合わせ、衿ぐりのでき上り線から0.2cm縫い代側を2枚一緒にぐし縫いをして少しいせ、見返しつけミシンをかける。

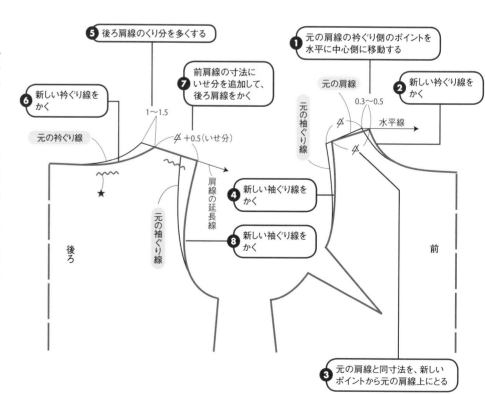

❺ 後ろ肩線のくり分を多くする
❼ 前肩線の寸法にいせ分を追加して、後ろ肩線をかく
❻ 新しい衿ぐり線をかく
❶ 元の肩線の衿ぐり側のポイントを水平に中心側に移動する
❷ 新しい衿ぐり線をかく
❹ 新しい袖ぐり線をかく
❽ 新しい袖ぐり線をかく
❸ 元の肩線と同寸法を、新しいポイントから元の肩線上にとる

1〜1.5
元の衿ぐり線
＋0.5（いせ分）
肩線の延長線
元の袖ぐり線
後ろ
★
元の肩線
元の袖ぐり線
0.3〜0.5
水平線
前

とにかく困った!?

Q-28 衿がきれいに折り返らない

A 表衿と裏衿のパターンに差をつける

首にそってきれいに折り返った衿にするためには、折り返した時の寸法の微妙な差を考慮して、表衿と裏衿のパターンに差をつけておくことが必要です。普通実物大パターンには、差をつけて作った表衿、裏衿のパターンがあるものですが、1枚しかない場合には裏衿のパターンとし、これを基に操作して、表衿のパターンを作ることをおすすめします。

裏衿 P.133 ／　衿外回り P.134 ／　表衿 P.135 ／
返り線 P.136 ／　SNP(サイドネックポイント) P.143 ／

切り開く寸法の決め方

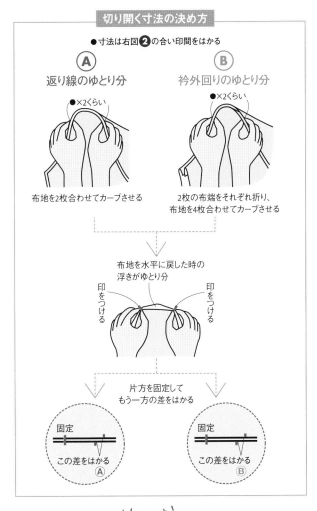

●寸法は右図 **2** の合い印間をはかる

A 返り線のゆとり分　　**B** 衿外回りのゆとり分

●×2くらい　　●×2くらい

布地を2枚合わせてカーブさせる　　2枚の布端をそれぞれ折り、布地を4枚合わせてカーブさせる

布地を水平に戻した時の浮きがゆとり分
印をつける　印をつける

片方を固定してもう一方の差をはかる

固定 この差をはかる **A**　　固定 この差をはかる **B**

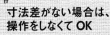
ヒント！

寸法差がない場合は、操作をしなくて OK

この操作はウール地など厚みのある布地の場合に、より効果を発揮する。薄地などで **A**、**B** のゆとり分がない場合は、操作をしなくてもいい。

表衿のパターン操作法

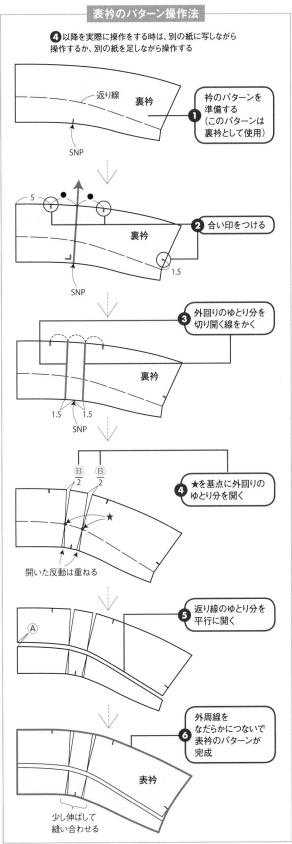

4 以降を実際に操作をする時は、別の紙に写しながら操作するか、別の紙を足しながら操作する

返り線　裏衿

1 衿のパターンを準備する(このパターンは裏衿として使用)

SNP

5　裏衿　1.5

2 合い印をつける

SNP

3 外回りのゆとり分を切り開く線をかく

裏衿

1.5　1.5

SNP

B/2　**B**/2

★

4 ★を基点に外回りのゆとり分を開く

開いた反動は重ねる

A

5 返り線のゆとり分を平行に開く

6 外周線をなだらかにつないで表衿のパターンが完成

表衿

少し伸ばして縫い合わせる

Q-29 | 裏布をつける理由は?

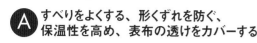

A すべりをよくする、形くずれを防ぐ、保温性を高め、表布の透けをカバーする

裏布には、様々な効用があります。アイテムの種類やテースト、表布の素材や特徴によって必要かどうかを判断しましょう。

Q-30 | 裏布は表布の裾からどのくらい短くする?

A 2～3cm短くする

スカートの場合

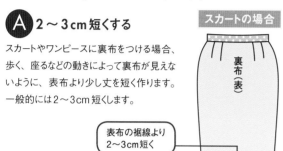

裏布（表）

表布の裾線より2～3cm短く

スカートやワンピースに裏布をつける場合、歩く、座るなどの動きによって裏布が見えないように、表布より少し丈を短く作ります。一般的には2～3cm短くします。

Q-31 | スカートの裏布は表をどっち向きにつける?

A 表布と外表になるようにつける

通常は裏に返した時に裏布の縫い代が見えないように、表布と外表に合わせてつけます。ただし表布が透ける布地の場合には、表布を通して裏布の縫い代が見えないように、体につく側に縫い代が出るようにします。

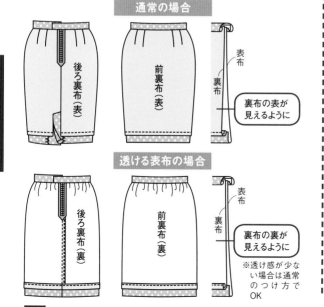

通常の場合

後ろ裏布（表）　前裏布（表）
表布
裏布
裏布の表が見えるように

透ける表布の場合

後ろ裏布（裏）　前裏布（裏）
表布
裏布
裏布の裏が見えるように
※透け感が少ない場合は通常のつけ方でOK

Q-32 | スカートの腰の脇に棚じわが出る

A MH（ミドルヒップ）寸法を追加する

腰骨が張っているために、MH寸法が不足して棚じわが出ることがあります。不足分を脇線で出し、パターンを訂正しましょう。

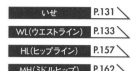

いせ	P.131
WL（ウエストライン）	P.133
HL（ヒップライン）	P.157
MH（ミドルヒップ）	P.162

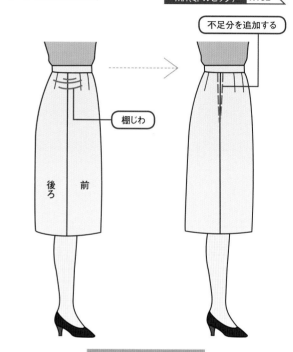

不足分を追加する

棚じわ

後ろ　前

パターンの直し方

前後脇線のウエスト位置で不足分を追加し、HLまでの間を、ゆとりを入れてかき直す。そのままではウエスト寸法が増えてしまうので、追加した寸法は、ダーツやいせ分を増やして処理する。合わせすぎるとかえって目立ちやすいので、追加分量が多い場合は半分くらいウエストのゆとりとして残す

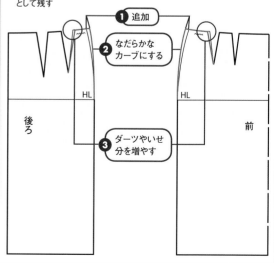

❶ 追加
❷ なだらかなカーブにする
❸ ダーツやいせ分を増やす
後ろ　HL　HL　前

Q-33 | スカートの前裾が上がる

A 前丈の不足分をウエストで追加する

おなかが出ているとその丸みに布地が引っ張られ、前丈が不足して前裾が上ってしまうことがあります。裾線が水平になるように前丈をウエスト位置で追加し、WLを訂正しましょう。

WL(ウエストライン)	P.133
HL(ヒップライン)	P.157
MH(ミドルヒップ)	P.162

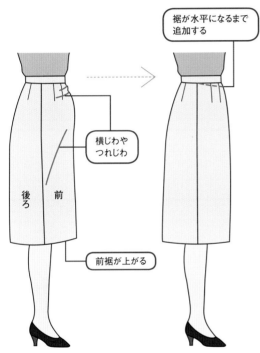

裾が水平になるまで追加する

横じわやつれじわ

後ろ 前

前裾が上がる

パターンの直し方

前中心のウエスト位置で丈の不足分を追加し、WLをかき直す。しわが消えない場合は、MH寸法が不足していることも考えられるので、P.124 Q32を参照し、脇線を追加する

② 脇となだらかにつなぐ

WL

① 追加

HL

中心

前

Q-34 | スカートの後ろ裾が上がる

A 後ろ丈の不足分をウエストで追加する

ヒップの張りが強い場合は、その影響でつれじわが出て、後ろ裾が上がってしまうことがあります。寸法の不足分をウエスト位置で追加して、後ろパターンのWLを訂正しましょう。

WL(ウエストライン)	P.133
HL(ヒップライン)	P.157
MH(ミドルヒップ)	P.162

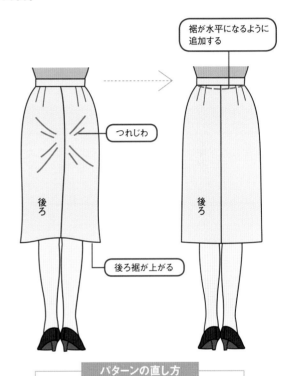

裾が水平になるように追加する

つれじわ

後ろ

後ろ裾が上がる

パターンの直し方

後ろ中心のウエスト位置で丈の不足分を追加し、WLをかき直す。しわが消えない場合は、MH寸法が不足していることも考えられるので、P.124 Q32を参照し、脇線でも追加する

② 脇となだらかにつなぐ

① 追加

WL

HL

中心 後ろ

Q-35 | スカートの大腿部の あたりにつれじわが出る

A 太もも位置の不足分を追加する

大腿部の張りが強いと、そのあた りの寸法が不足してしわが出ること があります。太ももの位置にゆとり を入れ、裾まで平行にパターンを 訂正しましょう。

HL（ヒップライン） P.157

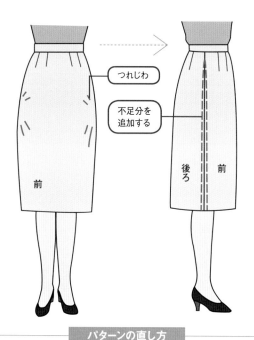

- つれじわ
- 不足分を 追加する
- 後ろ
- 前
- 前

パターンの直し方

太もも位置の不足分を前後脇線のHL位置で均等に追加し、ウエスト位 置からHLまではなだらかなカーブでつなぎ、HLから裾までは平行に追 加する

- ② なだらかなカーブにつなぐ
- HL
- ① 追加
- 前
- 中心
- ③ 裾まで平行に出す

※後ろも同様に

Q-36 | スカートのヒップの上に 横じわが出る

A 腰位置の余りをカットする

後ろ腰骨周辺の肉づきが少ない 場合や、ヒップが下がっている場 合は、ヒップ上部に余りじわが出る ことがあります。余っている分をウエ スト位置でカットしてパターンを訂正 しましょう。

WL（ウエストライン） P.133
HL（ヒップライン） P.157

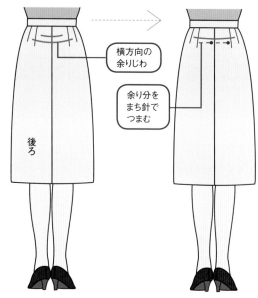

- 横方向の 余りじわ
- 余り分を まち針で つまむ
- 後ろ

パターンの直し方

余っている寸法を後ろ中心のウエス ト位置でカットし、WLをかき直す

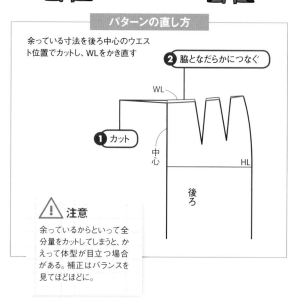

- ② 脇となだらかにつなぐ
- WL
- ① カット
- 中心
- HL
- 後ろ

⚠ 注意

余っているからといって全 分量をカットしてしまうと、か えって体型が目立つ場合 がある。補正はバランスを 見てほどほどに。

とにかく困った!?

Q-37 | バイアス裁ちのスカート丈が伸びてしまう

Ⓐ 布地をつるしてあらかじめ伸ばしてから裁断する

バイアス裁ちの布地は、着た時にその重みで垂れて、横幅は狭く、縦には長くなります。フレアスカートなどは布目の方向が場所によって違うので、伸び率も違ってきます。そのまま布地を裁つと、きつい服になったり、裾線がゆがんだりすることがあります。それを防ぐためには、粗裁ちをしてしばらく布地をつるしておき、重みで伸びた分をなるべく戻さないように注意しながら、正確な縫い代をつけて改めて裁ち直すことが必要です。また、裾上げは最後に床上り寸法をはかってそろえると正確です。

粗裁ち P.131

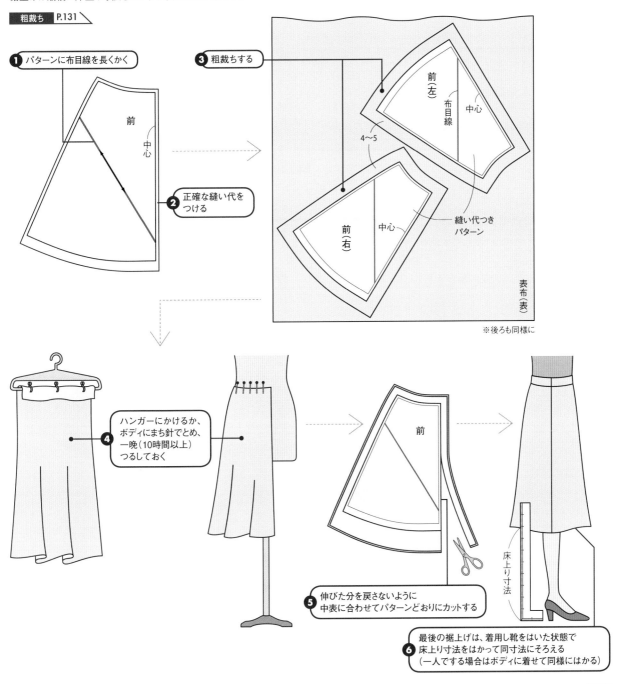

❶ パターンに布目線を長くかく

❷ 正確な縫い代をつける

❸ 粗裁ちする

前（左）
布目線
中心

4〜5

前（右）
中心

縫い代つきパターン

表布（表）

※後ろも同様に

❹ ハンガーにかけるか、ボディにまち針でとめ、一晩（10時間以上）つるしておく

前

❺ 伸びた分を戻さないように中表に合わせてパターンどおりにカットする

床上り寸法

❻ 最後の裾上げは、着用し靴をはいた状態で床上り寸法をはかって同寸法にそろえる（一人でする場合はボディに着せて同様にはかる）

Q-38 | 数年間動かしていないミシンはすぐに使ってもいい?

A いけません。まずは手入れ。次にはずみ車をゆっくり手で回してみる

長年放置したミシンは、電源を入れていきなり動かすと、故障して動かなくなってしまうことがあります。まずは取扱い説明書に従って針板や釜、ボビンケース等の掃除や給油といったお手入れを。次にはずみ車を手でゆっくり20回ほど回し、電源を入れます。始めは遅い速度で空踏みして除々に早くしていき、問題がなければ糸をかけて残布で試し縫いをしましょう。

> ⚠ **注意**
> ミシンによって手入れの方法は違う。必ず取扱い説明書で確かめよう。わからない場合はメーカーに問合せを。動かす前に確認を!

Q-39 | ロックミシンの糸は何本必要?

A 1本針3本糸ロックなら3本 2本針4本糸ロックなら4本必要

ロックミシン用に、糸の巻きをいくつ買えばいいのか考えてしまったことはありませんか? そんな時は取扱い説明書を確認しましょう。ロックの種類や糸のかけ方が書いてあるので、そこで糸の本数も確認できます。

 こんな方法も 糸をボビンに巻いて使用する

ロックをかける箇所が少ない場合、いくつもの糸を買うのは無駄が出る。でも、作品にぴったり合う色の糸を使いたい……。そんな時は普通のミシンを使い必要な本数をボビンに巻いて、使用することもできる。

ロック糸1500m巻き1個は、2本針4本糸で約6m分縫える

ロックミシン **P.164**

Q-40 | たくさんあるボビンを整理したい

A 市販のボビン収納がおすすめ

ボビンは小さいので、1か所にまとめておきたいもの。専用のグッズを使うと、糸がからまずすっきり収納することができます。市販のものにはタワー型やボックス型などいろいろあるので、好みで選びましょう。

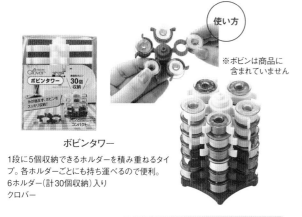

使い方

※ボビンは商品に含まれていません

ボビンタワー
1段に5個収納できるホルダーを積み重ねるタイプ。各ホルダーごとにも持ち運べるので便利。
6ホルダー(計30個収納)入り
クローバー

ボビンボックス - 28
コンパクトなボビン収納専用ボックス。透明ケースなので、中に入っている糸の色が確認しやすい。
12.5×22×3cm(計28個収納)
クローバー

※ボビンは商品に含まれていません

Q-41 | 洋裁用具を整理したい

A 専用のケースがおすすめ

洋裁が楽しくなってくると、用具も増えてきます。使いやすいようにまとめて収納しましょう。ありあわせの箱などを利用してもかまいませんが、専用に市販されているケースのほうが、用具をすっきり整理できます。布製、プラスチック製などがあります。

洋裁ケース
収納力抜群で、かさばる洋裁用具をすっきりと収納。軽くて丈夫なナイロン製。持ち手つきなので持ち運びにも便利。
約31×15.5×6cm
文化購買事業部

使い方

様々な洋裁用具に対応。取り外し可能な簡易ミニバッグつき。26cmの裁断ばさみも収納可能。
※用具は商品に含まれていません

とにかく困った!?

洋裁用語で困った!?

縫い方やパターンなどに使われる独特の言葉。
その意味を正しく理解することが、腕前アップへの近道です。

Q-1 合い印

A 縫い合わせる位置の目印

布地を縫い合わせる時、縫う位置がずれないように、両方の要となる位置につける印のこと。パターンにつけた合い印を、裁断後の布地にしるします。

WL(ウエストライン) P.133

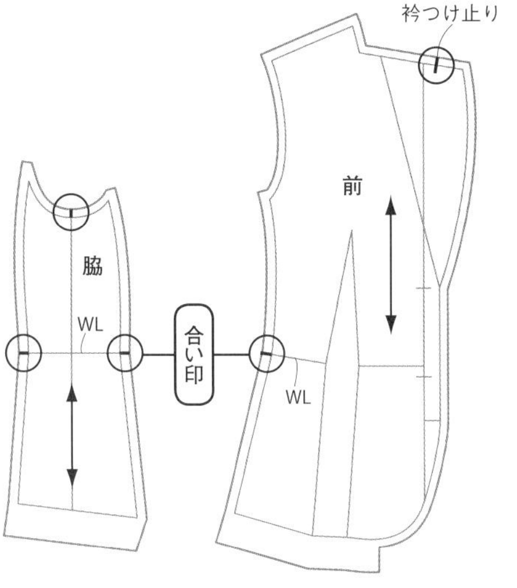

※図はパターン

ヒント!

合い印のかき方

WLなどは、線を縫い代側に延長。衿つけ止りなどは、でき上り線と直角にかく。

Q-2 あき

A 着脱のためにあけた部分

主に服の脱ぎ着をするためにあけた部分のこと。ファスナーや装飾的なボタンなどで開閉したり、スラッシュにするなど、デザインポイントとして生かせる部分でもあります。

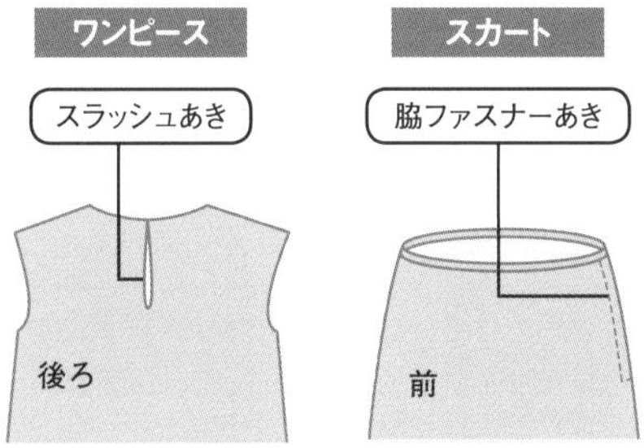

Q-3 あき止り

A 着脱のためにあけた部分の終点位置

服の脱ぎ着をするためにあけた部分（あき）が終わる位置のこと。雑誌『ミセスのスタイルブック』掲載の製図ページでは、機能やデザイン上必要な「縫止り」と区別しています。また製図の中で、あき止り位置が明確な場合は「あき止り」という表示を省くことがあります。

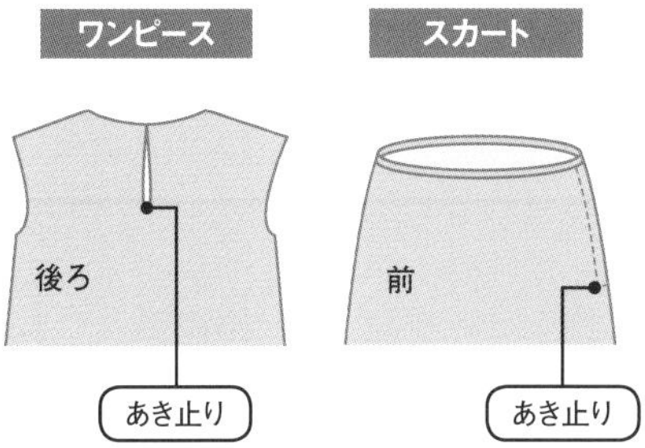

縫止り P.154

Q-4 あきみせ

A あきがあるように見せかけた部分

あきのように見えますが、実際には開閉できない飾りのこと。あきよりも仕立てが簡単で、ジャケットやコートなどの袖口によく見られます。ひだのように作ることが多く、デザインポイントにもなります。

眠り穴 P.154

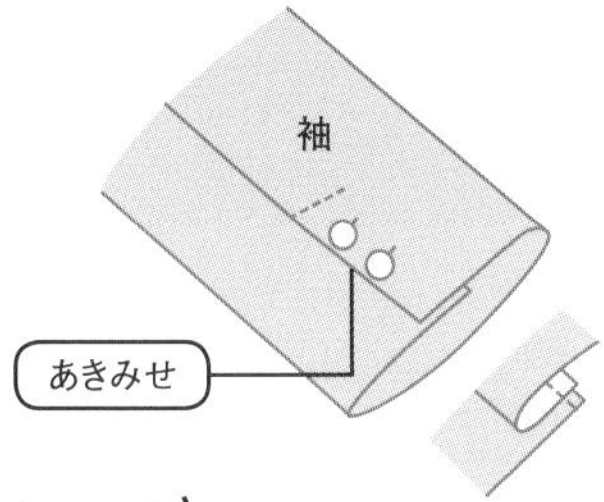

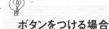

ヒント!

ボタンをつける場合

ボタン穴は、穴をあけない眠り穴に。ボタンつけで、あきみせ部分をとめる。

Q-5 アシンメトリー

A 非対称のこと

左右が対称でない、非対称になったデザインのこと。一方で左右対称になったデザインは「シンメトリー」といいます。

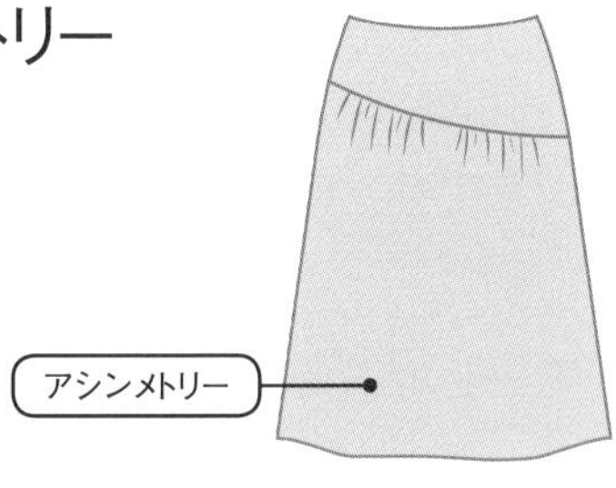

Q-6 あたり

A 表面に現われる跡

アイロンや圧力によって、縫い代や折り代など、厚みの違う部分の跡が、てかりや色の変化、筋などとなって表面に現われること。

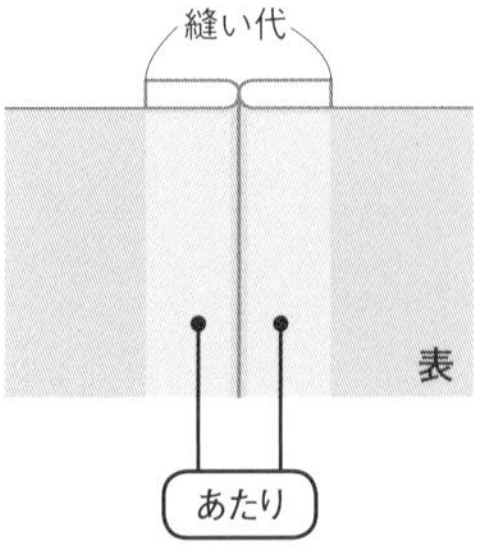

Q-7 当て布

A 布地にアイロンをかける際に使う布や紙のこと

毛足のある布地や、布地に直接アイロンをかけると風合いを損ねてしまう布地の場合に、アイロンと布地の間にはさんで使います。あたりを抑えたい時やふんわり仕上げたい時は洗いざらしの綿の手ぬぐい、接着芯をはる時やしっかり折り目をつけたい時はハトロン紙、毛足のある布地で毛足をつぶしたくない時は共布などを利用します。

当て布

布地　アイロン台

Q-8 穴かがり

穴かがりの方法 P.55 Q52

A ボタン穴をかがること

ジグザグミシンの穴かがりステッチを使う方法と、手でかがる方法があります。用途により片止め、両止め、はと目つき、眠り穴などの種類があります。

眠り穴 P.154　　はと目穴 P.156

片止め	両止め	はと目つき

Q-9 AH

アームホール

A 袖ぐり、または袖ぐり寸法のこと

「アームホール」と読み、略して「AH」と表わします。

後ろ　AH　前

Q-10 粗裁ち

A おおまかに裁断すること

布地の余分を多めに残して裁断すること。縫い代線で正確に裁断する前に、パーツごとにざっと切り離しておいたり、タックや丈など、後から変更が出そうな箇所の縫い代や折り代つけなどの場合に。

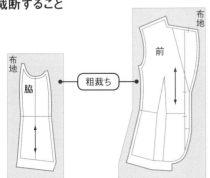

布地　脇　粗裁ち　前　布地

Q-11 粗ミシン

あら

A 粗い針目でかけるミシン縫い

縫合せ用ではなく、長い距離にギャザーを寄せる時や、ファスナーつけの際にあき部分をいったんとめておく、しつけ代りに使います。他にも、カーブの強いフレアスカートの裾上げ (P.50 Q43) などに便利な手法です。

ギャザーの寄せ方

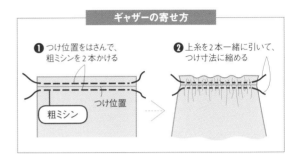

❶ つけ位置をはさんで、粗ミシンを2本かける

粗ミシン　つけ位置

❷ 上糸を2本一緒に引いて、つけ寸法に縮める

Q-12 いせ

A 布地を立体的に形作るテクニック

平面の布地を、凹凸のある体に合わせて立体的に形作る高度な手法。ギャザーやタックなどを用いずに、アイロンで布地を縮めたり、布面にふくらみを出します。胸ぐせ、ひじぐせ、後ろ肩などに使われる操作ですが、いせる分量の多い袖山などは、いせを入れる場所を細かくぐし縫い（またはミシン）をして縮め、縫い代をアイロンで平らにします。

いせる方法（袖山の場合）

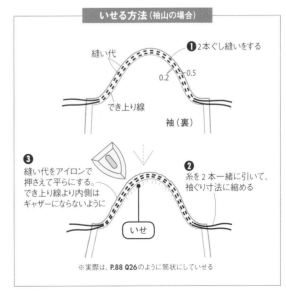

縫い代　❶2本ぐし縫いをする
0.2　0.5
でき上り線
袖（裏）

❸ 縫い代をアイロンで押さえて平らにする。でき上り線より内側はギャザーにならないように

❷ 糸を2本一緒に引いて、袖ぐり寸法に縮める

いせ

※実際は、P.88 Q26のように筒状にしていせる

💡 ヒント！

アイロン使いが決め手

縫い代をアイロンで平らにすることで、縮めた形が固定されて袖山がふっくらと仕上がる。

ぐし縫い P.141
でき上り線 P.151

洋裁用語で困った!?

Q-13 一枚仕立て

A 裏布も見返しもつけずに仕立てる方法

衿ぐりや前端などの裁ち端は、折るかバイアステープでくるんで始末します。裏布をつけずに見返しで始末するのは「一重仕立て」といいます。

一重仕立て P.157

一枚仕立て

Q-14 1枚袖

A 1枚のパーツだけで構成される袖

1枚のパーツだけでできている袖のこと。これに対してジャケットなどの袖に多い、2枚のパーツで構成されているのは2枚袖。

2枚袖 P.153

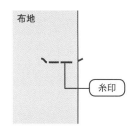
袖

1枚袖のパターン

Q-15 糸印

A 糸でつける印

チョークペーパーの使えない布地や、ルレットやへらのきかない布地、またはそれらを使うと傷むおそれのある布地の場合に使う、印つけの手法。通常、糸はしつけ糸を使い、縫い印ともいいます。

縫い代 P.153

布地

糸印

Q-16 糸調子

A 上糸と下糸の強弱

ミシン縫いの縫い目を構成する、上糸と下糸のバランスのこと。このバランスが悪いと、きれいな縫い目になりません。

バランスのいい縫い目

上糸
布地
下糸

Q-17 糸ループ

A 糸で作った輪

糸で鎖編みを編んだり、穴かがりの要領で作ります。使用目的によって、輪にしたり円弧形にします。スカートやワンピースの表布と裏布の裾を、融通がきくようにとめたり、ボタンやホックをとめたり、ベルト通しなどとしてよく使われます。手軽なのは、鎖編みを指で編む方法。

鎖編み P.141

穴かがりの方法
P.58 Q58

ヒント！

使用する糸と長さは?

糸はまつり糸1本どりか、ミシン糸2本どりくらい。太めにしたい時はボタンつけ糸を使う。必要な長さは、（糸ループの長さ×3）＋20cmくらい。

鎖編みの糸ループの作り方（裾をとめる場合）

表布と裏布を別々に折り上げた場合、そのままでは裏布がずり上がったりねじれたりして着心地が悪い。
両脇を糸ループでとめることで、ある程度動きも確保しながら、ずれを防ぐことができる

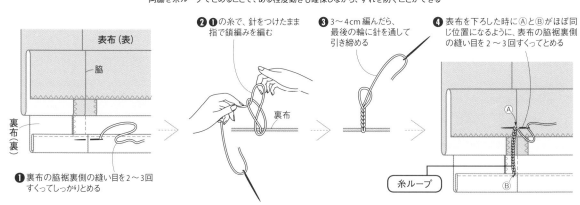

表布（表）
脇
裏布（裏）

❶裏布の脇裾裏側の縫い目を2〜3回すくってしっかりとめる

❷❶の糸で、針をつけたまま指で鎖編みを編む
裏布

❸3〜4cm編んだら、最後の輪に針を通して引き締める

❹表布を下ろした時に④と⑧がほぼ同じ位置になるように、表布の脇裾裏側の縫い目を2〜3回すくってとめる

糸ループ

Q-18 | W、WL
（ウエスト）（ウエストライン）

A 腹囲、腹囲線

体の肋骨から腰までの間でいちばん細くくびれた位置をウエスト、その水平線をウエストラインといい、略して「W」「WL」と表わします。寸法が必要な場合は、細いひもを巻いておさまりのいい位置を決め、その周囲をはかります。

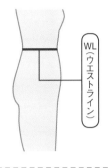

WL（ウエストライン）

Q-19 | 打合せ
（うち）（あわ）

A 前あきなどの重なり部分

前中心から持ち出した左右を重ねた時に、その重なった部分のこと。

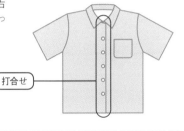

打合せ

Q-20 | 内袖
（うち）（そで）

A 2枚袖の内側のパーツ

ジャケットなどによく使われる2枚袖の、内側にあたる部分のこと。

 2枚袖 P.153

外袖

内袖

Q-21 | 畝
（うね）

A 幾筋も直線状に盛り上げた組織

畑の畝のように、横または縦に高低をつけて織り出した布地の表面効果。畝のある布地には、コーデュロイ、コードレーンなどがあります。

コーデュロイ

畝

Q-22 | 裏打ち
（うら）（う）

A 表布の裏側に別の布地を重ねること

薄い布地を補強したい時や、レースなどの透ける布地の透け感調整のために、表布に別の布地を重ねて仕立てる手法。ざっくり織られたツイードなどを縫いやすくするために、接着芯を全面にはることがありますが、これも裏打ちの一種。多くの場合、表布と裏打ち布の2枚を、1枚の布地のように扱って仕立てます。

レースに裏打ち

淡い色のレース地に濃い色の無地を裏打ちすると、レースの穴から裏打ち布の濃い色がのぞいて、元の優しい印象とは一味違った新しい表情に

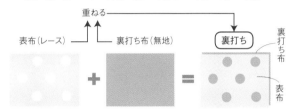

重ねる

表布（レース） 裏打ち布（無地） 裏打ち

裏打ち布 表布

💡 ヒント！

裏打ち布の素材に一工夫

裏打ち布の選び方は様々考えられる。表布になじむ素材や、主張の強すぎないものを選ぶのが一般的。また、上記の参考例のように裏打ち布が透けて見える場合にはわざと表布とコントラストをつけてみるのも手。素材感や色の違うものを選んで重ねてみると、思いがけないおしゃれな表情に……。いろいろな色や素材を試して、自分だけのお気に入りを見つけよう！

Q-23 | 裏衿
（うら）（えり）

A 衿を構成する裏側のパーツ

衿は普通、表側と裏側になる2枚のパーツで構成されています。この裏側になるパーツを裏衿といいます。表側になるパーツは表衿。

衿

表衿

裏衿

前

Q-24 | 上衿
（うわ）（えり）

A 上側につく衿

テーラードカラーのラペルの上側や、台衿つきシャツカラーの台衿の上側につく衿のことを、区別して表現する場合に、上衿といいます。

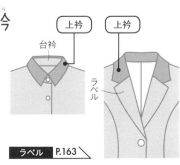

上衿

台衿

ラペル

上衿

ラペル

洋裁用語で困った!?

ラペル P.163

Q-25 | 上前 (うわまえ)

A 打合せの上（外）側

服の前あきをボタンなどでとめ、重ね合わせた時に上（外）側になるほうのこと。下（内）側になるほうは「下前」といいます。

打合せ P.133

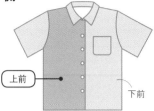

上前

下前

Q-26 | 腋点 (えきてん)

A 腕のつけ根のポイント

腕を下におろした時の、腕と体の境目。前側を「前腋点」後ろ側を「後腋点」といいます。胸幅、背幅を計測する基準点になります。

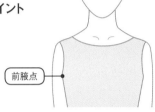

前腋点

Q-27 | Aライン (エー)

A 裾広がりのシルエット

アルファベットのAのように、裾に向かって広がるデザインのこと。フレアを入れたブラウスやワンピースが代表的。

Aライン

Q-28 | 衿腰 (えりこし)

A 折り返す衿の、首にそう部分

シャツカラーやテーラードカラーなど、返り線で折り返す衿の場合に、返り線よりつけ線側の部分を指します。

返り線 P.136

テーラードカラー

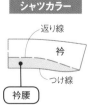

返り線

衿腰

つけ線

衿

シャツカラー

返り線

衿

つけ線

衿腰

Q-29 | 衿外回り (えりそとまわり)

A 衿のつけ線以外の部分

シャツカラーなどで、外側の縁の部分のこと。パターン上では、つけ線以外の部分になります。

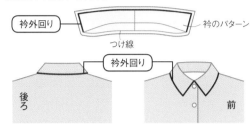

衿外回り

衿のパターン

つけ線

衿外回り

後ろ

前

Q-30 | EL (エルボーライン)

A ひじ線

エルボーとはひじのこと。腕を下げた状態で、ひじ関節の水平位置をエルボーラインといい、略して「EL」と表わします。

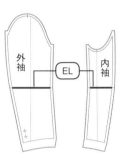

外袖

EL

内袖

Q-31 | 奥まつり (おくまつり)

流しまつり P.152

A 折り代の手縫い始末の一種

まつりとは表に針目をほとんど出さずに縫う、手縫いの基本的な縫い方の一種。奥まつりは始末した布端をまつる方法と、丈のゆとりを入れながら裏布をまつる方法の2種類があります。

折り代の布端をほつれないように始末して折り上げ、しつけまたはまち針でとめます。布端をめくって0.5cmくらい奥を流しまつりの要領でまつります。厚地の場合は、布地の厚み半分をすくいます。

布端をまつる方法

めくった折り山の際と次の折り山をそれぞれ小さい針目ですくう

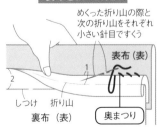

裏

ロックミシン

0.5 しつけ

奥まつり

ジャケットやコートの裾によくある仕様。裏布をでき上りに折って、しつけでとめ、折り山をめくって奥を流しまつりの要領でまつります。

裏布をまつる方法

めくった折り山の際と次の折り山をそれぞれ小さい針目ですくう

表布（表）

1

2

しつけ 折り山

裏布（表）

奥まつり

Q-32 押え金
おさえがね

A 適度な圧力で布地を押さえ
送り歯に密着させる、ミシンの部品

一般的な直線縫い用押え金の他、用途に合わせた様々な種類があります。
押え金を上手に使い分けることが、腕前アップにつながります。

[コンシールファスナー押え]

コンシールファスナーつけ専用。きれいに
つける大きなポイントである丸まっているファ
スナーの務歯を起こしながら、務歯の際を
縫うことができる。

つよせ

[テフロン押え]

薄地やニット素材を
縫う時に使用。すべ
りがよく、ミシンかけ
がスムーズになる。

つよせ

[片押え]

針の左右どちらかだ
けを押さえて縫うこと
ができる。様々なファ
スナーつけに。

つよせ

Q-33 落しじつけ
おとし

A 縫い目にするしつけ

縫い目と同じ位置を縫い、下側の布地まで通
してとめる仮どめの方法です。布地がずれない
ように、持ち上げずに置いて縫うのがポイント。

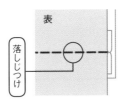

表
落しじつけ

Q-34 落しミシン
おとし

A 縫い目や縫い目の際にかけるミシン

縫い代を割り、その割り目に表からミシンをかけて裏側にある布地をとめる、ミシ
ン目が目立たない縫い方。また、縫い代を片返しにして同様に縫った時にもこう
呼びます。ウエストのベルトやヨークで、裏側の布地をとめる時などに使います。

縫い目に

表
落しミシン

縫い目の際に

表
落しミシン

Q-35 表衿
おもてえり

A 衿を構成する
表側のパーツ

衿は普通、表側と裏側にな
る2枚のパーツで構成されて
います。この表側になるパー
ツを表衿といいます。裏
側になるパーツは裏衿。

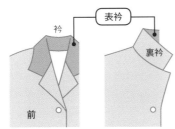

衿
表衿
裏衿
前

Q-36 折り代
おりしろ

A 折り上げる部分

袖口や裾など、縫い合わせ
ないで折り上げる部分のこ
と。脇や肩などの縫い合わ
せる部分の「縫い代」と区
別して呼んでいます。

縫い代 P.153

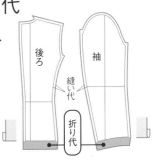

後ろ
袖
縫い代
折り代

Q-37 折伏せ縫い
おりふせぬい

A 裁ち端を見せない、きれいで、丈夫な縫い方

縫い代の端をくるむようにする縫い方。裁ち端が表面に出ないので、
洗濯してもほつれる心配がなく、2度縫うので丈夫です。裏なしのカジュ
アルなアイテムによく使いますが、裁ち端のロックミシンの肌当りが気
になる場合にも安心。

折伏せ縫い
の縫い方
P.36 Q13

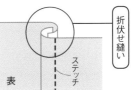

折伏せ縫い
ステッチ
表

Q-38 織り目
おりめ

A 布地を構成する、たて糸とよこ糸のすきま

「織り目」とは、織り上げた布地を構成する糸と糸のすきまのこと。
「粗い織り目の布地」「織り目が詰まっている」などといいます。

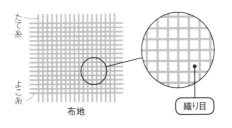

たて糸
よこ糸
布地
織り目

Q-39 折り山
おりやま

A 折り目

タックなどをでき上がった状態に折った時に
できる、山状の折り目のこと。

折り山
表

Q-40 返し縫い

かえぬ

A ほつれどめや丈夫に縫うための手法

縫始めと終りを、糸がほどけないように往復して縫うこと。
手縫いでは、丈夫な縫い目にする時に戻りながら縫い進みます。

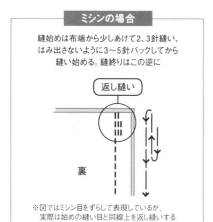

ミシンの場合

縫始めは布端から少しあけて2、3針縫い、はみ出さないように3～5針バックしてから縫い始める。縫終りはこの逆に

返し縫い

裏

※図ではミシン目をずらして表現しているが、実際は始めの縫い目と同線上を返し縫いする

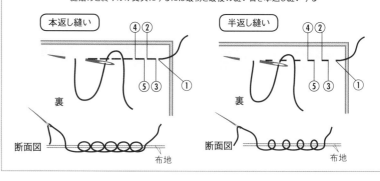

手縫いの場合

縫い目全体を丈夫にするには一針縫っては戻り、また一針縫っては戻りながら縫い進めていく。
力がかかる場所に用いる。全部戻るのを返し縫いまたは本返し縫い、半分戻るのを半返し縫いと呼ぶ。
縫始めと終りのみ丈夫にするには最初と最後の縫い目を本返し縫いする

本返し縫い　④②　⑤③①
裏
断面図　布地

半返し縫い　④②　⑤③①
裏
断面図　布地

Q-41 返り線

かえせん

A でき上り状態の時、その位置から折り返すことを示す線

雑誌『ミセスのスタイルブック』掲載の製図では、太い破線で表わしています。衿が主ですが、他に袖口やカフスなどにも使います。「折り返し線」ともいいます。

テーラードカラー

衿
返り線
返り線
返り線
前

シャツカラー

返り線
衿
返り線
返り線

洋裁用語で困った!?

Q-42 化学繊維

かがくせんい

A 用途に合わせて人工的に作られた繊維の総称

石油などを原料に、化学的に作られた「合成繊維」、木材パルプなどの天然物を原料に、化学的な薬品を加えて合成された「半合成繊維」、植物の主成分であるセルロースを化学薬品で溶かし、繊維に再生した「再生繊維」に大きく分類され、多種多様な素材が作られています。

[ポリエステル]

合成繊維。弾力性に富み、しわになりにくく、形くずれしにくい。吸湿性が低く、洗濯しても乾きやすい反面、静電気が起きやすい。他の繊維との混紡や交織に適している。

[アクリル]

合成繊維。ふんわりと柔らかな弾力があり、温かな肌触りが特徴。羊毛よりも軽く、虫やカビにも強い反面、静電気が起きやすい。風合いがウールに似て、ニット向き。

[レーヨン]

再生繊維。綿と似た性質があり、化学繊維の中では吸湿性があり、汗を吸う。染色性もよく、絹のような光沢とドレープ性がある。しわになりやすい。ビスコースレーヨンともいう。

[ナイロン]

合成繊維。強度があり、摩擦にも強く、弾力性に富み、しわになりにくい。軽く、水にぬれても早く乾く。染色性もよく絹のような鮮やかさが特徴。スポーツウェアに多用される。

[ポリウレタン]

合成繊維。ゴムのような性質を持ち、伸縮性が大きいのが特徴。他の繊維と混用して、ストレッチ素材として使用されることが多い。

[アセテート]

半合成繊維。絹のような優雅な光沢を持ち、ふっくらとした風合いで、弾性にも富む。

[キュプラ]

再生繊維。優雅な光沢と柔らかい感触が特徴。染色性にすぐれ、裏地などによく使用される。しなやかな風合いでしわになりにくく、肌触りもいい。

※現在では技術の進歩に伴い、用途に合わせた、快適で着心地のいい化学繊維が様々に開発されている

Q-43

がくぶちじた

額縁仕立て

A 額縁のように見える仕立て方

角を斜めに縫い返して額縁のように見える仕立ての方法。服ではベンツなどに、小物ではテーブルクロスの周囲などによく使われます。

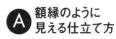

ベンツ　P.160

裏
額縁仕立て

額縁仕立ての方法
P.75 091

Q-44 陰ひだ（かげひだ）

A 表から見えない部分

タックやプリーツをでき上りの状態にたたんだ時に、表から見えなくなる陰に隠れる部分のこと。

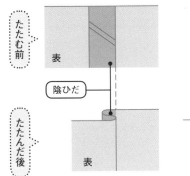
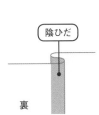

Q-45 飾りミシン（かざりミシン）

A 装飾のためのステッチ

アクセントをつけるために布地の表面にかける、装飾的なミシンステッチ。

Q-46 片返し（かたがえし）

A 縫い代を一方方向に倒すこと

シャツやブラウスなど軽衣料の仕立てに多く見られます。縫い代をステッチで押さえる場合（伏縫い）もあります。

伏縫い P.158

Q-47 滑脱（かつだつ）

A 布地の織り糸がすべってはずれること

縫い目に力が加わった時に、その部分の織り糸が動いて縫い目が開いたり、織り糸が抜けてしまったりすること。織りの粗い布地に特によく見られる現象。

Q-48 カバーステッチミシン

A 袖口や裾上げと同時に裁ち端を始末できる専用ミシン

裏の裁ち端を始末しながらダブルステッチがかけられるカバーステッチのほか、装飾性の高いトリプルカバーステッチ、表はシングルステッチで裏は鎖状の丈夫で伸びに強いチェーンステッチなどがあります。

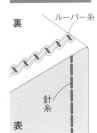

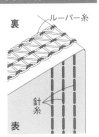

Q-49 カーブ

A 曲線

洋裁では袖ぐりや裾などの弧を描くような曲線のことをいうことが多い。その形状により、内側にへこんだものを内カーブ（インカーブ）、外側に出たものを外カーブ（アウトカーブ）といいます。

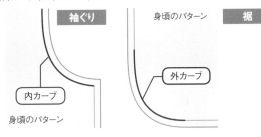

Q-50 カフス

A 袖口につける手首や腕をおおう部分

カフ（袖口）の複数形。袖口のほか、パンツの折り返しなどのことも含まれます。折り返さないシングルカフスと折り返すダブルカフスの2種類があります。形や幅、素材やボタンなどによりデザインが豊富です。

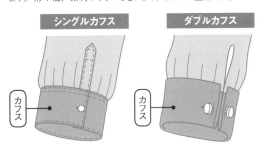

Q-51 からアイロン

A 水分を使わない アイロンのかけ方

ドライアイロンともいう。スチームを使ったり、霧を吹いたりしないで、熱と圧力だけでアイロンをかけること。

霧

スチーム

からアイロン

布地

Q-52 柄合せ

A 主要な位置で、柄がつながるようにすること

大きなチェックやストライプ、花柄などの布地を使用する場合に、前中心などの目立つポイントで柄がずれたり、とぎれてしまわないように合わせること。裁断の時に注意が必要です。

柄合せの方法
P.17 Q24
P.18 Q25

柄合せ

Q-53 空環

A ロックミシンで空縫いした時にできる編まれた糸のこと

布地を縫い終わったあとに出てくる縫い糸をいいます。布端で切るとほつれるので、縫始めと縫終りの糸を10cmくらい残し、とじ針で縫い目に通して始末します。

空環

Q-54 仮縫い

A 仮に縫うこと

本縫いの前に、でき上りと同じように試しに形作ってみること。本番の布地を使用する方法もありますが、スピーディに縫えて、失敗したり縫い代が足りなくなっても大丈夫なシーチングでの仮縫いがおすすめ。シーチングとは仮縫いによく使用される安価な布地のことです。

粗ミシン P.131　本縫い P.160

仮縫い

💡 ヒント！

"すぐはずせるように"縫うのがポイント

仮縫いの目的である補正やデザイン修正のためには、はずしやすく縫っておくほうが効率的。脇やパネルラインなどの縫合せは粗ミシンで縫い、前端や裾などはでき上りに折って、粗めの手縫いで縫う方法がおすすめ！修正の時は糸をはずし、まち針などで仮どめする。

でき上り線

表

Q-55 かんぬき止め

A 力がかかる場所を丈夫にする止め縫いの手法

ポケット口や縫止りなど、着用していて力がかかる場所がほころびないようにする止め縫いのこと。ミシンの場合は5〜6回重ねて返し縫いをするか、細かいジグザグミシンで。手縫いの場合は糸を巻きつけてとめます。

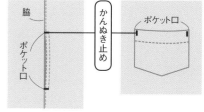

脇

かんぬき止め

ポケット口

ポケット口

ジグザグミシンの場合

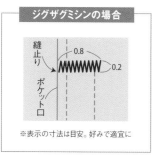

縫止り

0.8

0.2

ポケット口

※表示の寸法は目安。好みで適宜に

手縫いの場合

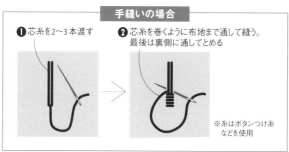

❶芯糸を2〜3本渡す

❷芯糸を巻くように布地まで通して縫う。最後は裏側に通してとめる

※糸はボタンつけ糸などを使用

💡 ヒント！

目立たせてデザインポイントに

布地と同色の糸を使うのが一般的だが、わざとアクセントになる色の糸を使ってみるのも、手作りならではの楽しみ方。

洋裁用語で困った!?

Q-56 きせ

A 縫い代を片返しにする時に余裕を持たせる部分

裏布の縫合せによく使われます。縫い代を片返しにする時、縫い目の際から折らずに、縫い目が折り山の奥に入るように折る方法。その時の折り山から縫い目までのわずかな部分を「きせ」といい、この方法で仕立てることを「きせをかける」、縫い目ぴったりの位置で折ることを「きせをかけない」といいます。

きせをかける
折り山から縫い目までに距離がある

きせをかけない
折り山と縫い目が同位置

Q-57 きせどめミシン

A きせを一時的にとめるミシン

ほかの部分と縫い合わせる前に、きせをかけた部分が開かないように縫い代にミシンをかけてとめます。

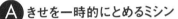
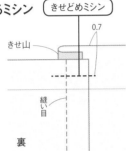

Q-58 きせ山

A 「きせ」の折り山のこと

きせを入れて折った時の、折り山になる位置のこと。

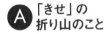
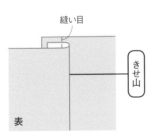

Q-59 着丈

A 衿ぐりから裾までの長さ

ジャケット、ブラウス、コートなど、上着アイテムの丈の長さのことで、寸法は後ろ中心ではかります。実物大パターンの寸法表などに使われます。

Q-60 起毛加工

A 布地の表面を引っかいて、けばや毛足を出す

主にウール地やニット素材で柔らかな風合いや保温性を追加するための加工です。以前は植物のあざみの実を使っていましたが、現在は針金や紙やすりをローラー状に取りつけた機械を使用します。けばの長さやそろえ方によって様々な種類の布地が作られます。

Q-61 ギャザー

A 布地を縮めてしわを出す装飾技法

デザイン技法の一つで、布地を縫い縮めることで生まれる、立体的なしわのこと。スカートのウエストや袖山など、様々なアイテムや場所に使われます。「シャーリング」はギャザーの一種。

シャーリング　P.144

ギャザーの寄せ方
P.46 Q39
P.47 Q40

Q-62 切替え

A 縫い合わせる位置

デザインのためや、体に合わせて立体を作るため、また布幅の制限などから、別布や共布を縫い合わせる位置のこと。この位置を作ることを「切り替える」、切り替えてできる縫い目のことは「切替え線」といいます。

| 切替えあり | 切替えなし |

Q-63 切込み

A 切り目のこと

はさみで入れる切り目のことで、ポケットやスラッシュあき、印つけの「ノッチ」、縫い代のつれを防ぐ時など、その用途は幅広いです。

スラッシュ P.146
ノッチ P.154

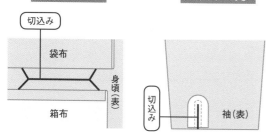

| 箱ポケット | スラッシュあき |

Q-64 切りじつけ

A 2枚の布に、いっぺんに糸でつける印

しつけ糸2本どりで縫い、布地の間の糸を切ってつける、印つけの技法。チョークペーパーが使えない布地や織りの粗い布地に使います。

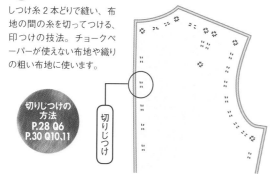

切りじつけの方法
P.28 Q6
P.30 Q10,11

切りじつけ

洋裁用語で困った!?

Q-65 切り開く

A パターンを指定の位置で分け広げる操作のこと

製図用語。はさみで切って開いてもかまいませんが、別の紙に写しとりながら指示された寸法どおりにパーツを動かす方法がおすすめ。雑誌『ミセスのスタイルブック』掲載の製図ページではほとんどの場合、開いた後の状態を「切開き図」で表わしています。切り開き方には、1点を固定して片側だけで開く場合と、両側で開く場合の2通りがあります。

操作 P.147

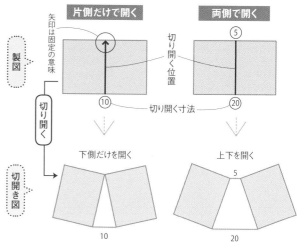

| 片側だけで開く | 両側で開く |

矢印は固定の意味
製図
切り開く
切り開き図
切り開く位置
切り開く寸法
下側だけを開く　上下を開く

ヒント!

操作後は、切り開いた箇所をつながりよくかき直す

操作後、切り開いた箇所は角や空間になる。つながりよくかき直そう。追加した分量は、「切り開き図」の指示に従って、フレア、ギャザー、タックなどに適宜処理する。※デザインによっては訂正しない場合もある。

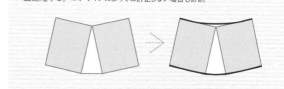

Q-66 切りポケット

A 切込みを入れて作るポケット

箱ポケットや玉縁ポケットなど、布地に切込みを入れて作るポケットの総称。

箱ポケット P.155
玉縁ポケット P.150

| フラップポケット |

Q-67 | 鎖編み（くさりあ）

A かぎ針編みの技法

1本の糸でループを作ってかぎ針を通し、そのかぎに糸をかけて引き抜き、これを鎖状につなげていく編み方。服作りでは糸ループとして、ベルト通しやホックの受け側に使用します。

糸ループ P.132

ホックの種類とつけ位置
P.56 Q54

ホックのつけ方
P.57 Q55

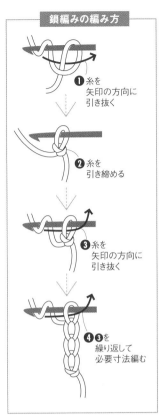

鎖編みの編み方

❶ 糸を矢印の方向に引き抜く

❷ 糸を引き締める

❸ 糸を矢印の方向に引き抜く

❹ ❸を繰り返して必要寸法編む

Q-68 | ぐし縫い（ぬ）

A 手縫いで細かく縫うこと

布面に直角に針を入れ、表裏の針目を同じ長さにそろえて細かく縫う手縫いのこと。ギャザーを寄せる時や、いせを入れる時にこの方法を用います。針目が粗いと、きれいに仕上がりません。

粗ミシン P.131

いせ P.131

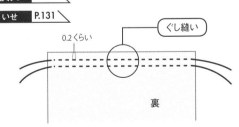

ぐし縫い

0.2くらい

裏

ヒント！

ぐし縫いの代りに「粗ミシン」

長い距離にギャザーを寄せる時などは、粗い針目でミシンをかける方法もある。用途や布地に合わせて使い分けて。

Q-69 | くせとり

A 布地を立体的に形作るテクニック

体の凹凸に合う立体的な服を作るために、平らな布地をスチームとアイロンの熱により、少しの分量をいせたり伸ばしたりする技術。効果の出やすいウール地等に使います。

いせ P.131

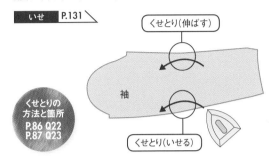

くせとり（伸ばす）

袖

くせとりの方法と箇所
P.86 Q22
P.87 Q23

くせとり（いせる）

Q-70 | 毛足（けあし）、けば

A 布地の表面に出ている細かい繊維

ウールなどの毛織物に代表される、布地の表面に出ている細かい繊維のこと。毛足には方向性があり、縦地の方向にそって手でなでてみると流れの方向（毛並み）がわかります。見た目ではわからない微小のものから長いものまで、その形態は多様。呼び方も様々で、長めのものを「毛足」、ごく短いものを「けば」ということが多いです。

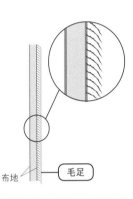

布地

毛足

Q-71 | 毛並み（けなみ）

A 毛足やけばの並び方

布地の表面の毛足やけばの向き。その向きにより、「逆毛」、「なで毛」といいます。

逆毛 P.143

なで毛 P.152

Q-72 | 毛抜き合せ（けぬあわ）

A 2枚の布地の折り山をずらさずに折ること

表布と裏布、身頃と見返しなどで、縫い返した布地の両方がどちら側も控えられずに、毛抜きの刃を合わせたような状態になっていること。リバーシブル仕立てなどによく使われます。

控える P.157

毛抜き合せ

表

Q-73 原型

A 服を製図するための〝元型〟

各自のサイズ（背丈、バスト、ウエストなど）を基に作られた原型を使用することで、そのサイズに合った服作りが可能。この〝原型〟をベースに、好みの着丈やゆとり分量、切替え線などを加えて、いろいろなデザインの服を製図します。

★雑誌『ミセスのスタイルブック』掲載の製図では、2種類の文化式原型を使用します。各原型は同雑誌の引き方掲載ページや、実物大原型通信販売の案内をごらんのうえ、用意してください。

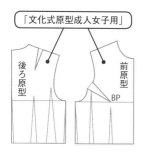
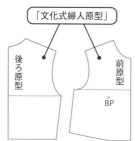

Q-74 剣ボロ

A 先端をとがらせた袖口の短冊あき

短冊あきの一種。先端を四角くせず、剣のようにとがらせたデザインのこと。

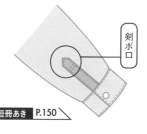

短冊あき **P.150**

Q-75 腰丈

A WL（ウエストライン）から HL（ヒップライン）までの寸法

WLからHLまでの丈を垂直にはかって求めます。雑誌『ミセスのスタイルブック』掲載の製図では、WLから腰丈寸法をとった位置「HL」と表示し、参考寸法を20cmとしています。

WL（ウエストライン） **P.133**
HL（ヒップライン） **P.157**

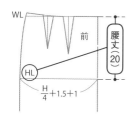

腰丈のはかり方

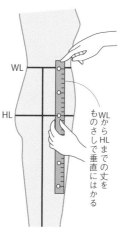

WL

HL

WLからHLまでの丈をものさしで垂直にはかる

WL

前

腰丈（20）

HL

$\dfrac{H}{4}+1.5+1$

Q-76 コバステッチ

A 際に入れるステッチ

縫い目や折り端からわずかの間隔をあけた位置にかけるステッチのこと。補強や飾りの目的でかけます。

表 / コバステッチ

Q-77 ゴム編み

A 横方向に、表目と裏目が交互に並ぶ編み方

よこ編みの三原組織の一つで、リブ編み、フライスともいいます。表裏が同じに見え、横方向の伸縮性が大きいニット素材で、Tシャツやトレーナーなどの衿、袖口、裾に使われます。カールしない（丸まらない）のも特徴。

ゴム編み

[ゴム編みの記号図]

| ＝表目　 ― ＝裏目

Q-78 採寸

A 必要な寸法をはかること

服を作るにあたり、原型やパターンを引くのに必要なサイズを把握するため、身体各部の必要な寸法をはかること。

パターン **P.156**

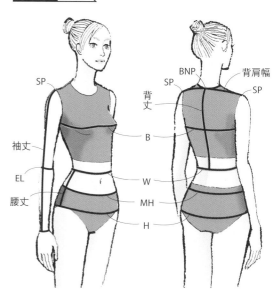

SP / BNP / 背肩幅 / SP / 背丈 / SP / B / 袖丈 / EL / W / 腰丈 / MH / H

Q-79 裁断 (さいだん)

A 布地を必要な形に切ること

カッティングともいいます。布地の上にパターンを置いて、その形どおりに布地を切るのが平面裁断。ボディに直接布地を当てて切り、それをパターンとする立体裁断の2種類があります。きれいに仕立てるには正確に裁断することがポイントです。

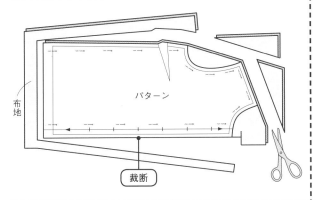

Q-80 SNP (サイドネックポイント)

A 首つけ根回り側点

首のつけ根回りと肩線の交点のことで、略して「SNP」と表わします。

Q-81 逆毛 (さかげ)

A 毛並みの流れに逆らう方向のこと

毛足やけばのある布地で、毛並みが上方向（なで上げる）に流れていること。布地によっては毛並みにそう方向の「なで毛」より深い色合いに見えます。パターンの天地方向に対して毛並みを上方向にそろえて裁断することは「逆毛に裁つ」といいます。

| 毛足、けば P.141 | 毛並み P.141 | なで毛 P.152 |

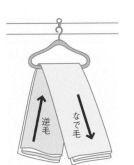

Q-82 差込み (さしこみ)

A パターンを天地関係なく裁ち合わせること

裁断はパターンの天地を一方方向にそろえて配置するのが基本ですが、毛並みや柄に上下のない布地を使う時に使用量の効率化のため、パターンの天地を入れ替えて配置することがあります。このことを「パターンを差し込む」といいます。

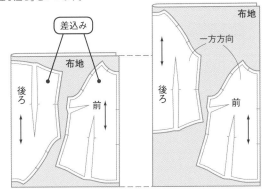

Q-83 直裁ち (じかだち)

A 直接裁断すること

パターンを使わずに、直接布地を裁断すること。チェック柄を利用した直線裁ちや、布地に直接印をかいて裁断する、簡単ソーイングのテクニック。

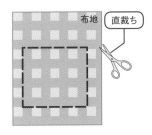

Q-84 下前 (したまえ)

A 打合せの下（内）側

服の前あきをボタンなどでとめ、重ね合わせた時に下（内）側になるほうのこと。上（外）側になるほうのことは「上前」といいます。

| 打合せ P.133 |

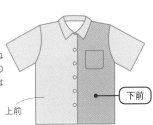

Q-85 しつけ

しつけの方法
P.35 Q9,10,12

A 縫いずれを防ぐための仮どめ

後で糸が抜きやすいように、でき上り線からわずかに縫い代側を粗めに縫います。すくう針目（右図では0.3cm）を小さくすると、布地がよりずれにくくなります。

Q-86 | 地づめ（じ）

A 裁断前にあらかじめ
布地を縮めておくこと

地づめの方法
P.8 Q2

布地は仕立てる過程や、完成後の洗濯による水分や熱で縮むことがあるので、地づめは大切な作業。方法は素材や布地の加工法によって変わります。

Q-87 | 地縫い（じぬ）

A 縫い合わせる

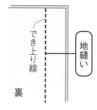

でき上り線

地縫い

裏

2枚の布地を中表に合わせてでき上り線（位置）を縫うこと。折伏せ縫いなどで、ステッチで押さえる前の始めのミシン縫いのこと。

中表　P.152

Q-88 | 地の目直し（じ・め・なお）

A 布地の縦、横の
布目のゆがみを直すこと

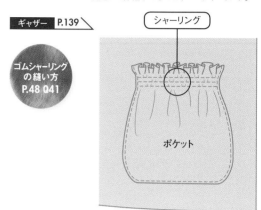
地の目直しの
方法
P.8 Q3

形くずれしない服に仕立てるために、裁断する前に縦横の布目を垂直水平に整えること。「地直し」ともいいます。

Q-89 | 始末（し・まつ）

A 裁ち端の処理

縫い代始末　P.153

服を製作する工程で、主に縫い代や折り代の裁ち端がほつれてこないように、いろいろな方法で処理すること。

Q-90 | 斜文織り（しゃ・もん・お）

A 表面に斜めの線が
見える織り方

平織り　P.157

織物組織のうち、たて糸とよこ糸の交差点が斜めに並ぶ織り方。平織りに比べ、光沢と伸縮性があり、しわになりにくく柔らかい風合いになります。綾織りともいいます。

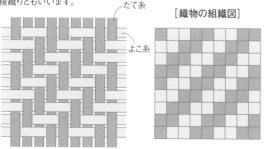

たて糸

よこ糸

［織物の組織図］

Q-91 | シャーリング

A 一定の間隔でギャザーを寄せる装飾技法

布地を一定の間隔で縫い縮め、立体的なギャザーの装飾効果を出すデザインテクニック。ゴムテープを使用して伸縮するものは、ゴムシャーリング。

ギャザー　P.139

シャーリング

ゴムシャーリング
の縫い方
P.48 Q41

ポケット

Q-92 | 朱子織り（しゅ・す・お）

A 光沢となめらかさが
特徴の織り方

斜文織り　P.144

織物組織のうち、たて糸とよこ糸の交差点を少なくし、どちらか一方の糸を長く表面に出した織り方。斜文織りよりさらに光沢があり、なめらかさに富んでいますが、摩擦に弱いです。サテンが代表的。

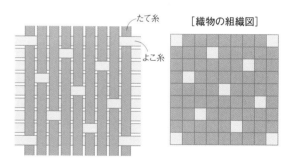

たて糸

よこ糸

［織物の組織図］

Q-93 | SP（ショルダーポイント）

A 肩先点

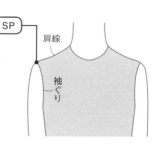

SP

肩線

袖ぐり

袖ぐりと肩線の交点のことで、略して「SP」と表わします。

洋裁用語で困った!?

Q-94 | 印つけ
しるし

A 縫うのに必要な印をつけること

洋裁では正確に縫い合わせるために、合い印やポイントなどに印をつけること
をいいます。布地によってつける方法が様々ですが、縫い代に入れる合い印は
ノッチ、パターンの内側にあるポイントの印はチョークペンや切りじつけでつけ
るのが基本です。

切りじつけ P.140

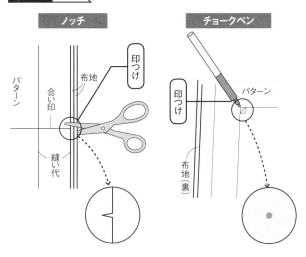

Q-95 | しわ加工
か こう

A しわを生じさせる加工

しわを作る加工の総称。ワッシャー加工、サーキュラー加工などの洗いでしわ
を作るタイプと布地の部分的な縮みで作るリップル加工、型を使って作るエン
ボス加工などがあります。視覚的なデザイン効果と同時に、布地の欠点も
目立ちにくく、洗濯による縮みを少なくさせるなどの利点があります。

Q-96 | スカラップ

A 波形模様

帆立貝の貝殻のように、波形にカット
された縁のこと。衿やネックライン、
袖口や裾の装飾として使われます。

Q-97 | 裾上げ
すそ あ

A 裾を折り上げること

裾の折り代をでき上り位置で折り上
げ、折り代が下がってこないように、
何らかの方法でとめること。

折り代 P.135

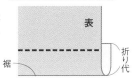

Q-98 | 裾回り
すそ まわ

A 裾の全周

衣服の下端の全周のこと。ジャケット、
コート、スカートなどどんな服種にも使わ
れますが、スカートの場合には「蹴回し
（けまわし）」ともいいます。

Q-99 | 捨てミシン
す

A 裁ち端にかけるミシン

縫い代の始末法の一種で、端を折らずに少し内側にミシンをかけます。
ほつれ止めや伸止めに。

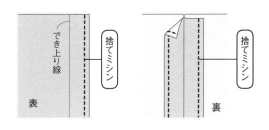

Q-100 | ストレッチ

A 伸縮すること

縦または横方向に伸び縮み
すること。伸縮する繊維を使
用して、伸縮性を加えた織り
地のことを「ストレッチ素材」
と呼んでいます。

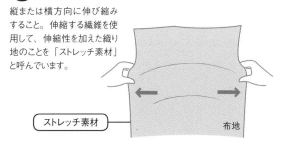

洋裁用語で困った!?

Q-101 スライダー

A ファスナーを開閉するためのパーツ

このスライダーを動かすことで、務歯がかみ合ったりはずれたりします。

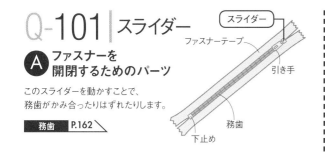

務歯 P.162

Q-102 スラッシュ

A 切込み、切れ目

衿ぐりや袖口などにあきを作ったり、ポケット口をあけるために布地に入れる切込みのこと。スカートの裾などの縫い目を利用して作る、類似の切れ目のことは「スリット」といいます。

スラッシュあき

後ろ

切込み P.140

Q-103 スリット

A すきま、切れ目

機能性を加味したデザイン手法の一つ。縫い目の一部分を縫い残し、切れ目のように見せたあきのこと。ベンツに比べ、重なりがないのが特徴。スカートやパンツの裾に多様されます。

スリット

ベンツ P.160

Q-104 製図

A 服を作るための設計図

服を構成するパターンを作るための、ベースになる図面のこと。基になる原型を使用する「原型製図」と、原型を使わない「囲み製図」があります。

原型 P.142

原型製図

後ろ

□は原型

原型を基に寸法をとりながらかく、精密な製図法。原型のサイズを変えることにより、様々なサイズに合うパターンを作ることができる。

囲み製図

後ろ

原型を使わず囲むように寸法をとりながらかく、製図法。一部割出し寸法を使う箇所もあるがほぼ定寸法のため、サイズの許容範囲に限りがある。

Q-105 接着条件

A 接着芯をはる時の様々な要素

水分を与えていいかどうか、アイロンの温度はどのくらい、接着する際に押さえる時間は……など、その接着芯に特有な必要な要素のことです。確認が必要な事柄。

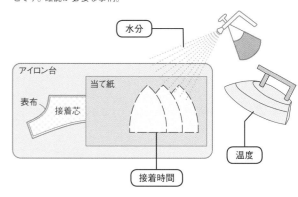

水分

アイロン台

当て紙

表布

接着芯

温度

接着時間

Q-106 背抜き

A 背中部分を除いて裏布をつけること

裏布のつけ方を表わす言葉。前身頃と袖は全体に、後ろ身頃は肩のあたりだけに裏布をつける仕立て方。

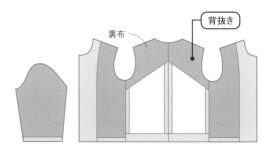

背抜き

裏布

Q-107 総裏

A すべてのパーツに裏布をつけること

裏布のつけ方を表わす言葉。前後身頃と袖すべてに裏布をつける仕立て方。

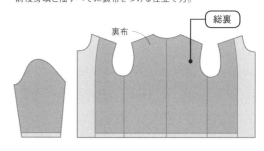

総裏

裏布

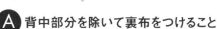

洋裁用語で困った!?

Q-108 | 操作

A 製図後、各部分を動かすこと

製図が終わってもパターンが完成したわけではありません。そのデザインを作るために、様々な手法で各部を動かす必要が生じることがあります。雑誌『ミセスのスタイルブック』掲載の製図では、この行為を「操作」といいます。代表的な操作として「閉じる」「開く」「突き合わせる」「切り開く」などがあります。

切り開く P.140

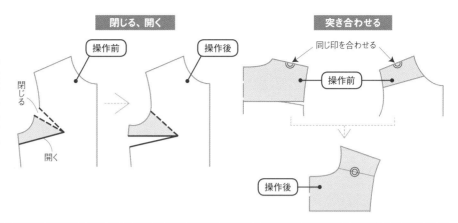

Q-109 | 袖ぐり底点

A 身頃袖ぐりのいちばん低い位置

袖と縫い合わせる時、この点と袖の「袖底点」を合わせます。

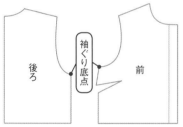

Q-110 | 袖下

A 袖の下部、袖幅線から下の部分

縫い合わせる位置は、「袖下線」といいます。

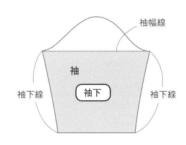

Q-111 | 袖底点

A 袖山線のいちばん低い位置

身頃と縫い合わせる時は、この点と身頃の「袖ぐり底点」を合わせます。

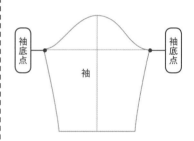

Q-112 | 袖山

A 袖の上部、山になっている部分

袖の製図やパターン、裁断したパーツの山形の部分、またはその高さのこと。

Q-113 | 袖山線

A 袖山点を通る線

前後の「袖底点」を結ぶ、山の稜線にも似た、カーブを描く線。「袖つけ線」ともいいます。

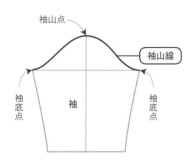

Q-114 | 袖山点

A 袖山のいちばん高い位置

身頃と縫い合わせる時は、この点と前後身頃のSP（ショルダーポイント）を合わせます。

SP(ショルダーポイント) P.144

Q-115 外表
<small>そと　おもて</small>

A 外（外側）が表

2枚の布地を重ねる時に、それぞれの布地の表が外側になるように合わせること。

外表

表　裏

中表 P.152

Q-116 外袖
<small>そと　そで</small>

A 2枚袖の外側のパーツ

ジャケットなどによく使われる2枚袖の、外側にあたる部分のこと。

内袖

外袖

2枚袖 P.153

Q-117 倒す
<small>たお</small>

A 一方方向に向けて折ること

縫い代やダーツ、タックなどの折り方の仕様を表わす言葉。

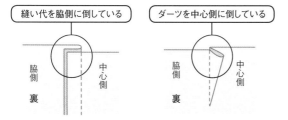

縫い代を脇側に倒している

脇側　中心側　裏

ダーツを中心側に倒している

脇側　中心側　裏

Q-118 たたむ

A 折り重ねること

タックなどをでき上りの状態に折り、形成することを「タックをたたむ」といいます。雑誌『ミセスのスタイルブック』掲載の製図では、細い2本の平行線の傾斜でたたむ方向を示しています。

タック P.149

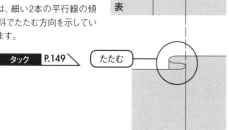

タックのたたみ方

タック分

Ⓐ　Ⓑ

Ⓒ

表

たたむ

Ⓐ Ⓑ間がタック分。Ⓒの傾斜がたたむ方向。高いほうを低いほうに合わせる

この場合は、Ⓐを山折りにしてⒷに合わせると「たたむ」が完成

Q-119 裁合せ
<small>たち　あわ</small>

A パターンの配列

布地の不足が起こらないように、または無駄のないように、裁断する前に布地を広げてパターンを配置すること。この状態を図に示したものを「裁合せ図」といいます。

アシンメトリー P.130

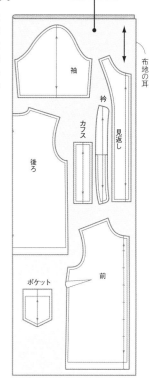

裁合せ図

袖

衿

カフス

見返し

後ろ

布地の耳

ポケット

前

ヒント！

基本は、布地を二つ折りに

普通は布地の幅を二つ折りにしてパターンを配置する。バイアス裁ちや左右がアシンメトリーなデザインなどで、二つ折りで裁てない場合や、不経済になる場合は、部分的に二つ折りにしたり布地を広げて1枚にして配置する。

Q-120 裁切り
<small>たち　き</small>

A 裁断したままの状態

縫い代をつけずに裁ち、裁ち端をロックミシンなどで始末しないで、そのままにしておくこと。最近では、そのラフ感をデザインとして取り入れることも多いです。

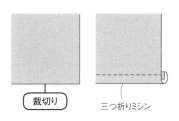

裁切り

三つ折りミシン

Q-121 裁出し
A ひと続きに裁つこと
見返しや持出し、衿などのパーツを身頃などから続けて裁断すること。別に裁つことは「別裁ち」といいます。

別裁ち P.159

前　見返し
前端
裁出し

Q-122 裁ち端
A 裁断した布地の切り口
裁断した後の各パーツの、外回りの切り口。ロックミシンなど様々な方法でほつれ止めの始末をします。「裁ち目」ともいいます。

前
裁ち端

Q-123 ダーツ
A 投げ矢の形に似たつまみ
布地をつまんで縫い、立体的に形作るための手法。

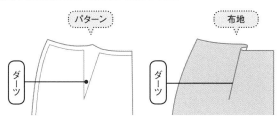
パターン　　　布地
ダーツ　　　ダーツ

Q-124 タック
A ひだ
布地をたたむことで立体感を出す、ひだの装飾テクニック。一部分を縫って固定する場合と、縫わずにたたむだけの場合があります。

たたむ P.148

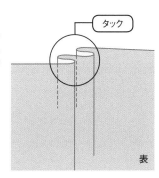
タック
表

Q-125 ダーツ止り
A ダーツ先端のポイント
ダーツを縫い止める位置のことをいいます。三角ダーツでは終点、菱形ダーツでは始点と終点位置。

ダーツの縫い方 P.76 Q92,93

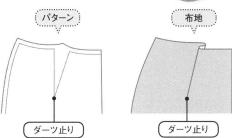
パターン　　　布地
ダーツ止り　　ダーツ止り

Q-126 縦地
A 耳と平行な方向
織物の場合、布地の耳に平行に通っているのがたて糸で、その方向が縦地。横地やバイアスよりも伸びが少ないため、服の着丈の方向を縦地にすることが多いです。

バイアス P.155
横地 P.163

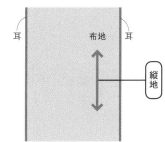
耳　布地　耳
縦地

Q-127 タブ
A 垂れ飾り
とめ具や装飾として用いられる、デザインパーツの一つ。代表的なものにコートの袖口についた小さなベルト状のパーツや、ポケット口につけるつまみがあります。

タブ

Q-128 玉止め
A 手縫いの縫終りの糸始末

手縫いの時、縫終りに糸がほどけないように止める始末のこと。

玉止めの
作り方
P.52 Q47

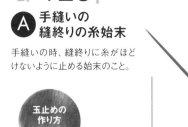

玉止め

裏

Q-129 玉縁
A 裁ち端を細くくるむ仕様

布地の裁ち端に別の布地を縫いつけて、細く縁どったもの。縫い代の始末やボタン穴、ポケット口などに用いられます。

玉縁

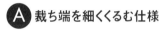
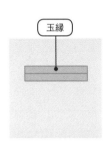

Q-130 玉縁ポケット
A 玉縁の方法でポケット口を作るポケット

ポケット口の両側を縁どったものを「両玉縁」、片側だけを縁どったものを「片玉縁」といいます。

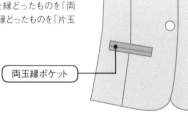

両玉縁ポケット

Q-131 玉結び
A 手縫いの縫始めの糸始末

手縫いの時、縫始めの糸が抜けないように糸端に結び玉を作ること。

玉結びの
作り方
P.52 Q47

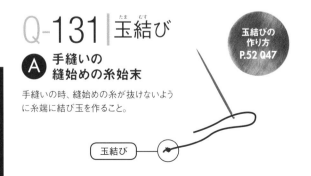

玉結び

Q-132 短冊あき
A 短冊形の布地をつけたあき

前中心やシャツの袖口などによく見られる、短冊のような細長い布地を縫いつけたあき。剣のように先をとがらせた袖口のあきは「剣ボロ」とも呼ばれています。

剣ボロ P.142

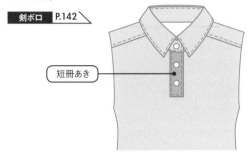

短冊あき

Q-133 力布
A 補強のために当てる布地

ポケット口やボタンつけ位置などの、着用によって力のかかる箇所を補強するために裏に当てる布地のこと。力布には接着芯や共布などを使います。

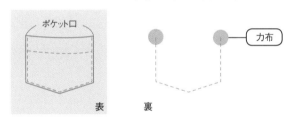

ポケット口

表　　裏

力布

Q-134 千鳥がけ
A 糸を斜めに交差させる手縫いの手法

折り代始末の手縫いのテクニック。糸を斜めに交差させ、左から右へ返し縫いの要領ですくってとめる縫い方。表布は織り糸1〜2本をすくいます。また厚地の場合は、布地の厚みの半分をすくいます。裏布つきのアイテムで、折り代を裁ち目のままとめる時などに使います。

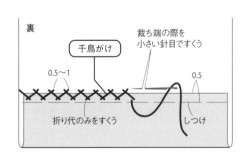

裏

千鳥がけ

裁ち端の際を小さい針目ですくう

0.5〜1

0.5

折り代のみをすくう

しつけ

洋裁用語で困った!?

Q-135 | 突合せ（つきあわ）

A ぴったり向かい合わせること

パターンの線と線、タックなどの折り山を合わせること。
また、前あきなどで打合せの重なりをつけないものも「突合せ」といいます。

打合せ P.133　　操作 P.147

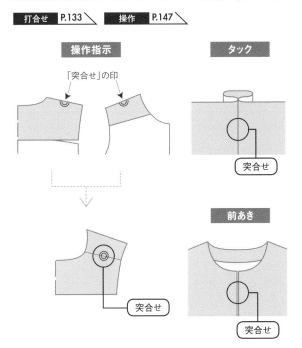

操作指示

「突合せ」の印

タック

突合せ

前あき

突合せ

突合せ

Q-136 | でき上り線（あがせん）

A 仕上がった時に縫い目や端になる、縫う線や折る位置のこと

縫い方図や製図などによく使われる「でき上り線」という表現は、服が仕上がった時に縫い目になったり、前端や裾などの外回りになる位置を表わし、縫製の過程でこの位置を縫い合わせたり折り上げたりします。雑誌『ミセスのスタイルブック』掲載の製図では、太い実線で表示しています。

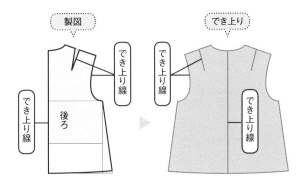

製図

でき上り線

でき上り線

後ろ

でき上り

でき上り線

でき上り線

Q-137 | テーラードカラー

A 上衿とラペルで構成され、その境目に刻みのある衿のこと

ジャケットやコートなどのテーラード仕立ての服につけられる衿。基本的にはかちっとした仕立ての衿で、いわゆる背広衿のこと。返り止りの位置、ラペルの形や幅、刻みの位置や形、前の打合せがシングルかダブルかなどの要素により、様々なデザインがあります。

上衿

テーラードカラー

ラペル

刻み

Q-138 | 天然繊維（てんねんせんい）

A 自然の動植物から作られた繊維の総称

化学繊維とは逆に、自然界に存在する材料から作られた様々な繊維のこと。綿と麻は植物繊維。ウールと絹は動物繊維です。

[綿]

柔らかく適度な弾力性があり、肌触りのよさ、着心地のよさ、快適感が魅力。吸湿性、吸水性が高い。しわになりやすいが、最近では逆にしわ加工を加え、そのファッション性を楽しむものもある。

[麻]

亜麻、ラミー、ジュート、マニラ麻など、多彩な種類があり、特に亜麻を使ったものをリネンと呼ぶ。弾性に乏しくしわになりやすい反面、独特のしゃり感と清涼感で夏素材として最適。

[ウール]

羊毛のことで、毛織物の一種。肌触りがなめらかで保温性があり、秋冬シーズンの代表的素材。表面は水滴をはじく性質を備え、汚れにくい。弾性回復力があるのでしわになりにくく、形くずれもしにくい。

[絹]

上品な光沢としなやかさが特徴。吸湿性、保温性にすぐれるが、ややしわになりやすい性質を持つ。鮮明な色がきれいに染まりドレープ性もあるので、ドレスやスカーフ、和服などに多用される。

Q-139 | 共布（ともぬの）

すべて共布で作られたシャツ

A 同じ布地

基になる布地と素材、色、柄など全く同じ布地ということ。基になる布地と異なる場合は「別布」。

別布 P.159

洋裁用語で困った!?

Q-140 中表

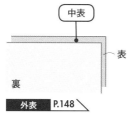
中表 / 表 / 裏

A 中（内側）が表

2枚の布地を重ねる時に、それぞれの布地の表が内側になるように合わせること。

外表 P.148

Q-141 流しまつり

A 動きを持たせてとめつけたい時に使うまつりの手法

折り代の手縫い始末の一種。まつり目に動きを持たせてとめつけたい時に使います。まつりの糸が斜めにかかるように、折り山の際の表布の織り糸1～2本をすくいます。厚地の場合は、布地の厚みの半分をすくいます。裾など横方向のまつりに使用。

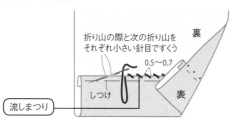
折り山の際と次の折り山をそれぞれ小さい針目ですくう / 裏 / 0.5～0.7 / しつけ / 表 / 流しまつり

Q-142 中とじ

A 縫い代どうしをとめておくこと

裏布をつけて仕立てる場合に、表布と裏布がずれないように、後ろ中心、脇、袖下などの縫い代どうしをしつけ糸などで縫ってとめておくこと。表から見えないように、粗い針目でゆるく縫い合わせます。また、テーラードカラーの表衿、裏衿の衿つけ縫い代をとめる場合にも使います。

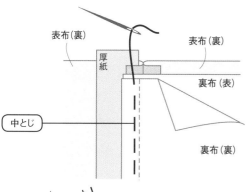
表布（裏） / 表布（裏） / 厚紙 / 裏布（表） / 中とじ / 裏布（裏）

ヒント！

厚紙をはさんで縫う
表布まで一緒にとめてしまうのを防ぐために厚紙をはさみ、表布と裏布の縫い代だけをとじ合わせる。

洋裁用語で困った!?

Q-143 なで毛

A 毛並みの流れにそった方向のこと

毛足やけばのある布地で、毛並みが下方向（なで下げる）に流れていることを示す言葉。布地によっては、毛並みに逆らう方向の「逆毛」より淡い色合いに見えます。パターンの天地方向に対して毛並みを下方向にそろえて裁断することを「なで毛に裁つ」といいます。

毛足、けば P.141　　毛並み P.141　　逆毛 P.143

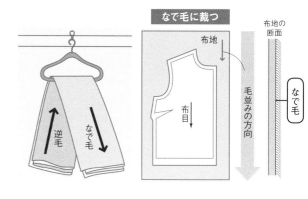
なで毛に裁つ / 逆毛 / なで毛 / 布地 / 布目 / 毛並みの方向 / 布地の断面 / なで毛

Q-144 並縫い

A 手縫いの基本縫い

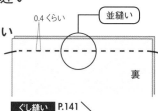
0.4くらい / 並縫い / 裏

手縫いの基本になる縫い方で、表裏同じ大きさの針目で細かく縫う縫い方のこと。より細かく縫う並縫いのことを「ぐし縫い」といいます。

ぐし縫い P.141

Q-145 逃げる

A 布地がずれること

服作りの工程で、裁断や印つけ、縫合せなどの時に布地がすべってずれてしまうとをいいます。また、ジャケットやコートなどのアイテムで、前身頃の中心が正しく重なり合わずに裾に向かって開いてしまう状態のことをいう場合もあります。

Q-146 ニット

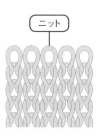
ニット

A 編み物、編み地

織物である「布帛」に対して、編んである服や素材のこと。雑誌『ミセスのスタイルブック』掲載の製図ページで「ニット素材」という場合は、機械で編まれた布地のこと。

Q-147 2度縫い

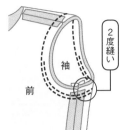
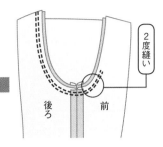

A 同じ位置を2回縫うこと

一度かけたミシン目の上にもう一度ミシンをかけること。パンツの股ぐりなどの強度が必要な場所に使います。縫い代を割らない場合は、2度めのミシンを縫い代側に少し離してかけることもあります。

袖ぐり

股ぐり

Q-148 2枚袖

A 2枚のパーツで構成されている袖

腕の外側の部分と内側の部分に分かれ、外側部分を「外袖」、内側部分を「内袖」といいます。ジャケットやコートなどの袖として、多く用いられます。

EL（エルボーライン） P.134

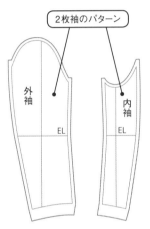

2枚袖のパターン

外袖

内袖

EL

EL

Q-150 縫い代

A 縫い合わせるために必要な、でき上り線より外側の部分

各パーツを縫い合わせるために、でき上りの位置より外側につけた部分のこと。袖口や裾など、縫い合わせないで折り上げる部分の「折り代」と区別して呼んでいます。

折り代 P.135

でき上り線 P.151

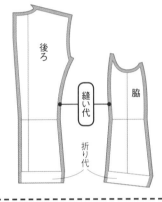

後ろ

縫い代

脇

折り代

Q-149 縫い印

A 糸で縫ってつける印

手縫いで、でき上り線の際を1枚ずつ縫う糸印の一種。「縫いじつけ」ともいいます。動きやすい薄手の布地やレース地など、2枚重ねて印をつけると不正確になりやすいデリケートな素材や、織り目の粗い布地や毛足の長い布地など、他の印だと見えにくい素材に印をつけたい時に使います。

糸印 P.132

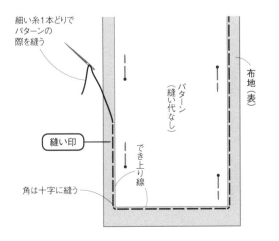

細い糸1本どりでパターンの際を縫う

パターン（縫い代なし）

布地（表）

縫い印

でき上り線

角は十字に縫う

Q-151 縫い代始末

縫い代始末の方法 P.38 Q16

A 縫い代の処理方法

縫い代の裁ち端をほつれないようにロックミシンやジグザグミシンをかけたり、縫い代を割ったり片返しなどに処理すること。

裁ち端 P.149

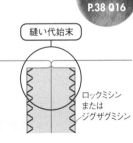

縫い代始末

ロックミシンまたはジグザグミシン

裏

Q-152 縫縮み

A ミシン縫いによる布地の収縮

ミシンで縫うことによって、縫われた箇所の布地がわずかに縮んだ状態になること。これは薄地や裏地などに比較的よく現れる現象です。ほとんどの場合は、縫い終わってすぐに縫い目にアイロンをかけることで解消しますが、縮みが大きい場合は、糸調子や布地と糸のバランスが崩れていることも考えられるので、確認してみましょう。

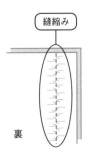

縫縮み

裏

Q-153 縫止り

A 縫うのを止める位置

2枚を縫い合わせる時、機能性やデザイン上の必要から途中で止めて、その位置から先は縫わずにおくことがあります。シャツの脇や、袖口、スカートのスリットやベンツなどが代表的。雑誌『ミセスのスタイルブック』掲載の製図ページでは、着脱に必要な「あき止り」と区別して表わしています。

あき止り P.130

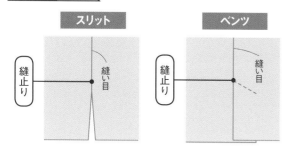

Q-154 縫い目利用のポケット

A 縫い目をポケット口にするポケット

脇の縫い目や切替え線を利用して作るポケットのことで、その縫い目を縫い残して、ポケット口にします。

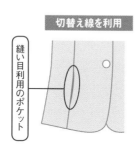

Q-155 布目

A 織物のたて糸とよこ糸の方向

雑誌『ミセスのスタイルブック』掲載の製図では、縦地の方向を、「布目線」という矢印で示しています。

縦地 P.149

Q-156 布ループ

A 布地で作った輪

正バイアスの細長い布地で作り、表布に輪状にとめつけて使用します。主に、ボタンをとめたり、ベルト通しなどに利用されます。

布ループの作り方 P.59 Q60

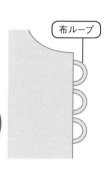

Q-157 眠り穴

A はと目穴をあけないでかがったボタン穴

はと目穴のない直線状のボタン穴のことで、眠っている目のように見えるところからついた名称。また、穴をあけない飾り穴のことも「眠り穴」といいます。

はと目穴 P.156

Q-158 ノッチ

A 縫い代に入れる切込みの印

合い印が必要な場所の縫い代の端に少しだけ（0.3cmくらい）はさみで切込みを入れ、縫い合わせる時の目印にします。主に、でき上りの印を省いて裁ち端を合わせて縫う場合に使われる、手早くできる方法。

合い印 P.130

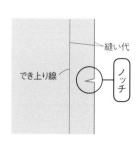

Q-159 伸止め

A 伸びやすい箇所の伸びの抑制

ポケット口やバイアス部分など、着用の経過で伸びやすくなる箇所を、伸びないように補強すること。市販の接着テープが便利です。

接着テープの種類 P.120 Q22

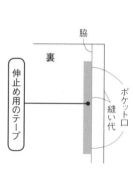

Q-160 バイアス

A 縦横の布目に対して斜めの方向

「斜め」の意味。布目に対して斜めに裁つこと、または斜めに裁った布地のこと。特に、縦地に対し45°の角度に裁った斜め地のことを正バイアスといい、一般的にはこの角度が多く使われています。

ヒント！

バイアスは伸びる

織物は布目にそって使った時にはあまり伸びないが、バイアスづかいにすると、約1割も伸び、柔軟性も増す。この性質を利用して、フレアなどソフトなシルエットを出すことができる。

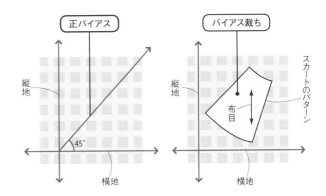

正バイアス / バイアス裁ち / スカートのパターン / 縦地 / 横地 / 45° / 布目

Q-161 バイアステープ

A バイアス地の細長いテープ

バイアスに裁った布地を細長くカットして作ったテープのこと。衿ぐり、袖ぐり、縫い代の始末など、服作りの様々な場面で活用します。市販のテープにも多くの種類があります。雑誌『ミセスのスタイルブック』掲載の製図に「バイアステープ」とある場合は、この市販品を指しています。

バイアス P.155

バイアステープの作り方 P.60 Q61

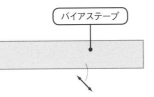
バイアステープ

Q-162 パイピング

A テープなどを布地の間にはさむ装飾テクニック

バイアステープや革テープ、専用のパイピングテープなどを2枚の布地の間にはさみ、パイプ状に形作るテクニック。切替えの縫い目、衿やカフスの外回りなどに、装飾的なアクセントとして使われます。類似のテクニックに「縁とり」があります。

縁とり P.158

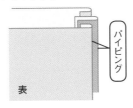
パイピング / 表

Q-163 はぎ

A つなぎ合せ

布地と布地のつなぎ合せのことを「はぎ」といいます。"4枚はぎスカート"という場合は"4枚の布地をつなぎ合わせてあるスカート"の意。「はぎ目」ともいい、「縫い目」と同義。

表 / はぎ

Q-164 箱ポケット

A ポケット口に箱形の四角い口布をつけたポケット

布地に切込みを入れて作る、切りポケットの一種。ポケット口の四角い口布のことを「箱布」と呼びます。

切りポケット P.140

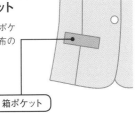

箱ポケット

Q-165 端ミシン

A 裁ち端を細く折ってミシンをかける始末法

縫い代を割る場合の縫い代始末や、フリルの裁ち端始末などに使います。ほつれやすい布地には向きません。ミシンをかけてから細くカットする場合もあります。

表 / 端ミシン

Q-166 B、BP、BL

A 胸囲、乳頭点、胸囲線

乳房の最も突出している点をバストポイント（乳頭点）、その点を通る周囲をバスト（胸囲）、水平線をバストライン（胸囲線）といい、略して「BP」「B」「BL」と表わします。寸法が必要な場合は、バストの周囲を水平にはかります。

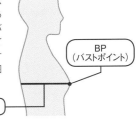
BP（バストポイント） / BL（バストライン）

Q-167 パターン

A 型紙

洋服を仕立てるための基になる型紙のこと。デザインを構成する各パーツを製図し、別紙に写しながら必要な操作を加え、布地を裁断できる状態にまで仕上げたものがパターン。この後、適宜縫い代をつけます。

★製図からパターン作りまでの行程が終了し、縫い代をつけるだけで手軽に使えるようにしたのが、雑誌「ミセスのスタイルブック」付録の実物大パターンです。

前身頃のパターン

前

※図は縫い代つき

Q-168 パッチポケット

A はりつけポケット

ポケットのパーツ。土台になるパーツの上にのせて作るポケットの総称。これに対し、切込みを入れて作るポケットのことは「切りポケット」といいます。

切りポケット P.140

パッチポケット

Q-169 はと目穴

A 小さな穴のこと

鳩の目になぞらえた名称で、小穴のこと。糸でかがったり金具の環をつけて、ひも通し口などに使われます。また、厚地のボタン穴に使われる場合も多く、これを「はと目つきボタン穴」といいます。

はと目穴

はと目穴

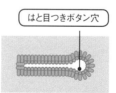

はと目つきボタン穴

Q-170 パネルライン

A 袖ぐりからバストポイント付近を通る身頃の縦切替えのこと

パネルとははめ板という意味で、服に縦にはめ込んだ布のことをいいます。袖ぐりからバストポイント付近を通って裾に向かう切替え線で、胸ぐせやウエストダーツを含むことで、上半身の立体感を表現することができます。ソフトなフィット感のプリンセスラインに比べ、よりめりはりが出ます。

パネルライン

プリンセスライン P.159

Q-171 パフ、パフスリーブ

A ふくらみ、ふくらんだ袖

袖のデザインに多く使われるテクニック。袖山や袖口にギャザーやタックを入れて出すふくらみのこと。その形の袖を「パフスリーブ」といいます。

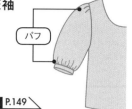

パフ

ギャザー P.139　タック P.149

Q-172 針目

A 針で縫った縫い目

ミシン縫いや手縫いで縫う時に針を通す、針穴と針穴の間隔のこともいいます。

裏

針目

Q-173 パール編み

A 縦方向に、表目と裏目が交互に配列される編み方

よこ編みの三原組織の一つで、手編みではガーター編みともいいます。編み地は表裏が同じで裏目のように見えます。平編みより厚地になり、縦方向に伸縮性が高いです。

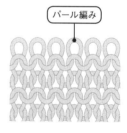

パール編み

[パール編みの記号図]

│ =表目　── =裏目

Q-174 半裏

A 身頃の上半分に裏布をつけること

裏布のつけ方を表わす言葉。前後身頃とも肩のあたりに裏布をつける仕立て方です。透けやすい表布には向きません。

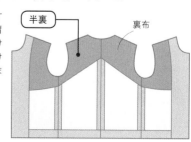

半裏

裏布

洋裁用語で困った!?

Q-175 控える

A 2枚の布地の折り山をずらして折ること

2枚の布地を縫い返した後、折り山を少しずらすこと。見返しを表から見えないように控えて仕立てるのが、代表的な例。両方をぴったり折り返すのは「毛抜き合せ」といいます。

毛抜き合せ P.141

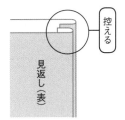

Q-176 H、HL

A 腰囲、腰囲線

お尻のいちばん高い位置を通る周囲をヒップ（腰囲）、その水平線をヒップライン（腰囲線）といい、略して「H」「HL」と表わします。寸法が必要な場合は、おなかの出っ張りも含めてヒップの周囲をはかります。

寸法のはかり方

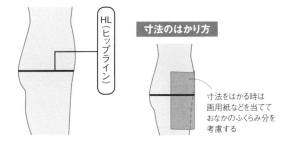

寸法をはかる時は画用紙などを当てておなかのふくらみ分を考慮する

Q-177 一重仕立て

A 裏布をつけずに仕立てる方法

衿ぐりや前端は、見返しで始末します。見返しもつけないのは「一枚仕立て」。

一枚仕立て P.132

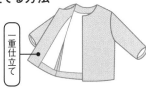

Q-178 比翼あき

A ボタンを見せないあきのデザイン

上前の、ボタンをとめる部分を2重にし、とめた時にボタンが見えないようにしたデザインのこと。この仕立て方を比翼仕立てといい、コートやジャケットによく使われます。

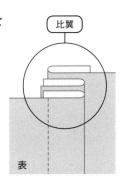

Q-179 平編み

A 表目だけが並ぶ編み方

よこ編みの三原組織の一つで、メリヤス編み、天竺ともいいます。一般的に表面は表目、裏面は裏目になるので、表裏がはっきりわかります。横方向に伸びやすく軽く薄いニット素材。カールはしやすいです。

[平編みの記号図]

| = 表目

Q-180 平織り

A たて糸とよこ糸を交互に交差させた織り方

織物組織のうち、最も基本的な織り方。たて糸、よこ糸の交差点が多く、浮く長さが最小限に抑えられるため、平らで丈夫な布地になります。

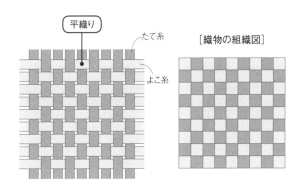

[織物の組織図]

Q-181 ピンタック

A ピンのようにごく細いひだの装飾技法

布地を一定の間隔をおいてつまみ、その折り山から0.1〜0.2cmくらいのところを縫うテクニック。

ピンタックの縫い方 P.49 Q42

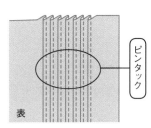

洋裁用語で困った!?

Q-182 | 袋縫い
ふくろ ぬ

A 裁ち端を見せない、きれいで繊細な縫い方

裁ち端がほつれてこないように、裁ち端を縫い代の内側に入れてしまう縫い方。縫い代が少しかさばり、ステッチが表に出ないので、デリケートな薄物の仕立て向きです。

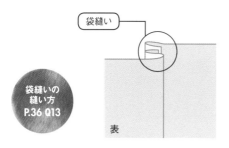

袋縫い

袋縫いの縫い方 P.36 Q13

表

Q-185 | 縁とり
ふち

A 布地の裁ち端をくるむ手法

布地の裁ち端を共布や別布、テープなどでくるむように仕立てる手法。衿ぐりや袖ぐりのようなへりのほか、縫い代の裁ち端始末にも用います。表布と色を変え、アクセントとして装飾的に使うなど使用範囲の広い手法です。

縫い代始末 P.153

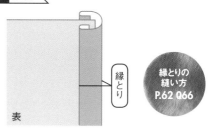

縁とり

縁とりの縫い方 P.62 Q66

表

Q-183 | 袋布
ふくろ ぬの

A ポケットの物入れ部分

切りポケットや縫い目利用のポケットの内側につける、物を入れるための袋。通常は1つのポケットに対して2枚必要。表にステッチを見せて袋布をとめつける仕立て方の場合は1枚でOKです。

切りポケット P.140

縫い目利用のポケット P.154

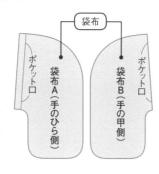

袋布

ポケット口
袋布A（手のひら側）

ポケット口
袋布B（手の甲側）

Q-186 | 普通まつり
ふ つう

A 動かないようにしっかりとめつけたい時に使うまつりの手法

折り代の手縫い始末の一種。折り山に針を出し、その上の位置で表布の織り糸1～2本をすくいます。厚地の場合は、布地の厚みの半分をすくいます。前端を三つ折りにする時や、ファスナーあき部分の裏布つけなど、縦方向のまつりに使用。

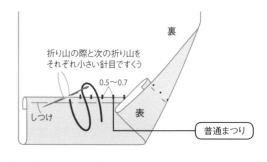

裏

折り山の際と次の折り山をそれぞれ小さい針目ですくう

0.5～0.7

しつけ

表

普通まつり

Q-184 | 伏縫い
ふせ ぬ

A 縫い代をステッチで固定する縫い方

伏縫いの縫い方 P.36 Q13

縫い代を片返しにする場合に内側の縫い代を細くカットし、外側の縫い代をステッチでとめつける仕立て方です。

折伏せ縫い P.135

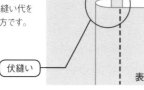

伏縫い

表

ヒント！

デザインと補強を兼ねてアクセントに！

ステッチを2本かけると縫い代が押さえられ、耐久性も増す。「折伏せ縫い」に似た雰囲気に。

表

Q-187 | 布帛
ふ はく

A 織物、織り地

編まれているニットに対し、織って構成されている布地のこと。

Q-188 | 部分縫い
ぶ ぶん ぬ

A 縫製工程の一部分の縫い方解説

服を作る上での特に重要な箇所、衿やポケットなどの各パーツ、あきやウエストなどの要所をクローズアップして試しに縫ってみること。またはその縫い方手順。

Q-189 フラップ

A ポケット口をおおうふた

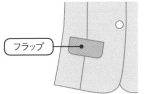

「雨ぶた」とも呼ばれるデザイン名。このふたがついたポケットのことを「フラップポケット」といい、ジャケットや、パンツの後ろポケットによく使われます。

Q-190 プリーツ

A ひだ、折り目

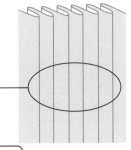

布地を折りたたんで表情をつけるデザイン技法。全体に折り目をつけるものをプリーツと表現することが多いです。類似のテクニックで、一部分をたたんだり、つまむようにして折り目をつけたものはタック。

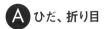
タック P.149

Q-191 プリーツ加工

A 半永久的にひだを固定する加工

素材によって加工方法が異なり、合成繊維では熱可塑性を利用して行なわれます。ウールは、プレス（アイロン）でひだをつけてから薬剤で処理して固定。綿は合成樹脂を与えて熱処理し固定します。

Q-192 フリンジ

A 縁飾り

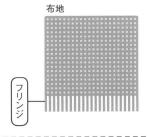

織物の糸を抜いたり、ほぐしたりして残った糸を、そのまま垂らしたり、束ねて房にしたりした縁飾りのこと。布地の端に毛糸などをつけて作るものもあります。ツイードなどの粗く織られた布地などを使用する服によく見られる、装飾的技法。

Q-193 プリンセスライン

A 肩からバストポイント付近を通る身頃の縦切替えのこと

名前の由来は19世紀の英国皇太子妃が好んだドレススタイル。肩から裾への縦切替え線で、上半身に適度にフィットさせたデザイン。同じ絞り量でもダーツやパネルラインの場合と比べて、表情が優しくなります。

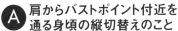
パネルライン P.156

Q-194 プレスボール

A アイロンかけに使う専用の用具

まんじゅうともいい、肩、胸、腰など、ダーツや切替え線によって体の丸みが作られた部分に、立体的にアイロンをかけることができます。腕の形をした袖まんじゅうもあります。

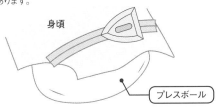

Q-195 別裁ち

A 別に裁つこと

見返しや持出しなどのパーツを、身頃などとは別に裁断すること。ひと続きに裁断することは「裁出し」といいます。

裁出し P.149

Q-196 別布

A 違う布地

基になる布地と素材、色、柄などが異なる布地のこと。雑誌『ミセスのスタイルブック』掲載の製図と作り方ページでは、色を変えたり言葉で明記して、基になる布地（表布）と区別しています。全く同じ布地のことは「共布」。

共布 P.151

Q-197 ヘム

A 裾の折り代

「ヘム」とはへり、縁の意味。裾の折り代のことでもあります。スカート、ワンピース、コートなどの裾線のことは「ヘムライン」といいます。

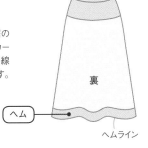

洋裁用語で困った!?

Q-198 ベンツ

A 重なりのあるあき

ジャケットやスカートで運動量を出すために裾に作る、重なりのある割れ目、切込みのこと。デザインポイントにもなります。重なりのないものは「スリット」といいます。

`スリット P.146`

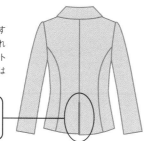

ベンツ

Q-199 星どめ

A 縫い代や見返しを固定するために裏側からとめること

布地を固定するための手縫い作業。主にステッチがない仕立てで前端や衿ぐり、袖ぐりなどの見返しを落ち着かせたい時に使います。ポイントは裏側をなるべく小さくすくい、表に針目が出ないようにします。

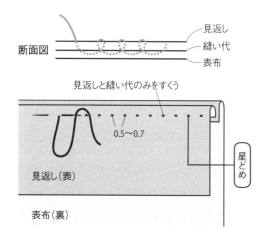

断面図

見返し
縫い代
表布

見返しと縫い代のみをすくう

0.5〜0.7

見返し(表)

星どめ

表布(裏)

Q-200 ほつれ

A ほどけること

洋裁では、縫い目がほどけること。また、布地の裁ち端の織り糸が抜けることをいいます。

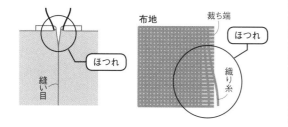

ほつれ

縫い目

布地

裁ち端

ほつれ

ほつれ

織り糸

Q-201 本縫い

A 仕上げるために縫うこと

仮縫いに対し、縫製の本番のこと。

`仮縫い P.138`

本縫い

Q-202 前立て

A 前あきにつける細長いパーツ

シャツなどによく使われる、前あきの端につける細長いパーツの名称。別裁ちの布地をつけて作る場合と、身頃から裁ち出し、折り返して作る場合があります。

`裁出し P.149`　`別裁ち P.159`

前立て

Q-203 前端

A 前中心より外側のでき上り線

基本は前のパーツの、中心線より外側のでき上りのライン。突合せのデザインの場合は、前中心が前端になります。

`突合せ P.151`

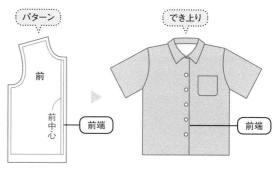

パターン

でき上り

前

前中心

前端

前端

Q-204 巻縫い

A 糸を巻きつけるように縫うこと

糸を巻きつけるように縫う手縫いの手法。ベンツの折り代や見返し奥をとめる場合などに用います。

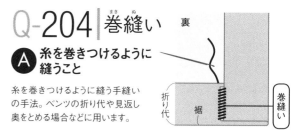

裏

折り代

裾

巻縫い

Q-205 | 股上、股ぐり、股下
またがみ、またぐり、またした

A 股より上の部分、前後中心、股より下の部分

パンツに使われる名称で、「股上」はウエストから股までの部分。「股ぐり」はパターン上でひらがなの"し"の形になる、前後中心線のこと。「股下」は股から裾までの部分を表わします。

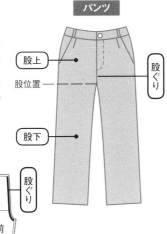

パンツ

股上
股位置
股ぐり
股下

パンツのパターン

股ぐり
後ろ
股ぐり
前

Q-206 | まち

A 機能性を補う小さなパーツ

主に、機能性を補うために追加する菱形や三角形、長方形などのパーツのこと。場合によっては別布を使ってアクセントをつけ、デザイン効果として使うこともあります。

別布 P.159

ポケット

まち

袖下

まち

裾

まち

Q-207 | まち針
まちばり

A 仮どめ用の針

縫うための針ではないので頭の部分に穴がなく、代わりに球形などの飾りがついた針。縫い合わせる時に2枚の布地をとめたり、裁断の時にパターンと布地をとめたりと、縫い針とともになくてはならない針です。

まち針

Q-208 | まつり

A 表に針目をほとんど出さないで縫う、手縫いの手法

手縫いの基本的な縫い方の一つで、裾や袖口を折り上げて固定する時などによく使います。縫い進む方向に対して、針目が垂直になる「普通まつり」、斜めになる「流しまつり」など、いろいろなまつり方があります。

普通まつり

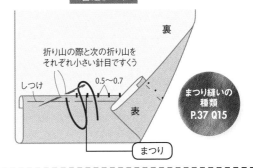

裏

折り山の際と次の折り山をそれぞれ小さい針目ですくう

しつけ

0.5〜0.7

表

まつり

まつり縫いの種類
P.37 Q15

Q-209 | 丸編み
まるあみ

A 筒状に編まれたニット素材

丸編み機を使い、フライス、リブ、スムースなどを筒状に作ること。靴下なども丸編み機の一種から作られます。

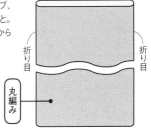

折り目
折り目
丸編み

Q-210 | 見返し
みかえし

A 前端、衿ぐり、袖ぐりなどの始末に用いるパーツ

前端、衿ぐり、袖ぐりなどの縁や裏側をきれいに始末するためのパーツ。ある程度幅があり、場所によって「裁出し」または「別裁ち」にします。基本的には共布を用いますが、別布で装飾的な効果を出す場合もあります。

裁出し P.149
別裁ち P.159

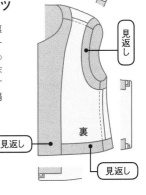

見返し
見返し
裏
見返し

洋裁用語で困った!?

Q-211 | 見返し奥 (みかえしおく)

A 見返しの縫い返さない側

見返しのパーツで、表布と縫い返さない側の裁ち端のこと。裏布をつけない場合は、ロックミシンなどで始末します。

見返し奥
裏
見返し奥
見返し奥

Q-212 | 身頃 (みごろ)

A 服の胴体部分

洋服を構成するパーツの一つで、頭と手足を除いた胴体部分を表わします。「前身頃」と「後ろ身頃」などに分かれます。

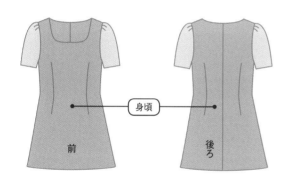

身頃
前
後ろ

Q-213 | 三つ折り (みつおり)

A 布地が3枚重なるように折ること

折り代の始末方法の一つで、布地を2回折り、3枚重なるようにすること。3回折るのではないので注意しましょう。ステッチをかける場合は「三つ折りミシン」といいます。図の❶と❷の幅が同じものが「完全三つ折り」です。

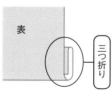

表
三つ折り

折り方

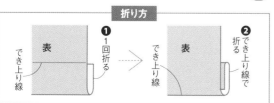

表
でき上り線
❶ 1回折る
表
でき上り線
❷ 折るでき上り線で

Q-214 | MH (ミドルヒップ)

A WL（ウエストライン）とHL（ヒップライン）の中間

WLとHLのちょうど真ん中。寸法が必要な場合は、その位置の周囲をはかります。

| WL（ウエストライン） | P.133 |
| HL（ヒップライン） | P.157 |

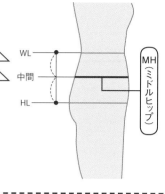

WL
中間
HL
MH（ミドルヒップ）

Q-215 | 耳 (みみ)

A 布地の幅の両端

糸の密度や織り方を変えて強くした、縦地の両端1cmくらいの部分。メーカー名や柄を入れたりします。通常は使用しませんが、デザイン性の高いものは、耳の部分を飾りとして使うこともできます。

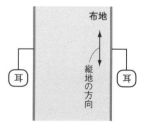

布地
縦地の方向
耳
耳

Q-216 | 務歯 (むし)

A ファスナーのかみ合せ部分

ファスナーを構成するパーツの一つで、ファスナーテープにつけられた歯の部分。スライダーを上下することで互いにかみ合ったり離れたりして開閉します。

| スライダー | P.146 |

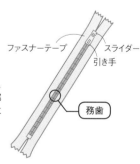

ファスナーテープ
スライダー
引き手
務歯

Q-217 | 胸ぐせ (むなぐせ)

A 胸のふくらみを立体的に作る手段

女性の体型の特徴に合わせて服を立体的に作り上げるための方法を「胸ぐせを処理する」といい、ダーツをはじめ様々な手法が使われます。

前
胸ぐせを処理するためのダーツ

Q-218 持出し

もちだし

A あき部分に作る、重ね分

パンツの前あきなどに多く見られる仕様で、あき部分の内側に作る重ね分のこと。共布や別布で切り替える「別裁ち」と、続けて裁つ「裁出し」があります。

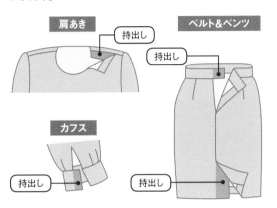

肩あき
持出し

ベルト&ベンツ
持出し
持出し

カフス
持出し

持出し

パンツのあきなど

裁出しの持出し
あき止り
表

別裁ちの持出し
あき止り
表

裁出し P.149

別裁ち P.159

Q-219 ヨーク

A アイテム上部の切替え部分のこと

服を形成するデザインの一つで、ダーツ処理の役割もあります。シャツなどの肩ヨーク、スカートやパンツの腰回りにそった切替えなど、多く使われます。

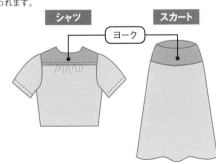

シャツ
ヨーク

スカート

Q-220 横地

よこじ

A 耳に直角な方向

布地の耳に直角に通っているのがよこ糸で、その方向が横地。一般的に縦地よりも伸びやすいです。

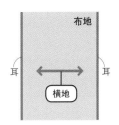

布地
耳
耳
横地

縦地 P.149

Q-221 ラペル

A 身頃の折り返し部分

テーラードカラーの一部分。衿(上衿)に続く、前身頃の折り返った部分(下衿)のこと。

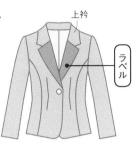

上衿
ラペル

Q-222 リバーシブル仕立て

じたて

A 表裏、両面着用できる仕立て法

リバーシブルとは「逆にできる」「裏返しできる」などの意味。表裏の両面使えるダブルフェースの布地を用いたり、表と裏それぞれ縫った2枚を合わせて仕立てます。

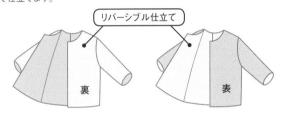

リバーシブル仕立て
裏
表

Q-223 ループ

A 輪

輪の意味。洋裁の分野では、布地や糸で作った細長いひも状のパーツや、ひもなどを表布に輪を作ってとめつけることをいい、ボタンのとめ具としてやベルト通しなどに使います。

糸ループの作り方 P.58 Q58

布ループの作り方 P.59 Q60

糸ループ P.132

布ループ P.154

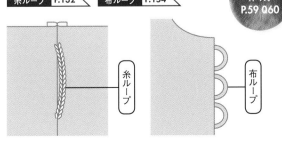

糸ループ

布ループ

洋裁用語で困った!?

163

Q-224 ろう引き

A 手縫いの時に、糸をよれにくくするための作業

糸全体にろうをぬりつけ、紙で挟み、アイロンをかけ引き抜き、ろうをしみ込ませます。まつりやボタンつけの際にしておくと糸がよれにくく、ほつれないのでスムーズに作業できます。

ろう引きのしかた

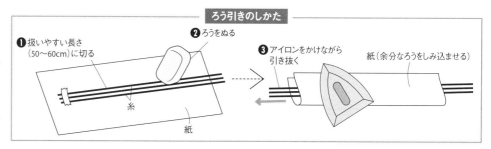

❶ 扱いやすい長さ（50〜60cm）に切る
❷ ろうをぬる
❸ アイロンをかけながら引き抜く
紙（余分なろうをしみ込ませる）
糸
紙

Q-225 ロックミシン

A 裁ち端を始末するための専用ミシン。ニット素材の縫合せも可能

端かがりミシンの一種。1本針3本糸ロックで縫い代や折り代がほつれないようにかがったり、巻きロックで布端に細い飾り縫いとすることができます。2本針4本糸ロックが使えるミシンではニット素材の縫合せをすることができます。

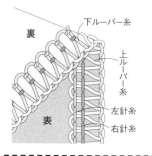

2本針4本糸ロック

裏
下ルーパー糸
上ルーパー糸
左針糸
表
右針糸

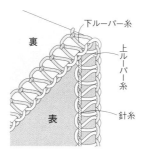

1本針3本糸ロック

裏
下ルーパー糸
上ルーパー糸
表
針糸

Q-226 わ

A パターンが続くことを表わす言葉

左右対称の服の場合、パターンは右半身をかくので、「わ」と示した部分（一辺）が縫い目や裁ち端でなく、パターンと同じ形が左半身にも続くということを表わします。雑誌『ミセスのスタイルブック』掲載の製図ではこのような部分を、間隔の広い太い破線で表わし、「わ」という言葉は省略しています。また、裁合せ図では布地を二つ折りにした折り目の部分を表わします。

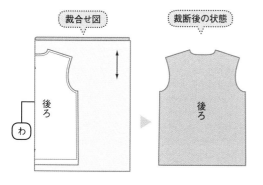

裁合せ図

後ろ
わ

裁断後の状態

後ろ

Q-227 脇斜めポケット

A 脇布を見せる斜めに切り替えたポケット

脇ポケットの一種で、脇縫いの前に作ります。ポケット口が斜めになり、脇布を見せたポケット。袋布と脇布を1枚にすると薄く仕立てることができます。

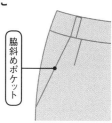

脇斜めポケット

Q-228 渡しまつり

A 布地を突き合わせてかがる方法

手縫い作業の一つ。布地の折り山と折り山を突き合わせて糸を渡しながらかがる、まつり縫いの方法。縫い糸を表に見せないようにかがります。

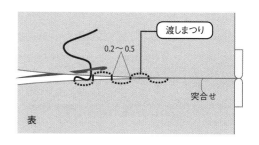

渡しまつり
0.2〜0.5
突合せ
表

Q-229 割る

A 縫い代を左右に広げること

縫い代を、縫い目を中心に左右に広げる仕立て方。「片返し」と違い、縫い目がフラットに近くなります。

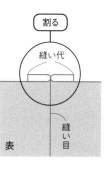

割る
縫い代
縫い目
表

片返し P.137

あ

Q-1 合い印 ……… 130
2 あき ……… 130
3 あき止り ……… 130
4 あきみせ ……… 130
5 アシンメトリー ……… 130
6 あたり ……… 130
7 当て布 ……… 131
8 穴かがり ……… 131
9 AH（アームホール） ……… 131
10 粗裁ち ……… 131
11 粗ミシン ……… 131
12 いせ ……… 131
13 一枚仕立て ……… 132
14 1枚袖 ……… 132
15 糸印 ……… 132
16 糸調子 ……… 132
17 糸ループ ……… 132
18 W、WL（ウエスト ウエストライン） ……… 133
19 打合せ ……… 133
20 内袖 ……… 133
21 畝 ……… 133
22 裏打ち ……… 133
23 裏衿 ……… 133
24 上衿 ……… 133
25 上前 ……… 134
26 腋点 ……… 134
27 Aライン ……… 134
28 衿腰 ……… 134
29 衿外回り ……… 134
30 EL（エルボーライン） ……… 134

Q-31 奥まつり ……… 134
32 押え金 ……… 135
33 落しじつけ ……… 135
34 落しミシン ……… 135
35 表衿 ……… 135
36 折り代 ……… 135
37 折伏せ縫い ……… 135
38 織り目 ……… 135
39 折り山 ……… 135

か

40 返し縫い ……… 136
41 返り線 ……… 136
42 化学繊維 ……… 136
43 額縁仕立て ……… 136
44 陰ひだ ……… 137
45 飾りミシン ……… 137
46 片返し ……… 137
47 滑脱 ……… 137
48 カバーステッチミシン ……… 137
49 カーブ ……… 137
50 カフス ……… 137
51 からアイロン ……… 138
52 柄合せ ……… 138
53 空環 ……… 138
54 仮縫い ……… 138
55 かんぬき止め ……… 138
56 きせ ……… 139
57 きせどめミシン ……… 139
58 きせ山 ……… 139
59 着丈 ……… 139
60 起毛加工 ……… 139

Q-61 ギャザー ……… 139
62 切替え ……… 140
63 切込み ……… 140
64 切りじつけ ……… 140
65 切り開く ……… 140
66 切りポケット ……… 140
67 鎖編み ……… 141
68 ぐし縫い ……… 141
69 くせとり ……… 141
70 毛足、けば ……… 141
71 毛並み ……… 141
72 毛抜き合せ ……… 141
73 原型 ……… 142
74 剣ボロ ……… 142
75 腰丈 ……… 142
76 コバステッチ ……… 142
77 ゴム編み ……… 142

さ

78 採寸 ……… 142
79 裁断 ……… 143
80 SNP（サイドネックポイント） ……… 143
81 逆毛 ……… 143
82 差込み ……… 143
83 直裁ち ……… 143
84 下前 ……… 143
85 しつけ ……… 143
86 地づめ ……… 144
87 地縫い ……… 144
88 地の目直し ……… 144
89 始末 ……… 144
90 斜文織り ……… 144

Q-91 シャーリング ……… 144
92 朱子織り ……… 144
93 SP（ショルダーポイント） ……… 144
94 印つけ ……… 145
95 しわ加工 ……… 145
96 スカラップ ……… 145
97 裾上げ ……… 145
98 裾回り ……… 145
99 捨てミシン ……… 145
100 ストレッチ ……… 145
101 スライダー ……… 146
102 スラッシュ ……… 146
103 スリット ……… 146
104 製図 ……… 146
105 接着条件 ……… 146
106 背抜き ……… 146
107 総裏 ……… 146
108 操作 ……… 147
109 袖ぐり底点 ……… 147
110 袖下 ……… 147
111 袖底点 ……… 147
112 袖山 ……… 147
113 袖山線 ……… 147
114 袖山点 ……… 147
115 外表 ……… 148
116 外袖 ……… 148

た

117 倒す ……… 148
118 たたむ ……… 148
119 裁合せ ……… 148
120 裁切り ……… 148
121 裁出し ……… 149
122 裁ち端 ……… 149

Q-123 ダーツ ……… 149
124 タック ……… 149
125 ダーツ止り ……… 149
126 縦地 ……… 149
127 タブ ……… 149
128 玉止め ……… 150
129 玉縁 ……… 150
130 玉縁ポケット ……… 150
131 玉結び ……… 150
132 短冊あき ……… 150
133 力布 ……… 150
134 千鳥がけ ……… 150
135 突合せ ……… 151
136 でき上り線 ……… 151
137 テーラードカラー ……… 151
138 天然繊維 ……… 151
139 共布 ……… 151

な

140 中表 ……… 152
141 流しまつり ……… 152
142 中とじ ……… 152
143 なで毛 ……… 152
144 並縫い ……… 152
145 逃げる ……… 152
146 ニット ……… 152
147 2度縫い ……… 153
148 2枚袖 ……… 153
149 縫い印 ……… 153
150 縫い代 ……… 153
151 縫い代始末 ……… 153
152 縫縮み ……… 153
153 縫止り ……… 154
154 縫い目利用のポケット ……… 154

Q-155 布目 ……… 154
156 布ループ ……… 154
157 眠り穴 ……… 154
158 ノッチ ……… 154
159 伸止め ……… 154

は

160 バイアス ……… 155
161 バイアステープ ……… 155
162 パイピング ……… 155
163 はぎ ……… 155
164 箱ポケット ……… 155
165 端ミシン ……… 155
166 B、BP、BL（バスト バストポイント バストライン） ……… 155
167 パターン ……… 156
168 パッチポケット ……… 156
169 はと目穴 ……… 156
170 パネルライン ……… 156
171 パフ、パフスリーブ ……… 156
172 針目 ……… 156
173 パール編み ……… 156
174 半裏 ……… 156
175 控える ……… 157
176 H、HL（ヒップ ヒップライン） ……… 157
177 一重仕立て ……… 157
178 比翼あき ……… 157
179 平編み ……… 157
180 平織り ……… 157
181 ピンタック ……… 157
182 袋縫い ……… 158
183 袋布 ……… 158
184 伏縫い ……… 158
185 縁とり ……… 158
186 普通まつり ……… 158

Q-187 布帛 ……………… 158

188 部分縫い ……………… 158

189 フラップ ……………… 159

190 プリーツ ……………… 159

191 プリーツ加工 ……………… 159

192 フリンジ ……………… 159

193 プリンセスライン ……………… 159

194 プレスボール ……………… 159

195 別裁ち ……………… 159

196 別布 ……………… 159

197 ヘム ……………… 159

198 ベンツ ……………… 160

199 星どめ ……………… 160

200 ほつれ ……………… 160

201 本縫い ……………… 160

ま

202 前立て ……………… 160

203 前端 ……………… 160

204 巻縫い ……………… 160

205 股上、股ぐり、股下 161

206 まち ……………… 161

207 まち針 ……………… 161

208 まつり ……………… 161

209 丸編み ……………… 161

210 見返し ……………… 161

211 見返し奥 ……………… 162

212 身頃 ……………… 162

213 三つ折り ……………… 162

214 MH ……………… 162

215 耳 ……………… 162

216 務歯 ……………… 162

217 胸ぐせ ……………… 162

218 持出し ……………… 163

や

Q-219 ヨーク ……………… 163

220 横地 ……………… 163

ら

221 ラペル ……………… 163

222 リバーシブル仕立て ……………… 163

223 ループ ……………… 163

224 ろう引き ……………… 164

225 ロックミシン ……………… 164

わ

226 わ ……………… 164

227 脇斜めポケット ……………… 164

228 渡しまつり ……………… 164

229 割る ……………… 164

撮影協力

クロバー「お客様係」……☎06-6978-2277　https://clover.co.jp

つよせ……☎03-3387-6231

フジックス……☎075-463-8112

文化購買事業部……☎ 03-3299-2198　https://shop.bunka.ac.jp

※商品情報は、2023年1月現在のものです。商品名や仕様等が変更になることがあります。

参考文献

ファッション辞典（文化出版局）

文化ファッション大系　文化服装学院編（文化出版局）

STAFF

ブックデザイン ● 須子まゆみ(suko design)

撮影 ● 文化出版局写真部

イラスト ● 瀬藤 優

校閲 ● 向井雅子、久松悠子

整理進行 ● 乗越佳代

末澤七帆（文化出版局）

編集 ● 小林登美恵、松崎めぐみ

川澄妙子、鈴木淑子、田中裕子、邵 瀛儀（文化出版局）

ソーイングで困ったときの メーキングナビ Q&A

451の困った！を解決

ミセスのスタイルブック編集部編

2023年1月27日　第1刷発行

発行者 ● 清木孝悦

発行所 ● 学校法人文化学園 文化出版局

〒151-8524　東京都渋谷区代々木3-22-1

電話　03-3299-2458（編集）

03-3299-2540（営業）

印刷・製本所 ● 株式会社文化カラー印刷

文化出版局ホームページ　https://books.bunka.ac.jp/

『ミセスのスタイルブック』公式インスタグラム　@mrs_stylebook